淀山湖镇村志

YANGXIANGJING CUNZHI

杨湘泾村志

《杨湘泾村志》编委会 编

苏州大学出版社
Soochow University Press

淀山湖镇村志编纂委员会
（2013 年 4 月）

名誉主任　徐敏中
主　　任　李　晖
副 主 任　张晓东　顾　剑　吕善新
委　　员　王　强　吴新兴　赵雪元　吴玉光　冯伟雄
　　　　　黄　珏　王文奎　张兴生　汤雪林　孙卫忠
　　　　　李　尧　周国平

淀山湖镇村志编纂委员会办公室
（2013 年 4 月）

主　　任　吕善新
副 主 任　王　强　吴新兴　张品荣
成　　员　夏小棣　陈海萍

淀山湖镇村志编纂委员会
（2016 年 8 月）

名誉主任　李　晖
主　　任　罗　敏
副 主 任　许顺娟　张晓东　王　强　张　俭　吕善新
委　　员　孙　倩　吴新兴　顾永元　顾金林　朱进荣
　　　　　顾德华　陆志斌　曹振华　程　赟　朱建华
　　　　　凌军芳　李　尧　顾宇峰　张卫青　柴彩根
　　　　　顾春花　凌云中

淀山湖镇村志编纂委员会办公室
（2016 年 8 月）

主　　任　吕善新
副 主 任　孙　倩　吴新兴　张品荣
成　　员　夏小棣　陈海萍　王忠林

2014年10月昆山市委宣传部副部长金健宏(左二)到杨湘泾村考察"善行义举榜"

2014年9月淀山湖镇镇长李晖(右二)到杨湘泾村进行安全生产检查

杨湘泾村党总支书记李尧(右)慰问高龄老人(2016年1月摄)

杨湘泾村党总支书记李尧(右三)组织村两委会成员现场勘查农田整治情况(2016年4月摄)

杨湘泾村党总支"七一"活动（2012年摄）

杨湘泾村党总支组织党员在西南巷战斗纪念碑前重温入党誓言
（2015年4月摄）

杨湘泾村百姓讲坛"今日山海经"（2016年摄）

杨湘泾村"今日山海经"座谈会（2016年12月摄）

杨湘农贸市场（2014年摄）

双娄江景观（2012年摄）

杨湘社区办公、活动中心（2016年摄）

杨湘泾村富民经济合作社标准厂房（2016年摄）

杨湘泾村东娄自然村（2016年摄）

杨湘泾村双娄自然村（2016年摄）

水上舞台(2015年摄)

淀山湖小公园(2014年摄)

淀兴路商业街(2015年摄)

淀山湖镇汽车站外貌(2015年摄)

杨湘泾明清老街(2015年摄)

徐家大院复原图

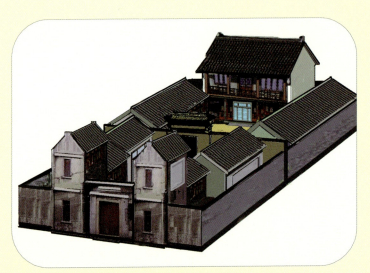

夏家大院复原图

杨湘泾村广场舞演出人员合影（2015年摄）

杨湘泾村舞蹈"爱把我包围"演出人员合影（2016年摄）

杨湘泾村趣味运动会（2014年摄）

昆山新东湖服装有限公司（2012年摄）

赛威塔索具(昆山)有限公司（2012年摄）

江苏省级荣誉

苏州市级荣誉

昆山市(县)级荣誉

荣誉奖项

淀山湖镇级荣誉

杨湘泾村党总支书记：李尧
杨湘泾村党总支副书记、村主任：许雪清
杨湘泾村会计：丁希
杨湘泾村民兵连长、治保主任：吴亮
杨湘泾村妇女主任：黄祖琴
第一排左起：丁希、黄祖琴
第二排左起：吴亮、李尧、许雪清

杨湘社区居民委员会主任：李尧
杨湘社区居民委员会委员：顾宇峰、邱俊华、张庆、顾骏
从左到右：张庆、顾宇峰、李尧、邱俊华、顾骏

《杨湘泾村志》编纂委员会办公室人员合影
第一排左起：张世雄、柳根龙、彭瑞良、彭进福、王忠林
第二排左起：金国兴、倪才孚、邱俊华、张海林、沈六弟

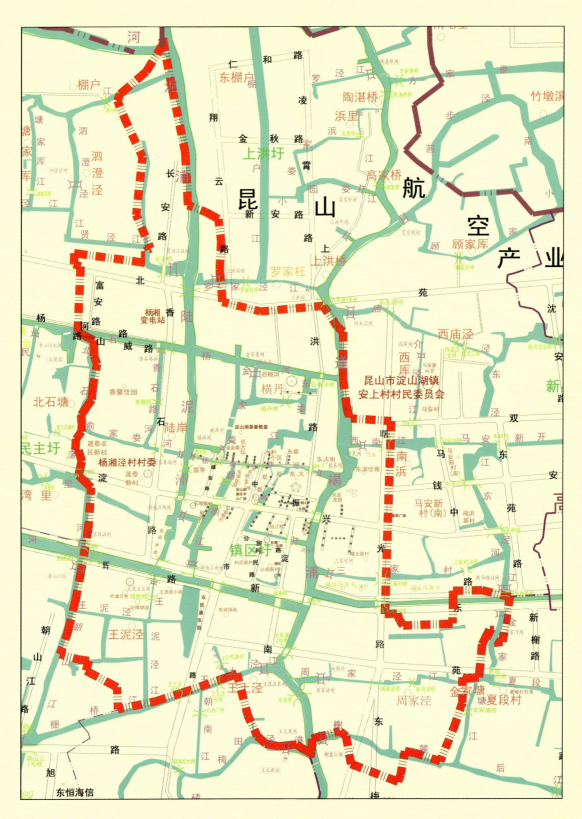

杨湘泾村区域图

标注：红色虚线内为村辖区

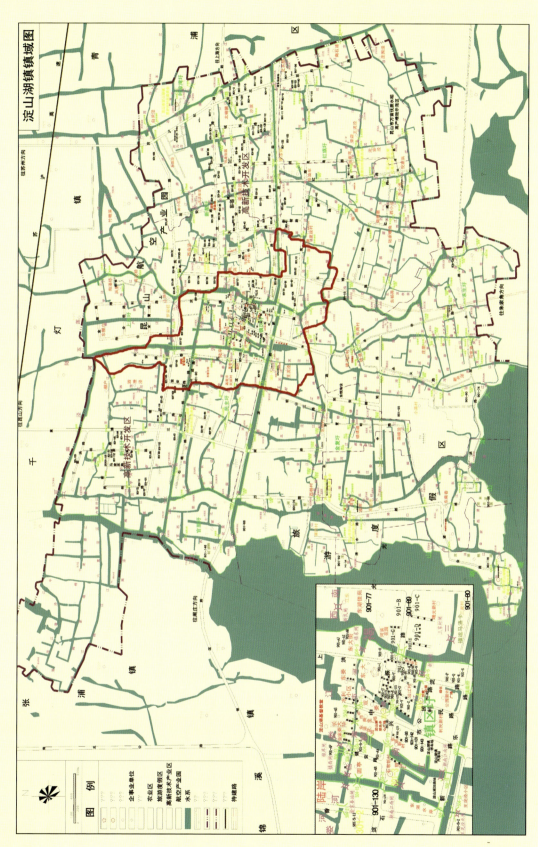

杨湘泾村在淀山湖镇域内位置图

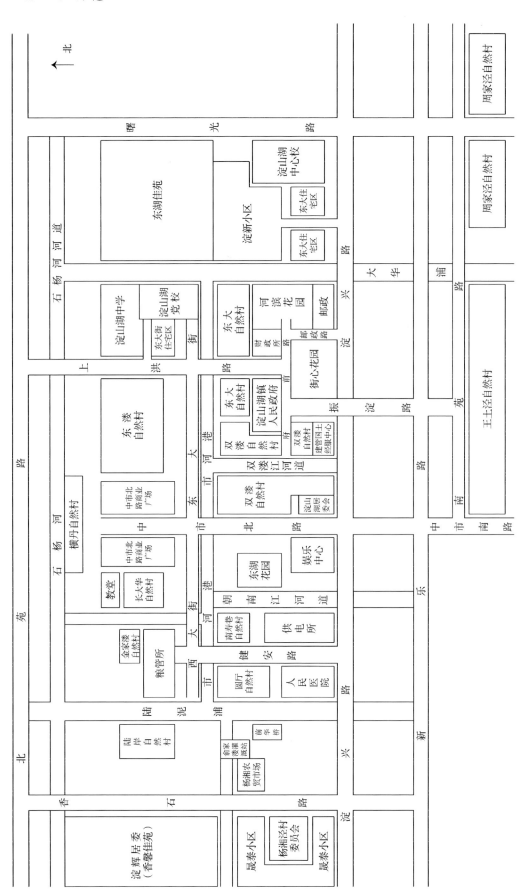

杨湘泾村辖区分割平面图

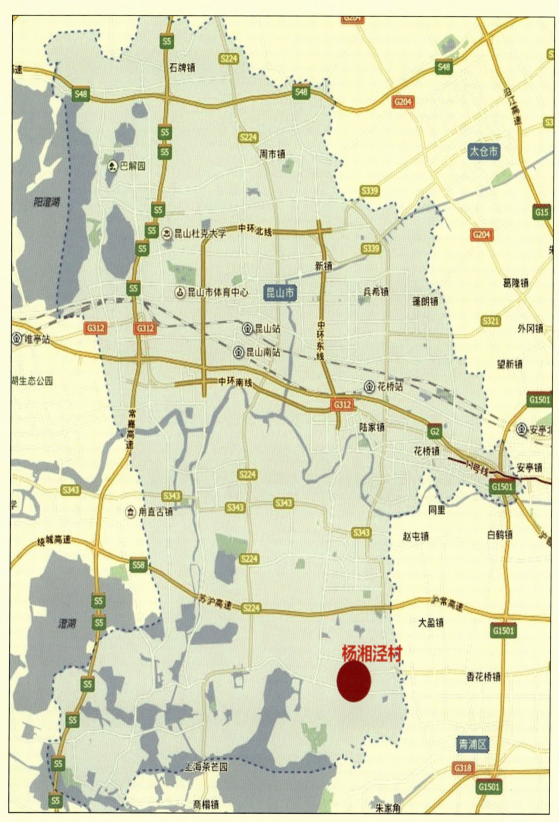

杨湘泾村在昆山市域内位置图

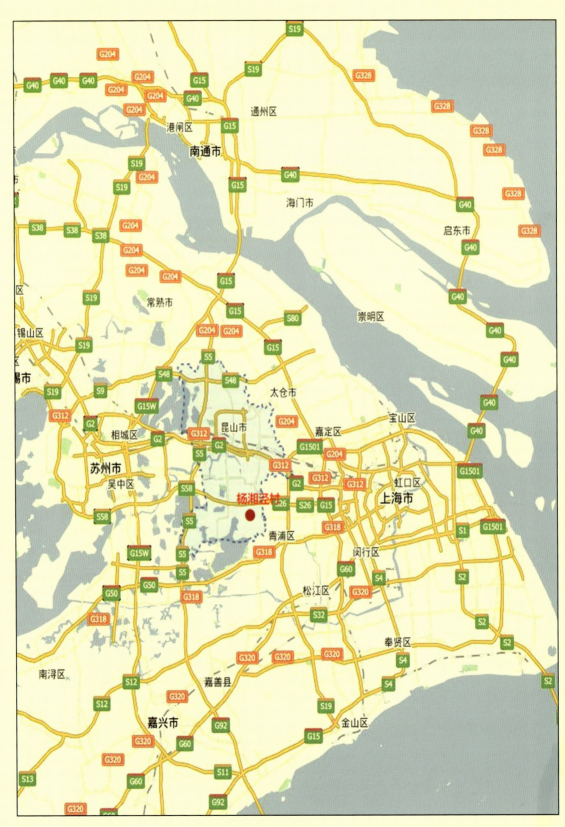

杨湘泾村在长江口位置图

序

《杨湘泾村志》面世了，杨湘泾村人终于能见到叙述先辈和自己历史的志书了，这对热爱家乡这块风水宝地的杨湘泾村人来说，是一件可喜可贺的事。

据《昆山县志》《淞南志》《淀山湖镇志》记载，在明代洪武年间（1368—1398年），杨湘泾（杨及泾）村落已经形成。在明清时期，随着工商业的迅猛发展，杨湘泾老街形成。民国时期，杨湘泾村在昆南一带已成为一个具有相当规模的水乡农村集镇。杨湘泾村域与集镇高度重合，集镇的兴衰与杨湘泾村的发展历史密不可分。

新中国成立后，杨湘泾村村民参加土改运动，走上了农业合作化道路。1966～1983年周家泾、王土泾、王泥泾、三家村先后组建新联大队、永勤大队，1982年永勤大队改为永勤村。陆岸、东大街等10个自然村组建杨湘大队，1983年，杨湘大队改名为杨湘村。

2001年，永勤村与杨湘村合并，更名为杨湘泾村。

杨湘泾村物华天宝，人杰地灵。600多年来，创造了杨湘地区灿烂的农耕文明、手工业和商业文化，成为淀山湖地区的政治文化中心。

杨湘泾村村民历来有反抗外来侵略的光荣传统，抗日战争时期，在中国共产党的领导下，杨湘泾村人抗日热情高涨，用鲜血和生命书写了可歌可泣的抗战史。新中国成立后，杨湘泾村村民在党的领导下，走上了人民当家做主的康庄大道。党的十一届三中全会以后，杨湘泾村村民更是意气风发地步入改革开放的快车道，村貌日新月异，村民生活水平日益提高。村民生活在步入小康后，又与时俱进向全面实现现代化的目标迈进。

盛世修志，修志问道，以启未来。在镇党委、政府的正确领导和镇村志办的悉心指导下，历经数年，几经易稿，《杨湘泾村志》终于面世。在此，我们代表村党总支、村委会向参与编写的老干部、老同志、老教师深表敬意，向关心和支持编纂村志工作的所有人士表示衷心感谢。村志记载的时间跨度大，事情纷繁复杂，加上编写村志是一项新的工作，由于知识有限、经验不足，疏漏和差错在所难免，敬请有识之士阅后不吝指正。

中共淀山湖镇杨湘泾村党总支书记　李　尧
淀山湖镇杨湘泾村村委员会主任　许雪清
2016年12月

凡 例

一、《杨湘泾村志》以马列主义、毛泽东思想、邓小平理论、"三个代表"重要思想、科学发展观和习近平总书记的系列重要讲话精神为指导思想,尊重历史,实事求是。力求完整、正确、科学地体现时代和地情特色。

二、《杨湘泾村志》系统地记述了杨湘泾村的自然环境、社会历史和人文经济,以达到"资政、教化、存史"的目的。

三、村志按照纵贯古今,详今略古的原则,立足当代,突出时代与地方特点。上限不一,下限止于2012年年底,个别事物延伸至2016年年底。

四、村志由述、记、志、传、图、表、录诸体构成,以志为主。大事记以编年体为主,辅以记事本末体。

五、村志由序、概述、大事记、专志、杂记、后记组成,横排竖写,纵横结合。以序为宗,置概述、大事记于卷首,共设14章60节。

六、村志记叙地域范围,以2012年版图为限。凡属境内发生的人和事,尽量采摘,力求完备,以显全貌。

七、村志地名、政区及机构均用当时名称,必要时注2012年名称,各章中第一次出现时用全称,并在括号内注明简称,再次出现用简称。

八、村志中记述民国及其以前的历史纪年年号用汉字书写,每章首次出现均括号注明公元纪年。中华人民共和国成立后,采用公元纪年。新中国成立前、后,以1949年10月1日为界;解放前、后,以1949年5月13日昆山解放之日为界。

九、本志数据均以阿拉伯数字著录。所用数字均以统计部门及村内档案、报表等统计数为准。

十、本志资料主要来源于志书、档案、书刊、报纸、史料及口碑材料,经考证核实选用,除必要外,不再注明出处。

目 录

概　述 ··· 1

大事记 ··· 6

第一章　建置区域 ·· 20

　　第一节　位置 ·· 20

　　第二节　村貌 ·· 21

　　　　一、自然村简介 ·· 21

　　　　二、拆迁自然村落情况 ·· 22

　　　　三、未拆迁自然村落情况 ·· 27

　　第三节　村境四至 ·· 45

　　第四节　沿革 ·· 45

　　第五节　区划 ·· 46

　　第六节　村名由来 ·· 46

　　　　一、杨湘泾村 ·· 46

　　　　二、周家泾村 ·· 47

　　　　三、陆岸村 ·· 47

　　　　四、三家村 ·· 47

第二章　自然环境 ·· 48

　　第一节　地貌 ·· 48

　　第二节　土壤 ·· 49

　　第三节　河流 ·· 49

　　　　一、过境河流 ·· 50

  二、境内河流 …… 50

 第四节 气候 …… 51

  一、四季气候 …… 52

  二、极端气候 …… 52

 第五节 物候 …… 53

  一、植物、动物生长变化 …… 53

  二、四季应时蔬菜和水果 …… 54

 第六节 环境变化 …… 54

第三章 人口 …… 55

 第一节 人口总量 …… 55

 第二节 人口变化 …… 57

  一、自然增长 …… 57

  二、人为变动 …… 59

  三、外来人口 …… 61

 第三节 人口构成 …… 61

  一、民族、籍贯 …… 61

  二、性别 …… 61

  三、姓氏 …… 62

  四、人口年龄 …… 63

  五、文化程度 …… 63

  六、劳动力 …… 64

  七、"四属户" …… 65

 第四节 计划生育 …… 68

  一、政策与措施 …… 69

  二、奖惩 …… 70

  三、成效 …… 71

第四章 村庄建设 …… 74

 第一节 基础设施建设 …… 74

  一、道路 …… 75

  二、交通 …… 77

三、桥梁 ··· 80
　　　四、住房 ··· 87
　　　五、供水 ··· 88
　　　六、供电 ··· 88
　　　七、电话网络 ··· 88
　第二节　环境保护 ··· 89
　　　一、村庄环境 ··· 89
　　　二、林业绿化 ··· 90
　第三节　新农村建设 ··· 92
　　　一、周家泾 ··· 92
　　　二、王土泾 ··· 93

第五章　农业 ·· 98
　第一节　生产关系变革 ·· 98
　　　一、土地私有制 ··· 98
　　　二、土地改革 ··· 99
　　　三、农业合作化 ··· 99
　　　四、人民公社 ··· 100
　　　五、联产承包 ··· 103
　　　六、规模经营 ··· 106
　第二节　生产管理 ··· 107
　　　一、耕作制度 ··· 107
　　　二、作物栽培 ··· 107
　　　三、劳动分配 ··· 110
　　　四、防汛抗旱 ··· 112
　第三节　农副业 ··· 113
　　　一、粮油作物 ··· 113
　　　二、农业科技 ··· 118
　　　三、农具农机 ··· 122
　　　四、畜禽养殖 ··· 128
　　　五、水产养殖 ··· 128
　第四节　农田水利 ··· 129

一、开挖河道	……	129
二、水利灌溉	……	130
三、圩堤水闸	……	131

第六章　工商 …… 132

第一节　工业 …… 132
一、民国时期的工业 …… 133
二、队办企业 …… 133
三、民营企业 …… 136
四、租地入驻企业 …… 139

第二节　商业 …… 140
一、新中国成立初期的私营商店 …… 140
二、供销合作社 …… 140
三、手工业联社 …… 141
四、合作总店（包括下伸店） …… 142
五、双代店 …… 142
六、个私商店 …… 142
七、杨湘农贸市场 …… 143

第七章　村落文化 …… 146

第一节　古潭古庙 …… 146
一、玉池潭 …… 146
二、庙宇 …… 147

第二节　古桥 …… 148
一、保存完好的古桥 …… 148
二、新中国成立后拆除的古石桥 …… 149

第三节　明清老街 …… 150
一、老街主要街、弄 …… 151
二、老街商铺 …… 151
三、老街名宅 …… 160
四、市河上的桥 …… 166

第四节　杨湘泾老街汪氏大族 …… 167

一、汪氏家族史 …………………………………………………… 167

　　二、汪氏家谱 ……………………………………………………… 169

　第五节　乡风民俗 …………………………………………………… 171

　　一、节庆习俗 ……………………………………………………… 171

　　二、喜庆习俗 ……………………………………………………… 177

　　三、生育、攀亲、祝寿习俗 ……………………………………… 182

　　四、丧葬习俗 ……………………………………………………… 183

　　五、建房习俗 ……………………………………………………… 184

　　六、农民"阄会" ………………………………………………… 184

　第六节　方言土语 …………………………………………………… 186

　　一、时间类 ………………………………………………………… 186

　　二、气象类 ………………………………………………………… 187

　　三、方位类 ………………………………………………………… 188

　　四、人体类 ………………………………………………………… 188

　　五、农器具类 ……………………………………………………… 189

　　六、动植物类 ……………………………………………………… 190

　　七、生活用品、动作、特定称谓类 ……………………………… 190

　　八、待人接物、文化娱乐类 ……………………………………… 191

　　九、商贸类 ………………………………………………………… 191

　　十、治家、社会万象类 …………………………………………… 191

　　十一、育人、人际交往类 ………………………………………… 191

　　十二、其他 ………………………………………………………… 192

　第七节　农谚农语 …………………………………………………… 194

　第八节　民间歇后语 ………………………………………………… 195

　第九节　民间民谣 …………………………………………………… 196

第八章　文体卫生 ……………………………………………………… 197

　第一节　学校 ………………………………………………………… 198

　　一、幼儿园 ………………………………………………………… 198

　　二、小学 …………………………………………………………… 198

　　三、中学 …………………………………………………………… 199

　　四、学制与课程 …………………………………………………… 200

　　五、学生校外（课外）游戏活动演变 …… 202

第二节　医疗、血防 …… 203
　　一、医疗站 …… 203
　　二、血吸虫病防治 …… 204

第三节　文化体育 …… 206
　　一、村民文化 …… 206
　　二、村民体育 …… 208
　　三、百姓讲坛"今日山海经" …… 216

第四节　"文革"时的大队宣传队 …… 217

第九章　村民生活 …… 219

第一节　日常生活 …… 219

第二节　养老保险 …… 220
　　一、农保 …… 221
　　二、社保 …… 222

第三节　医疗保险 …… 222

第四节　土地补偿 …… 223
　　一、土地补偿金 …… 223
　　二、安置补助费 …… 224
　　三、失地农民待遇 …… 224
　　四、退休失地农民养老金 …… 224
　　五、弱势群体生活保障 …… 224

第五节　动迁安置 …… 225

第六节　经济合作社 …… 226
　　一、厂房出租 …… 226
　　二、配套服务用房出租 …… 227

第七节　村民的幸福感 …… 228

第十章　基层组织 …… 229

第一节　基层党组织 …… 230
第二节　村民委员会 …… 236
第三节　民兵组织 …… 240

第四节　群众团体 …… 242
一、共青团 …… 242
二、妇代会 …… 243
三、老协会 …… 245
四、残疾人联合会 …… 246
五、关心下一代工作委员会小组 …… 246

第十一章　人物 …… 247

第一节　人物传 …… 247
一、张芝龙 …… 247
二、王志民 …… 248
三、黄伟 …… 248
四、张觉耿 …… 248

第二节　人物简介 …… 249
一、钱七虎 …… 249
二、顾奎兴 …… 250
三、郭小弟 …… 250
四、沈建国 …… 251
五、周雪峰 …… 251

第三节　人物表 …… 252
一、插队知识青年 …… 252
二、全家落户 …… 255
三、高龄老人 …… 256
四、大学生 …… 257
五、"五匠" …… 264
六、当代军人 …… 266
七、在外工作人员 …… 269

第十二章　村民忆事 …… 272

第一节　公共记忆 …… 272
一、土地制度变革 …… 272
二、日军侵占杨湘泾 …… 273

三、"文革"拾趣	274	
第二节　村民记忆	275	
一、沈寿良"智救"谢巧福	276	
二、张顺良、席祖岐义救新四军伤员	276	
三、往返于杨湘泾至朱家角的手摇航船	276	
四、周家泾农场	278	
五、淀东营造厂	278	
六、开挖粮管所南河道	278	
七、杨湘大礼堂	278	
八、淀山湖公墓	279	

第十三章　荣誉 ……281

第一节　集体荣誉 ……281
第二节　个人荣誉 ……284

第十四章　杂记 ……287

第一节　媒体报道 ……287
　　一、养鸭致富的"鸭司令" ……287
　　二、77岁老人练就传奇般的健身绝技 ……288
　　三、乡村小学支教张俭的独白：爱不能只是一瞬间 ……289
第二节　媒体报道过的人 ……292
　　一、盛和生 ……292
　　二、张祖乙 ……292
　　三、张俭 ……292
第三节　文存辑录 ……293
第四节　丁小妹山歌20首 ……294

索　引 ……299

《杨湘泾村志》修编人员名录 ……304

后　记 ……305

概　述

一

　　杨湘泾村历史悠久，地处淀山湖镇政府所在地，位于昆山市东南边缘、淀山湖的东北隅，是淀山湖镇内村居合一的中心村。杨湘泾村东临安上村，南至永新村，西靠民和村，北至镇工业开发区。

　　2001年9月，撤杨湘、永勤2个行政村，组建杨湘泾村。杨湘泾村区域面积3.38平方千米。全村有陆地面积3 332亩，水域面积1 638亩。北至千灯镇9.5千米，东到青浦10.5千米，南距朱家角镇9.3千米，西离锦溪镇（陈墓）11.5千米。距离昆山市区、312国道、京沪高速公路、沪宁铁路均23千米。距离苏沪机场路4千米，到上海虹桥国际机场仅半个小时的车程，到上海浦东国际机场74千米。

　　杨湘泾村有32个村民小组，106个姓氏，15个自然村（港东自然村于20世纪80年代形成），其中3个自然村拆迁消亡。2012年总户数608户，户籍人口2 141人，其中农村户口1 394人，居民户口747人。外来人口3 362人。2012年全村实有耕地面积为801.95亩，其中用于水产养殖288亩，入"淀山湖镇强村发展有限公司"513.95亩。

　　杨湘泾村属北亚热带季风气候区，四季分明，日照充足，雨量充沛，无霜期长。但冬夏季风进退有早有迟，强度变化不一，台风、寒潮时有发生。杨湘泾村地处昆南水乡太湖流域淀泖半高田地区，陆地高程大多在3.21米以上。土壤以黄泥土和粉沙底黄泥土为主。村域内河流纵横，南北向的天然河道，主要有道褐浦、陆泥浦。1958年、1976年，淀东公社分别开挖的石杨河和中心河（分位河），成了境内东西向的主要泄水通道和航道。境内有大小河流22条，建有水闸15座。

　　村内过境道路有曙光路、新乐路、淀兴路等，村内道路有香石路、振淀路、上洪路、健安路等。过境公交线路13条，其中省级1条、市级3条、镇级9条，共设公交

乘车站点36个,免费公共自行车点16个。陆路交通十分便捷。

二

明朝洪武年间(1368～1398年),杨湘泾村先民们原居地在杨湘泾西北3千米处的市湘泾、七娘桥一带。那里地势低洼,水灾频繁,先民们为求生存,南迁至地势较高的杨湘泾(又称杨枪泾)繁衍生息。明末清初时期街市基本形成,村内古桥、古庙、古潭颇多。

据《光绪昆新两县续修合志》记载,杨湘泾村有200多年历史的古桥咏风桥(原桥名为"詠风桥",现统一改为简体字"咏风桥"),咏风桥又名大鸦桥,为清朝嘉庆十七年(1812年)里人所建,清朝嘉庆二十五年(1820年)重建。清朝乾隆十二年(1747年),王伯均、陆素文在杨湘泾镇西陆泥浦上建造全福桥。汪鸣鹭、童步清、周正贤等义建中市桥、南寿桥、善堂桥等。20世纪70年代后,境内因建公路拆除古桥4座,实有桥梁37座。

杨湘泾村(镇)有一条近900米长的明清石板老街,它东起道褐浦,西至陆泥浦,位于杨湘泾市河北边。老街繁华地段,西起浜桥童秉忠家宅,东至大弄堂,之间距离长320余米。民国十三年(1924年),童步清出资,采购1 069块花岗石铺设石板街。民国至新中国成立初期,杨湘泾老街上下滩商铺林立,有各种南北杂货、糖果食品、酒饭店、诊所药店、农具典当、茶馆渔行等大小店坊111家。老街名店有杏花村饭店、王健华饭店、汪盛乾南货店、钱选忠渔行、徐阿泉理发店、殷三林茶馆店、吴永发竹器店和吴三妈粽子店等。

汪氏家族是老街名门大族,有千年家史,其中名人汪思聪于清朝康熙年间,由安徽徽州迁至淀山湖地区。

新中国成立前,杨湘泾村境内的杨湘、永勤2村同属杨湘泾区杨湘乡。民国三十年(1941年),隶属昆山县第五区杨湘泾镇。

1949年5月13日杨湘泾地区解放,废除保甲制,建立区乡人民政府,成立中共淀东区委员会,实行乡村管理制。杨湘泾村辖区内的东大街、东大、东溇、双溇、横丹、长大华、金家溇、南寿巷、圆厅、陆岸、王泥泾、王土泾、周家泾、三家村14个自然村同属淀东区杨湘乡管辖。经过土地改革、农业合作化、人民公社、改革开放,境内的杨湘、永勤2个行政村经历过多次更名。

1958年,隶属淀东公社第五大队(五营)。1962年,原杨湘村境内的陆岸、东大街等10个自然村属淀东公社杨湘大队。原永勤村境内的王泥泾、王土泾、周家泾、三家村4个自然村,属淀东公社新联大队,1982年更名为淀东公社永勤大队。

1983年6月废社设乡后,分属淀东乡杨湘村、永勤村。1988年5月撤乡建镇后,属淀东镇杨湘村、永勤村。1993年3月淀东镇更名为淀山湖镇后,属淀山湖镇杨湘村、永勤村。2000年4月,成立杨湘居民委员会。2001年8月,杨湘村与永勤村合并,更名为杨湘泾村。9月,村居合一,杨湘泾村与杨湘居委共同开展工作。

三

杨湘泾村以农业经济为主,只有少数村民从事商业活动。党的十一届三中全会后实行改革开放,推行家庭联产承包责任制,村民种田积极性空前高涨。20世纪七八十年代,社队办企业发展步伐加快,村先后兴办了五金厂、电热丝厂、腾达公司等企业12家。农民在种好责任田的同时,进入社队办企业工作,工资性收入成为村民的主要经济来源之一。部分村民自费开挖鱼塘,发展淡水养殖,种植经济作物西瓜、蘑菇等;同时养殖业也迅速发展,想方设法多渠道增加经济收入。

在招商引资和大力发展民营经济的政策指引下,民营企业从少到多,"三资"企业逐步壮大,个体商店越来越多。杨湘泾村村民拓宽了就业渠道,收入迅速增加,生活水平逐步提高。村级经济,因集体资产租赁和富民合作社的建立日益壮大。村富民合作社拥有老厂房3 680平方米,拥有店面房820平方米,又新建1.6万平方米标准厂房,建有占地10亩的杨湘农贸市场等。杨湘泾村的经济收入和人均收入均有大幅度提高。

2012年,全村经济总收入1 476.8万元,人均生产总值53 230元,村民人均年收入21 495元。农村基本养老保险、基本医疗保险覆盖率达100%。村民享受着养老保险、医疗保险、工伤保险、失业保险和生育保险等待遇,生活条件、医疗条件得到极大改善,村里还建有老年活动室3所、图书室1个(藏书1 800册)、体育健身场所4处、戏台1座等,不断满足村民精神文化需求。至2012年,村民人均寿命大幅度延长,80岁以上老人达100人。

四

自古以来,杨湘泾村地区村民在结婚、生孩、建房、丧葬等时候素有宴请亲朋好友的民间传统习惯,还有代代口传的方言土话、民间谚语、歇后语、山歌和民间传说,它反映了杨湘泾地区朴实淳厚的民风和丰富多彩的民俗文化。

杨湘泾村域内的文化教育历史悠久,光绪三十一年(1905年)8月,由汪之镰等四人利用杨湘泾善堂庙后埭4间空房为校舍,创办了正基学堂,至2012年,正基学堂已有107年的历史。百年来,先后更迭校长20余人,校址先后易地3次,校名自正基学堂始,先后变更了8次。村域内的周家泾小学开办于1947年,王土泾小学开办于1952年。1987年2所小学合并为永勤小学,1992年永勤小学并入淀山湖中心小学校。

1958年,杨湘泾创办了昆山县第八中学,是年又创建了淀东农业中学(校址在王泥泾自然村)。

学生校外(课外)活动内容,随着时代变迁而变化,从单纯的游戏玩耍,发展到丰富多彩的各类文体活动。杨湘泾中小学培养了一批批国家和地方建设的有用之才,他们中间有中国工程院院士,农业科学研究所所长、教授,江苏省名中医,国家一级运动员,商贸专家。更为众多的是教师、医师、学者、工程师、党政干部、企业家和革命军人,他们在各自的工作岗位上辛勤工作,为国家和地方做出了贡献。

杨湘泾村的文艺宣传队起步较早、文艺骨干多,自编自演小戏小品如《夸媳妇》《饲养员张阿虎》《砍竹》等,参加了苏州、昆山等地区文娱会演均获奖。多年来,由杨湘泾村文艺骨干组成的业余戏曲团队为淀山湖镇创建"戏曲之乡"做出了不小的贡献。2015年,杨湘泾村举办"今日山海经"百姓讲坛,丰富了村民的文化生活。

杨湘泾村体育活动开展早,1937年,由陆文浩带领足球队赴上海慰问抗日部队。新中国建立后,杨湘大队成立篮球队,参加比赛场次多,成绩好,其中"杨四(杨湘4队)篮球队",一度小有名气。

1984年10月,中国象棋大师胡荣华来杨湘大礼堂表演"盲棋",让杨湘泾民众一饱眼福。

21世纪初,杨湘泾村组建老年体操、乒乓球、象棋等体育代表队,参与镇组织的各项竞赛,均获得较好成绩。

杨湘泾村境内血吸虫病防治工作开展较早,自20世纪50年代就开始发动群众,采取查灭钉螺、药物治病、切脾治疗等措施,至20世纪70年代终于送走了血吸虫这个"瘟神"。

杨湘泾村卫生事业发展早,1951年,成立杨湘联合诊所,1952年更名为淀东区卫生所。20世纪60年代成立杨湘医疗站,1988年杨湘医疗站更名为杨湘村卫生室。2001年杨湘村卫生室与永勤村卫生室合并为杨湘泾村卫生室。2003年,杨湘泾村卫生室并入安上社区卫生服务站。

五

2003年10月,因淀山湖镇房地产开发需要,三家村自然村动迁。在随后的几年中,王泥泾自然村分两次拆迁,港东自然村因开辟东湖佳苑拆迁,周家泾村和王土泾村也有部分村民拆迁。上述动迁户分别迁往淀山湖花园、淀辉锦园、香馨佳园、东湖佳苑、马安小区,成为新市民。

2012年,杨湘泾村党总支部有共产党员84人,已故党员26人。他们是各条战线上的带头人,为杨湘泾村的体制改革、经济发展、环境保护等工作做出了不可磨灭的贡献。杨湘泾村先后获得"江苏省卫生村""江苏省创建文明村工作先进村""江苏省民主法治示范村""苏州市建设社会主义新农村示范村"等60多项荣誉称号。

大 事 记

明

洪武年间(1368—1398年),杨枪泾(杨湘泾)村西北3千米处的市湘泾七娘桥一带,地势低洼,水旱灾害频繁,瘟疫肆虐。该地住民为了生存,南迁杨枪泾定居,从事劳动生产,营造家园,繁衍后代。

万历三十六年(1608年),四、五月连续下雨50天,大水淹田。

清

顺治十五年(1658年)八月二十二日,昆山南部发生地震(相当于里氏5级)。

康熙四十年(1701年),里人汪启竹捐资建造王土泾栅桥。

嘉庆十七年(1812年),里人在杨湘泾东市梢建咏风桥,旧名大鸦桥,系石拱桥,长40米,宽4米,嘉庆二十五年(1820年)重建。

同治年间(1862~1874年),乡贤汪鸣鹭建中市桥,横跨杨湘市河,南北走向。桥墩系花岗岩砌成,桥面用3米多长的花岗岩石条铺成,桥旁有石条护栏。

光绪三十一年(1905年),邑人汪之镳等4人以庙田、义塾田租息创办正基(杨湘)小学。校址为善堂庙后埭4间空房,李林思为校长,张惠中、张惠华等人为教员。

宣统元年(1909年),新、昆两县推行地方自治。

宣统二年(1910年),王土泾朝南港上建永安桥,系阶梯石板桥。

宣统三年(1911年),杨湘泾附近30余村民,因遭灾歉收,斩牲结社,齐心抗租。

中华民国

民国元年(1912年)10月,昆山县清丈局到杨湘泾丈量土地。

民国二年(1913年)2月,昆山县在杨湘泾建立清丈(土地)分局。

民国四年(1915年),杨湘泾初等小学改名为杨湘泾国民学校。

民国七年(1918年)7月,杨湘泾土地复丈结束。

民国十三年(1924年),里人童步青发起,在杨湘市河北岸铺筑石板街一条,西起长大华弄堂,东至中市桥堍。

民国十三年(1924年),里人童步青发起建造南寿桥。南寿桥,东西走向,横跨朝南江。

民国十四年(1925年)8月15日下午,六七十个匪徒持枪抢劫杨湘泾,缴去水警、自卫团27支枪,吴大丰等35家也同时遭劫。

民国二十年(1931年)7月,降雨405毫米,农田受灾严重。

民国二十一年(1932年),杨湘泾国民学校改名为杨湘泾中心小学,校长龚应龙,学生140名,教师5名。

民国二十一年(1932年),里人周正贤发起建造善堂桥。

民国二十三年(1934年)3月,昆山划为8个区,杨湘泾为第五区,辖2镇6乡,259闾,1 236邻。

民国二十三年(1934年)11月,推行保甲制,以10户为1甲,10甲为1保。

民国二十六年(1937年)6月,杨湘泾陆文浩率领杨湘足球队赴上海慰问中国抗日军队。11月15日,日军侵占昆山。

民国二十七年(1938年),日军一中队侵占杨湘泾,驻扎在镇东老城隍庙。建岗哨、盘查行人、下乡扫荡、搜刮"军米",杀人放火无恶不作。

民国二十七年(1938年),日军侵占杨湘泾中心小学,学校被迫停课。

民国二十七年(1938年),王福生手摇航船开航,每天1班,在杨湘泾、朱家角之间往返。

民国三十四年(1945年)6月,杨湘泾建立抗日民主政府及区中队,徐永建任区长,张田平(朱介成)任副区长兼区中队长。

8月15日,日本无条件投降,中共昆南工委在杨湘泾召开群众大会,庆祝抗日战争胜利。

民国三十六年(1947年),倡办周家泾初级小学,教师先后由张仁清、苏振华、许华栋担任。

民国三十七年(1948年),白米泾小石浦说书先生经常在杨湘泾殷三林、周世林茶馆内边打铜锣边说书,颇受听众喜爱。

中华人民共和国

1949 年

5月13日,昆山解放,昆山县人民政府成立。

7月,废保甲制,建立区、乡人民政权,杨湘泾属千灯区杨湘乡管辖。

7月13日,暴雨,江河倒灌,泛滥成灾,全村人民积极抗洪救灾。

11月,成立淀东区,辖杨湘、井亭、淀东3乡,杨湘一联村、二联村、王土泾属淀东区杨湘乡管辖。

11月,中共淀东区委员会成立。

是年,杨湘泾中心国民学校改名为杨湘泾小学。

1950 年

2月,姚裕康到杨湘泾小学任校长。

6月,《中华人民共和国土地改革法》颁布。秋,成立农民协会,选举农会主席:王土泾金福明、金万祥;周家泾顾召良、顾夫卿;杨湘一联村周金泉;杨湘二联村沈海根;杨湘三联村陈阿金。

6月,农村划成分,有雇农、贫农、中农、富裕中农、富农、半地主、地主。把地主四大财产(土地、房屋、大型生产资料、生活资料)分给贫农、雇农。同时,也留给地主一份土地和房屋,以便其自食其力,接受改造。

1951 年

5月,组织农业生产互助组,杨湘泾村261户加入互助组,村里有常年互助组、季节性互助组各25个。成立杨湘联合诊所。

10月,杨湘泾村民积极投入抗美援朝,捐献飞机大炮,杨湘泾青年王志民参加志愿军入朝作战。

是年,杨湘幼儿园开办一个班,幼儿30多名,教师1人,为季宝芬。

△ 城乡群众出资入股办供销合作社,每股1.3元,后增至每股3元,集股金7 884元,首任供销合作社主任蔡德中。

1952 年

3月,创办周家泾农场。

是年,开办王土泾初级小学。杨湘联合诊所更名为淀东区卫生所。

1953 年

3月,开展首次人口普查。

7月至9月,持续高温干旱,受旱面积约2 000亩。

是年,农村开始普遍使用轧稻机,传统脱粒农具"稻床"逐步被淘汰。

△ 王土泾成立五星、群联初级社;周家泾成立周新一社、周新二社初级社;杨湘一联村成立森星、森益初级社;杨湘二联村成立群益初级社;杨湘三联村成立群建初级社。

1954 年

5月18日至7月24日,连续降雨66天,水位猛涨,达3.4米,良田受淹,受涝面积约1 000亩。全体党员干部,村民投入排涝救灾,在横丹溇出口处挑泥筑坝,形成近600亩大包围,几十辆"三车"(风车、牛车、踏水车或牵车)日夜排涝,良田庄稼终于获救。

1955 年

11月,粮食"三定一奖"到户,"三定一奖"为定产、定购、定销、超产奖励。

12月,建立高级社。杨湘泾群建、群益初级社合并为群益高级社,森益、森星初级社合并为森益高级社;王土泾、王泥泾、周家泾初级社合并为周新、群联2个高级社。

是年,杨湘泾村所在的淀东区开始建立户口登记制度。

1956 年

1月,杨湘泾私营商店接受社会主义改造,成立合作商店(组)。

8月,撤区并乡,杨湘改为县属乡。杨湘泾、王土泾、王泥泾属杨湘乡(县属乡)杨湘中乡管辖。

8月1日至3日,连续3天遭受台风暴雨袭击,风力10级以上。

1957 年

6月20日至7月9日,连续暴雨,水位上涨,部分良田受淹。

1958 年

4月1日起,掀起干河灭螺"血防"运动。

5月底,遭受冰雹袭击。

9月,开展"大跃进"运动。

10月,成立淀东人民公社,下设大队。群益、森益高级社和群联、周新高级社属淀东公社第五大队,又称五营。

11月,开挖石杨河,全长3.76千米,东起道褐浦,西至小千灯浦。

同时开工的还有杨湘大礼堂。

12月,全民大炼钢铁,到处建小高炉。

是年,位于王泥泾自然村的淀东农中创办,校长盛根福,4个班,学生151人,教师5名,老农9人,工友1名。

△陆泥浦全福桥西,办"三土厂"一个,"三土"即土水泥、土化肥、土农药。由于设备简陋、产品质量低劣,后停办。

△昆山县第八中学(杨湘中学)开办。

△杨湘粮管所南开挖60米人工河,便于农民交粮。

1959年

5月,杨湘大礼堂完工。

9月,淀东农中被评为昆山县先进农业中学,校长出席省"先进代表大会",获省颁发的奖状。

是年,高压电通到淀东公社,杨湘泾附近有电灌站3座:新民站、梅介泾站、塘泾站,杨湘农田受益。

1960年

8月2日至5日,受7号台风影响,连降暴雨。

是年,淀东合作商店在永勤村开设下伸店。

1961年

5月,传达贯彻中共中央《农村人民公社工作条例(修正草案)》(即《农业六十条》),恢复农业"三包一奖",到8月,按上级规定,按耕地面积的5%比例重划自留田。

10月初,26号台风过境,风力10级,水稻倒伏,房屋倒塌,损失严重。

是年,村境内设立浮肿病、消瘦病治疗点,对社员增加粮油、副食品供应。

1962年

7月,校址设在王泥泾的淀东农业中学停办。

9月,第14号台风过境,一昼夜降雨230毫米,部分低洼田受淹。

是年,淀东公社重新划分大队,杨湘、横丹、陆岸为杨湘大队,周家泾、王土泾、王泥泾、三家村为周新、永勤大队。

1963 年

是年,根据昆山县文教局指示,校址在杨湘泾的昆山县第八中学停办。

1964 年

是年,杨湘大队、永勤大队派出"血防"专业人员,参加苏州专区"血防"集训。

1965 年

7月15日,社教工作组进驻,社会主义教育运动全面推开。开展社会主义教育运动,贯彻《二十三条》,简称"四清"运动。

1966 年

9月9日,收听中共中央《关于无产阶级文化大革命的决定》广播。

10月,"红卫兵""造反派"横扫所谓"四旧"(旧思想、旧风俗、旧文化、旧习惯),文物古迹字画等多遭损毁。

是年,杨湘、永勤大队配备血防大队长。

1967 年

1月,"文化大革命"全面展开。

7月10日,成立"战斗队",揪斗"走资本主义道路当权派",大队党组织处于瘫痪状态。

1968 年

3月,公社成立革命委员会,大队成立革命领导小组。

9月,校址设在杨湘泾的淀东中学恢复办学。

1969 年

9月29日,成立"群专组"实行所谓"全面专政",关押、迫害大批干部群众。

是年,杨湘大队成立医疗站,站址在南寿巷吴士荣家宅,赤脚医生顾川娥、程玉妹、张祥妹。

△ 手扶拖拉机由试用发展到普及。

1970 年

是年,电灌站大改小,杨湘、永勤境内有俞家溇等6座电灌站,灌溉面积4 200亩左右。

1971 年

是年,位于杨湘泾的公社粮管所落实战备,大建"土圆仓"。

1972 年

2月,组织大队干部批判林彪反党集团。

1973 年

12月27日,开展"批林批孔"运动,进行党的基本路线教育。

是年,淀东中学增设高中。招收高一两班110名新生。

1974 年

是年,村民拆除旧房,大多数人家翻建成五路头三间瓦房。

1975 年

5月30日,冰雹袭击,杨湘、永勤两大队部分田块遭灾受损。

6月21日至7月初,境内连续降雨374.6毫米,7月10日,水位上涨到3.4米。

10月,未升学的城镇初高中毕业生下乡当农民,安排在杨湘大队知青点。

是年,金国荣到江阴参加文娱会演,节目为自编自演的浦东说书"饲养员张阿虎"。

1976 年

1月8日,周恩来总理逝世,杨湘、永勤大队干部、群众万分悲痛,自发组织悼念活动。

3月,继续开挖粮管所南面的人工河,与金家溇相通。并在两河相接处建水闸、桥梁,方便航船和通车。

9月18日,杨湘、永勤大队干部群众收听北京毛泽东主席逝世追悼大会实况广播。

10月,杨湘、永勤大队社员干部,热烈庆祝粉碎"四人帮"反党集团的伟大胜利。

是年,开挖中心分位河,东连石浦江,西接千灯浦,长2 500米。周家泾小江开通至石头湾。

△ 章建军、沈巧英参加苏州地区文娱会演,合演的节目是《砍竹》。

1977 年

11月,工宣队、贫选队撤离学校。

1978 年

1月1日,分位河开挖工程完工。分位河是淀东公社一条东西向的主航道和泄水通道。

7月至9月,出现历史上罕见的高温,最高温度达37.9℃,35℃左右的高温持续40天。电灌站加装柴油动力泵,全力投入抗旱。

是年,周家泾、王土泾幼儿园开办。周家泾幼儿园有幼儿23名,教师顾桃英。王土泾幼儿园有幼儿22名,教师黄红英。

1979年

2月,贯彻中共中央十一届三中全会精神,全党工作重心转移到以经济建设为主。积极扶持个体经济,杨湘、永勤两村出现了13家超市、便利店。

春季,贯彻中共中央《关于地主、富农分子摘帽问题和地富子女成分问题的决定》,杨湘、永勤大队地、富分子摘帽,子女重新定成分。

秋季,杨湘、永勤大队下乡务农的知识青年上调回城镇,重新安排工作。

是年,永勤村开办饲料加工厂,为农户把干草、稻柴、大麦打成粉状猪饲料。

1980年

5月14日,大风伴有冰雹袭击,夏熟作物损失严重。

7月,对"文化大革命"中的冤假错案进行平反纠错工作。

是年,永勤大队建医疗站。

△ 开办杨湘五金厂,为上海无线电工厂加工收音机零件。

△ 王土泾东首开办新联羊毛衫厂、永勤木器厂、永勤拉丝厂、永勤助剂厂。其间,永勤羊毛衫厂规模较大。

1981年

1月20日,厂址位于杨湘大队的淀山湖香精厂开业投产,安置"四残"人员25人。该厂是淀东公社首家福利企业。

1982年

是年,杨湘大队、永勤大队和本公社其他兄弟大队一样,试行大组联产、小组联产以及联产到户。

△ 杨湘、永勤大队党代表出席淀东公社第七次党代会。

△ 第三次人口普查,全村有675户,2 536人,其中男1 234人,女1 320人。

1983年

6月,废社设乡,改人民公社为乡,大队改村,杨湘大队改为淀东乡杨湘村,永勤大队改为淀东乡永勤村。

6月下旬,暴雨,辖区内水位上涨,持续30天水位超过警戒线。

1984年

10月,象棋大师胡荣华来杨湘大礼堂作"盲棋"表演。

是年,杨湘村8组率先种植板田油菜成功。

1985年

2月15日,昆(昆山)杨(杨湘泾)公路建成通车。

9月5日,位于杨湘泾的淀东乡敬老院建成使用。

是年,建造镇北防洪闸。

1986年

2月20日,途经杨湘泾的水路客运全线停业。

10月1日,途经杨湘、永勤村的昆(昆山)青(青浦)公路建成通车。

是年,建造俞家溇闸。

1987年

4月14日至15日,杨湘、永勤村乡人大代表出席淀东乡十一届人代会。

是年,开挖新杨河,东起道褐浦,西与双溇接通,与外河通流,长350米。

△ 周家泾小学和王土泾小学合并为永勤小学。两所幼儿园合并为永勤幼儿园,教师2名。

1988年

4月26日,杨湘、永勤村乡人大代表出席淀东乡十一届二次人代会。

5月4日,淀东撤乡建镇,杨湘、永勤村为淀东镇杨湘村、永勤村。

是年,杨湘医疗站改为杨湘村卫生室。

△ 建造贤泾江、粮管所闸。

1989年

2月5日,淀东至金家庄公路竣工,杨湘村境内设有始发站淀东车站。

5月至7月,杨湘、永勤村党员参加镇党校举办的党的基本路线教育活动。

12月,淀东镇成为昆山广播事业中的动圈喇叭镇,杨湘、永勤为动圈喇叭村。

1990年

是年,建立三家村防洪闸。

△ 第四次人口普查,全村718户,2 625人,其中男1 299人,女1 326人。

1991 年

是年,原永勤村百亩油菜丰产方,在江苏省"丰产杯"油菜高产竞赛中荣获一等奖。

△ 彭瑞良荣获1991年财务管理"昆山市农村集体经济好管家"称号。

1992 年

11月24日,经昆山市政府批准,在杨湘泾2组的土地上建造属公益性质的淀山湖公墓。公墓占地22.34亩。

是年,建市河东闸、西闸、周家泾闸、双潦江沿江路闸,以上均为防洪闸。

△ 永勤小学并入淀东中心校。

△ 坐落于杨湘泾村东市梢的咏风桥(又名大鸦桥)拆除。

1993 年

是年,淀东镇改名为淀山湖镇,杨湘村为淀山湖镇杨湘村,永勤村为淀山湖镇永勤村。

△ 杨湘村卫生室迁至村委会楼下。

△ 原永勤村百亩油菜丰产方获江苏省农林厅高产竞赛一等奖。亩产超过200千克,实收205千克。

△ 村办企业实行"转制",新联羊毛衫厂转给上海人唐燕平承包。

1994 年

6月30日,淀山湖自来水厂一期工程3万吨级新厂建成,杨湘村、永勤村村民喝上了淀山湖水。

9月1日,位于杨湘村境内,总投资800万元的淀山湖中心小学新校舍落成。

是年,经昆山市卫生局验收合格,杨湘村、永勤村卫生室为甲级村卫生室。

△ 中市桥拆除,拓宽、改建为公路桥。

1995 年

2月13日,淀山湖中心小学新校舍正式启用。

4月17日,杨湘村、永勤村镇人大代表参加镇十三届人大四次会议。

12月17日,杨湘村、永勤村电话号码升至7位。

是年,三家村自然村规划拆迁。

1996 年

7月3日,位于杨湘村境内的淀山湖卫生院新院落成。

是年,在杨湘村9组长条圩试种太湖粳2号、武运粳7号。

1997年

7月25日,《当代昆山人才录》首发,杨湘泾人钱七虎入录。

8月18日,11号强台风来袭,损失较重。

12月14日,杨湘村通过苏州市检查组考核,达到了"江苏省卫生村"标准的要求。杨湘村获"江苏省卫生村"荣誉称号。

是年,杨湘村获"昆山市双文明先进村""1996—1997年度爱国卫生先进村"荣誉称号。

△ 改水稻水育为水稻旱育。秧田旱做,薄膜覆盖,足水出苗,湿润灌溉。

1998年

7月24日,贯彻上级《关于稳定完善农村土地承包关系发放经营权证书的实施意见》,村民领取土地承包证书。

是年,昆山鹏达金属制品有限公司转给沈建明承包。

△ 杨湘村获"昆山市社会治安综合治理先进单位"荣誉称号。

1999年

1月18日至20日,杨湘村、永勤村党员参加淀山湖镇党员冬训。

6月18日,有线电视光缆联网到村。

6月30日至7月1日,暴雨,水位上涨达4米,超过1954年历史最高水位0.12米,受淹农田约1956亩,鱼塘132亩。

9月1日,位于杨湘村境内的淀山湖中心幼儿园新园舍启用。

是年,永勤村先后共批租土地5.33公顷,杨湘村先后共批租土地5.74公顷。批租土地用作工业用地、道路建设、多种经营、建房等。

△ 杨湘村获"昆山市双文明建设先进村"荣誉称号

2000年

4月,成立杨湘居民委员会。

是年,周家泾、王土泾幼儿园并入淀山湖中心幼儿园。

△ 第5次人口普查,全村667户,1 568人,其中男741人,女827人。

△ 建王土泾东闸、淀辉王泥泾闸。

2001年

8月,永勤村和杨湘村合并组成杨湘泾村。杨湘、永勤卫生室合并为杨湘泾村卫生室,顾川娥、张祥妹、顾坚斌为乡村医生。

9月20日至22日,淀山湖镇杨湘泾村第七届村民委员会换届选举,村民委员会主任由孙惠贤担任。

12月29日,孙惠贤、黄祖琴、彭建明当选镇第十六届人民代表大会代表。

2002年

1月3日至4日,杨湘泾村党代表参加淀山湖镇第十三次党代会。

1月11日至12日,杨湘泾村镇人大代表出席淀山湖镇第十六届人民代表大会第一次会议。

9月11日至12日,淀山湖镇举办"四五"普法宣传教育骨干培训。杨湘泾村党支部委员、村主任参加培训。

是年,杨湘泾村25组村民、党员盛和生养鸭成名,被评为优秀共产党员和致富带头人。

△ 推广免耕水稻,即实施水稻直播。主要技术是抓好三关:季节关、出苗关、杂草关。

2003年

4月11日,昆山市淀山湖镇杨湘富民合作社建立,占地面积75.19亩,建标准厂房8幢,建筑面积17 647平方米。

10月,三家村自然村正式拆迁,25户拆迁至马安小区,1户拆迁至淀辉小区。王土泾自然村10户拆迁至淀辉小区。

是年,《走出浅水湾》在苏州电视台播放,编剧之一金国荣系杨湘泾村人。

2004年

3月10日,淀山湖镇召开全镇"三有工程"工作大会。杨湘泾村配备干部,逐步落实:人人有工作,家家有物业,个个有技能。

11月25日,淀山湖镇杨湘泾村第八届村民委员会换届选举。

是年,杨湘泾投资建成醉仙楼大酒店。

2005年

6月,为预防村民财产损失,保障人身安全,根据市、镇规划要求,由村、镇、市三级投资,家家户户安装了警报监控系统。

10月13日,淀山湖镇表彰2004年度征兵工作先进单位、先进个人,杨湘泾村受表彰。

2006 年

3月,杨湘泾村被中共昆山市委员会及昆山市人民政府评为"2005年度农村经济发展先进单位"。

4月7日,杨湘泾村镇人大代表参加淀山湖镇第十六届人民代表大会第六次会议。

是年,杨湘泾村成立老年球操队,第八套健身操比赛获镇第二名。

2007 年

3月,杨湘泾村被昆山市依法治市领导小组评为昆山市"民主法治示范村"。

5月26日,杨湘泾村党组织举行换届选举公推大会。

6月,杨湘泾村被昆山市委员会评为"实践三个代表,实现两个率先"先锋村。

7月2日,开始组建杨湘泾村社区富民合作社。

8月25日,召开杨湘社区富民合作社首届社员代表大会。

是年,建成杨湘泾大酒店,大酒店及周边4间店面用于出租开店。

△ 杨湘泾村建老年活动室,放电视、录像,建图书室,藏书2 200多册,供村民借阅。

2008 年

1月5日,制定村自治章程与"村规民约"考评及奖惩办法。

10月18日,富民服务用房一号楼东立面装潢工程招标。

是年,因曙光路拓宽,周家泾18户拆迁至香馨佳园。

2009 年

2月,杨湘泾村被中共苏州市委和苏州市人民政府评为"苏州市建设社会主义新农村示范村"。

5月15日,建立昆山市淀山湖镇杨湘泾村农地股份专业合作社。

8月28日,开展杨湘农贸市场建设工程投票听证会。

是年,年初至11月中旬,永勤村周家泾自然村被列为新农村改造定点村。

△ 苏州市档案局授予杨湘泾村《江苏省机关团体企业事业单位档案工作规范》二星级标准称号。

△ 杨湘泾村与新杨村一起投资建设杨湘泾菜场。

2010 年

7月1日,村域内的共产党员参加淀山湖镇纪念建党89周年大会。

12月,杨湘泾村获"2007—2009年度江苏省创建文明村工作先进村"荣誉称号。

2011年

5月,王土泾自然村整治。5月上旬开工,7月底结束,总投资30万元。

是年,建设朝南江闸、北石塘闸、西花溇闸。

△ 东王泥泾29户拆迁至淀山湖花园。王土泾中市路西7户拆迁至淀山湖花园。

△ 老年球操队获镇"二十四式"太极拳比赛团体第三名。胡菊林、沈阿二分别获得象棋比赛第一名、第二名。

2012年

是年,建石墩新村防洪闸。

△ 本年度全村经济总收入14 768万元,人均生产总值53 230元,村民人均年收入21 495元。

△ 全面推广机插水稻,彻底改变传统栽培方式,真正实现了水稻生产机械化、工厂化、专业化,栽培技术逐步模式化。

△ 村建立少年之家、未成年人活动中心、校外教育辅导站、科普站、法制学校。

△ 昆山乐仁学校教学点设杨湘泾村(社区),下设家长学校、市民学校、老年学校、道德评议室等。

△ 2012年年底,杨湘泾村个私商店达30家。

△ 2012年年底,杨湘泾村有3个自然村全部动迁和3个自然村部分动迁。动迁涉及15个村民小组,125户445人。

第一章 建置区域

2001年9月,杨湘泾村由杨湘、永勤2个行政村合并组建。位于淀山湖东北,地处淀山湖镇镇中心。杨湘泾村域面积3.38平方千米,由港东、东大街、东大、东娄、双娄、横丹、长大华、金家娄、南寿巷、圆厅、陆岸、三家村、周家泾、王土泾、王泥泾等15个自然村组成。其中3个自然村全部动迁,3个自然村部分动迁。

2012年,杨湘泾全村暂时保留12个自然村。村域内有村民608户,农业户口1394人,居民户口747人。32个村民小组,106个姓氏。

第一节 位 置

杨湘泾村地处东经120°57′45″~121°04′10″,北纬31°08′05″~31°13′20″之间,位于昆山市东南边缘、淀山湖东北、淀山湖镇镇中心。离昆山市区、312国道、京沪高速公路、沪宁铁路23千米,距苏沪机场路4千米,到上海虹桥国际机场半小时的车程。到上海浦东国际机场46千米。

杨湘泾村北至千灯镇9.5千米,东到青浦10.5千米,南距朱家角镇9.3千米,西离锦溪镇(陈墓)11.5千米,地理位置非常优越。

第二节 村 貌

杨湘泾村由港东、东大街、东大、东溇、双溇、横丹、长大华、金家溇、南寿巷、圆厅、陆岸、三家村、周家泾、王土泾、王泥泾 15 个自然村组成，共 32 个村民小组。

一、自然村简介

杨湘泾村两委会驻地设在圆厅自然村西，陆岸自然村南，香石路西。

杨湘泾村在新中国成立初，大多数村民住房为"七路头四拖戗"低矮平瓦房。20 世纪 60 年代初，农民为改善居住条件，将平瓦房改建成五路头叠山头瓦房。20 世纪六七十年代，淀东公社办起了水泥厂、水泥预制场、建筑社、公社砖瓦厂，为村民翻建房屋提供了方便。20 世纪 80 年代，杨湘泾村域内村民建房实行统一规划，统一丈量宅基地，以减少村民为建造房屋引发的矛盾。村民把五路头、七路头房屋改建成三上三下独门独院的楼房。楼房式样新颖，居住舒适，造型美观，村庄也开始变得更加美丽。

杨湘泾村域图呈不规则"鸡肋"型。全村 15 个自然村中，三家村、王泥泾、港东 3 个自然村全部拆迁，东溇、周家泾、王土泾 3 个自然村部分迁移。

港东自然村，位于杨湘泾村东端，大华浦江东。该村 13 户人家，2008 年因开辟东湖佳苑而动迁，动迁户安置在东湖佳苑。

横丹自然村，位于杨湘泾村北端，横丹江北岸，呈东西走向的竹节状。

陆岸自然村，位于香石路东，陆泥浦江西岸，呈南北向竹节状。

东溇自然村，位于横丹江南，中市路东。2005 年因曙光路拓宽，26 户村民动迁，就地安置。

东大自然村和杨湘东大街，分别位于杨湘市河南岸和北岸，上洪路两侧。

双溇自然村，位于双溇江两岸。

长大华自然村，位于西大街北，金家溇东，与淀山湖镇粮管所隔河相望。

金家溇自然村，位于西市梢北，陆泥浦江东，金家溇西岸。

南寿巷自然村，位于杨湘市河南岸，健安路两侧。

圆厅自然村，位于陆泥浦江东岸，杨湘市河南岸处。

上述这些自然村，村民住房紧凑、互相连接、互相交叉，呈长条形或不规则的团块状。

三家村自然村,位于杨湘泾村域东南部,三家村江南岸处,中心分位河北边,呈东西向竹节状,全村22户,1995年规划拆迁,2003年10月正式拆迁,村民被安置到马安小区21户、淀辉小区1户。

王泥泾自然村,位于杨湘泾村西南处,村民住房分别居住于王泥泾江南、北两岸,又分为东王泥泾和西王泥泾,全村呈曲尺形走向竹节状。王泥泾村共有39户村民,西王泥泾10户,2003年开辟淀辉社区拆迁,安置在淀辉社区。东王泥泾29户,2011年开辟淀山湖花园拆迁,安置在淀山湖花园。

周家泾自然村,位于杨湘泾村东南端处,村民居住在周家泾江南、北两岸,呈东西走向竹节状。2008年因曙光路拓宽,曙光路东侧和西侧拆迁17户村民,均安置在香馨佳园,其余暂时保留不动。

王土泾自然村,位于杨湘泾村的南端,呈东西走向竹节状。2011年开辟淀山湖花园,靠中市路西拆迁7户,危房申请拆迁3户,安置在淀山湖花园,其余保留原址。

二、拆迁自然村落情况

1. 全部动迁的自然村

因淀山湖镇政府规划建设新区等用地需要,将杨湘泾村域内的三家村、王泥泾和港东自然村全部动迁。

(1) 三家村自然村

位于杨湘泾村南边,建村时只有三家农户,故名为三家村。此村分布在三家村江南侧,分位河北侧,东连曙光路,西接大华浦,南至分位河,北靠三家村后江,呈东西向长条形竹节状。东西长约200米,南北宽约50米。耕地面积178.4亩,村庄面积15.3亩。全村有22户,86人,其中男性44人,女性42人。有10个姓氏,其中施姓6户、沈姓4户、朱姓2户、周姓2户、黄姓2户、吴姓2户、刘姓1户、陈姓1户、詹姓1户、张姓1户。

全村以农业为主,种植水稻、三麦和油菜。1995年规划拆迁,2003年10月,因淀山湖镇政府房地产开发(福运、马洛卡)用地需要,村民正式拆迁到马安小区、淀辉小区,村庄消亡,失地面积193.7亩。

三家村沿革:民国三十年(1941年),属县第五区杨湘泾镇;新中国成立后,属淀东区杨湘乡;1950年1月,属淀东区杨湘中乡杨湘小乡;1956年8月,属杨湘中乡群联高级社;1958年,属淀东公社五营;1962年,属淀东公社永勤大队;1983年6月,属淀东乡永勤村;1988年5月,属淀东镇永勤村;1993年3月,属淀山湖镇永勤村;2001年9月,属淀山湖镇杨湘泾村。

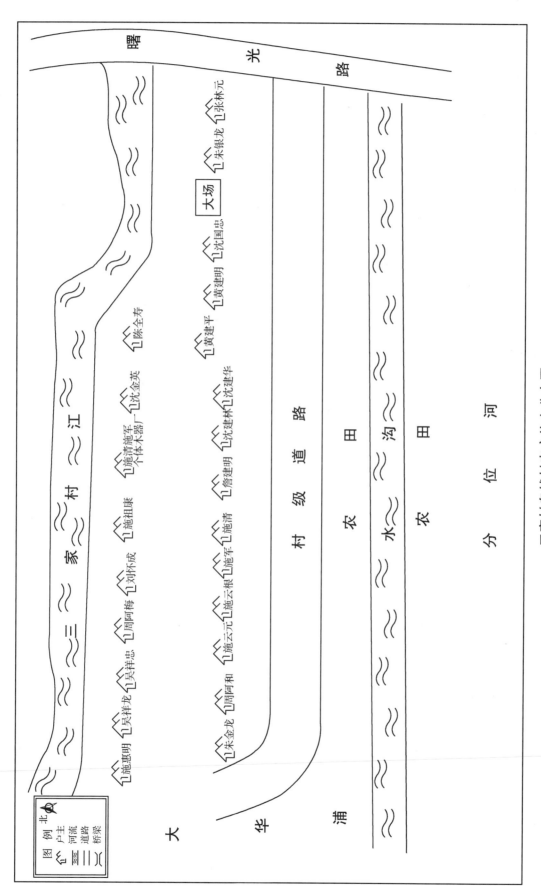

三家村自然村农户住宅分布图

(2) 王泥泾自然村

位于淀山湖镇区南1 000米,中市路西侧的王泥泾江两侧,以王泥泾江名为村名,呈东西向长条形竹节状。东西长300米,南北宽100米,村落面积45亩,耕地面积101亩。全村共有39户,147人,其中男性66人,女性81人。有10个姓氏,其中张姓19户、郭姓5户、高姓3户、孙姓3户、陆姓1户、钟姓3户、邱姓1户、谈姓1户、王姓1户、丁姓2户。

村民以务工为主,部分村民种植水稻、三麦和油菜。2004年3月和2011年5月因淀山湖镇规划建设新区用地需要,村民房屋分两次拆迁。第一期2003年因建淀辉社区而拆迁,村民安置在淀辉社区。第二期2011年因开辟淀山湖花园拆迁,安置在淀山湖花园。自然村落消亡。失地面积146亩。

王泥泾自然村沿革:民国三十年(1941年),属县第五区杨湘泾镇;新中国成立后,属淀东区杨湘乡;1950年1月,属杨湘中乡杨湘小乡;1956年8月,属杨湘中乡群联高级社;1958年,属淀东公社五营;1962年,属淀东公社永勤大队;1983年6月,属淀东乡永勤村;1988年5月,属淀东镇永勤村;1993年3月,属淀山湖镇永勤村;2001年9月,属淀山湖镇杨湘泾村。

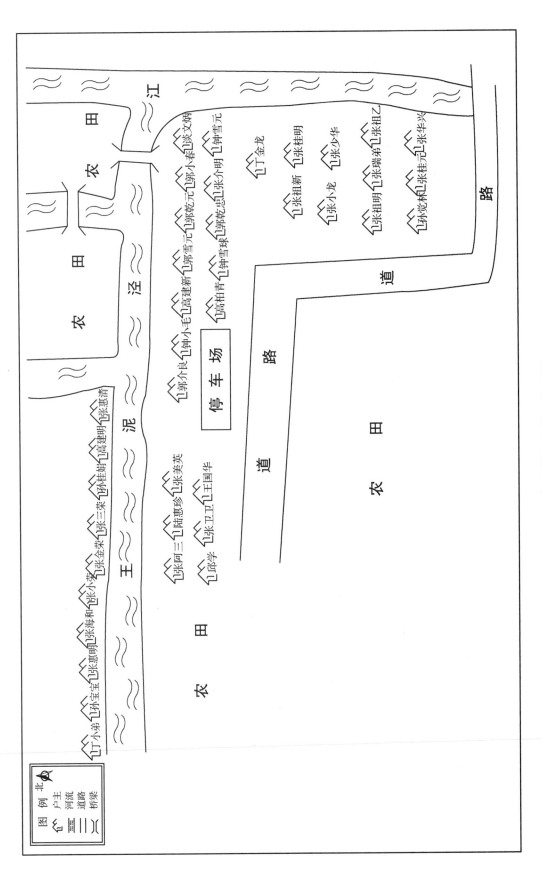

王泥泾自然村农户住宅分布图

(3) 港东自然村

位于杨湘泾村域内的东端,大华浦江东,村民称之为港东自然村。村落面积6亩,全村共有13户,村民人数57人,其中男性27人,女性30人。有姓氏9个,其中翟姓1户、沈姓3户、朱姓2户、俞姓1户、严姓1户、毕姓1户、周姓2户、姜姓1户、莫姓1户。村民以务工为主,部分村民种植水稻、三麦和油菜。2008年因开辟东湖佳苑而拆迁,村民安置在东湖佳苑。

港东自然村沿革:20世纪80年代,杨湘东大等自然村村民翻建房屋,由于宅基地紧张,部分村民出宅至大华浦江东,这样形成港东自然村。1983年6月,属淀东乡杨湘村;1988年5月,属淀东镇杨湘村;1993年3月,属淀山湖镇杨湘村;2001年9月,属淀山湖镇杨湘泾村。

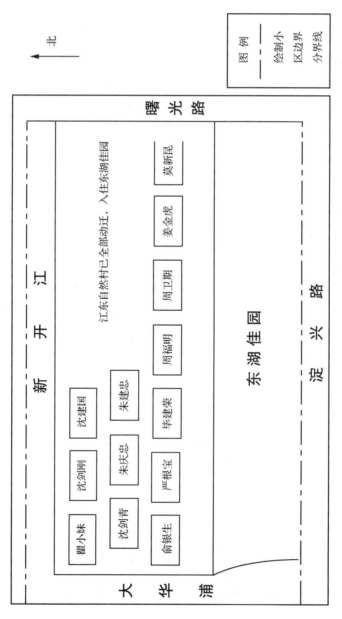

港东自然村农户住宅分布图

2. 部分动迁的自然村

因市镇建设和道路扩展等用地需要,村域内部分自然村村民动迁。周家泾自然村,2008年因曙光路拓宽,位于曙光路东侧和西侧的17户村民拆迁,均安置在香馨佳园。王土泾自然村,2011年因开辟淀山湖花园用地需要,在中市路西侧7户村民动迁,另有危房申请预拆迁3户,都安置在淀山湖花园。东溇自然村,因扩宽中市路,其中有26户村民动迁就地安置。具体情况见表1-2-1。

表1-2-1　　　　部分动迁自然村落(东溇、周家泾、王泥泾)动迁户名单

年份	动迁户数	动迁组别	户名
2005	26（东溇）	9	孙永泉
		10	张伟荣、张雪琴、张振庭、沈品忠、沈建明、张志芳、彭建中、陈娟、夏阿三、张彩菊、吴道生、成尔乾、吴惠新、顾志峰、邵介林、张伟明、顾小明、顾雪明、顾云娥、沈逸群、史惠琴、朱惠林、郭其锦、田忠良、陈海涛
2008	17（周家泾）	20	徐美芳
		22	金静芳、顾品根、顾建中、顾海元、周小妹、顾惠其、顾士明、顾海根、顾志其
		31	伍春妹、顾观忠、周士荣、周巧荣、张祥元、张兴元、彭家法
2011	10（王土泾）	26	王培强、盛建新、吴兴中
		32	唐建忠、唐建明、彭建龙、黄承访、唐建根、彭建国
		25	柴海龙

三、未拆迁自然村落情况

1. 东大自然村

位于杨湘市河南岸,上洪路两侧。因处于杨湘泾村东面,紧靠东大街,故称为东大自然村。村落面积22亩,耕地面积304.6亩。全村44户145人,其中男性70人,女性75人。有20个姓氏,其中沈姓1户、戴姓1户、陈姓1户、周姓1户、郭姓8户、张姓8户、李姓3户、朱姓3户、顾姓1户、丁姓2户、王姓4户、赵姓1户、陆姓1户、吴姓2户、方姓1户、朱姓2户、毕姓1户、钱姓1户、汪姓1户、申姓1户。村民以务工为主,部分村民种植水稻、三麦和油菜。

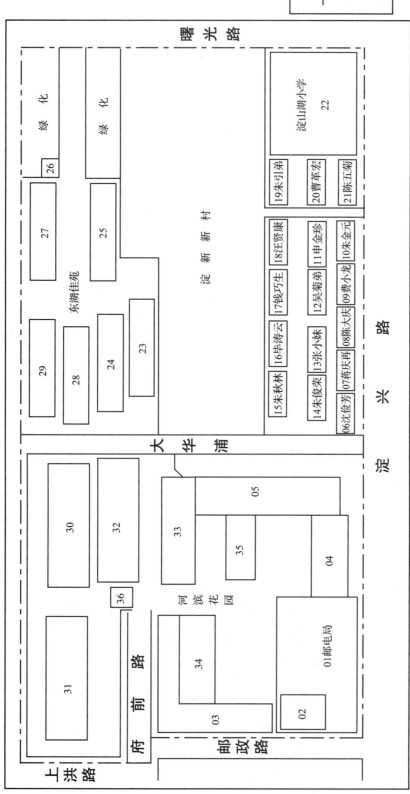

东大自然村（大华浦河东）农户住宅分布图

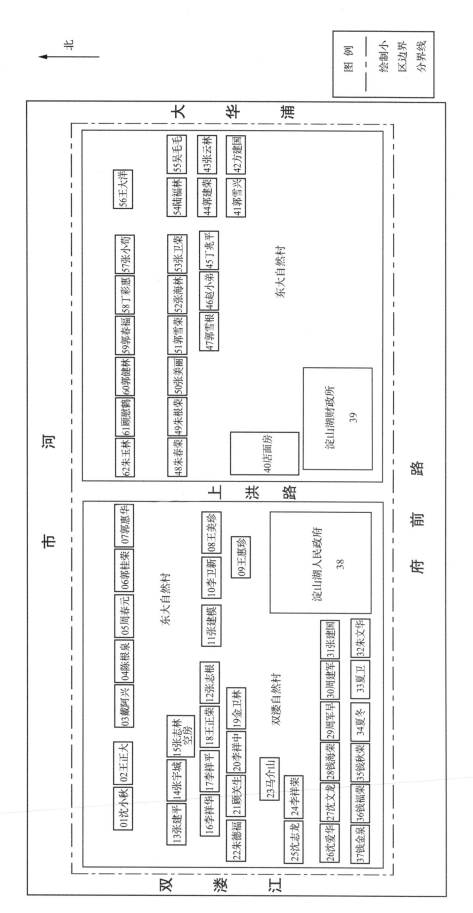

双溇、东大（西）自然村农户住宅分布图

2. 东大街自然村

位于杨湘市河北岸，上洪路两侧。村民人家位于东大街上，故称为东大街自然村。村落面积28.5亩，耕地面积431.9亩。全村59户139人，其中男性68人，女性71人。有19个姓氏，其中沈姓11户、毕姓3户、侯姓4户、钱姓9户、殷姓3户、田姓5户、吴姓1户、周姓6户、张姓3户、顾姓1户、王姓2户、陈姓1户、朱姓3户、谢姓1户、李姓1户、蒋姓1户、胡姓1户、曹姓1户、徐姓1户、戴姓1户。村民以务工为主，部分村民种植水稻、三麦和油菜。

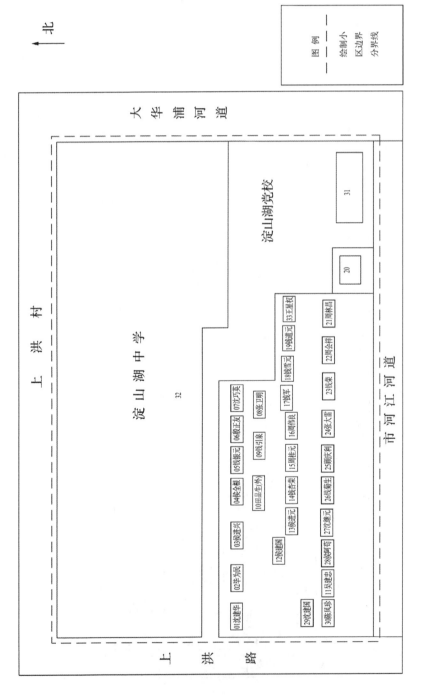

东大街（市河江北）自然村农户住宅分布图

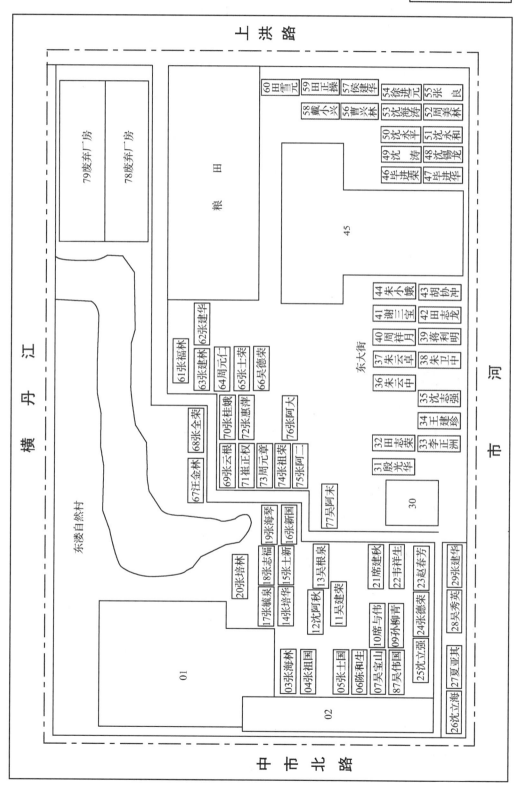

东大街自然村农户住宅分布图

3. 东溇自然村

位于杨湘市河以北、中市路以东,村民人家位于东溇一带,故称东溇自然村。村落面积29.5亩,耕地面积443.2亩。全村59户177人,其中男性88人,女性89人。有16个姓氏,其中张姓27户、吴姓9户、陆姓1户、沈姓6户、席姓1户、韦姓1户、夏姓1户、周姓2户、汪姓1户、赵姓1户、孙姓2户、顾姓3户、成姓1户、邵姓1户、史姓1户、郁姓1户。村民以务工为主,部分村民种植水稻、三麦和油菜。

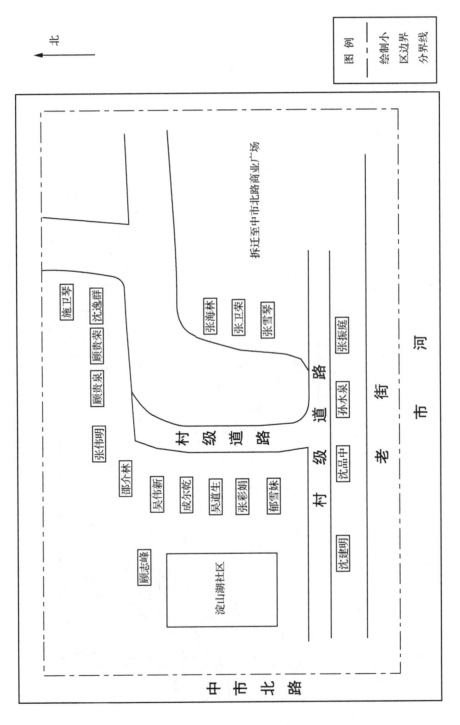

东溇(西)自然村农户住宅分布图

4. 双溇自然村

位于双溇江两岸,所以称为双溇自然村。村落面积45亩,耕地面积669.35亩。全村92户261人,其中男性128人,女性133人。有29个姓氏,其中李姓11户、陈姓4户、姚姓4户、钱姓5户、周姓8户、陆姓2户、张姓9户、顾姓4户、丁姓1户、倪姓1户、董姓1户、朱姓3户、詹姓1户、曹姓1户、沈姓13户、夏姓3户、金姓1户、马姓1户、项姓1户、汪姓4户、段姓2户、程姓2户、童姓1户、殷姓1户、吴姓3户、严姓1户、杨姓1户、徐姓1户、谈姓2户。村民以务工为主,部分村民种植水稻、三麦和油菜。

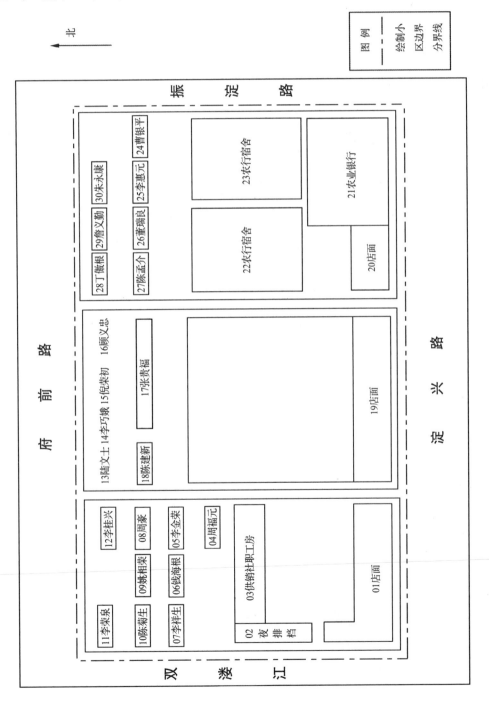

双溇(东)自然村农户住宅分布图

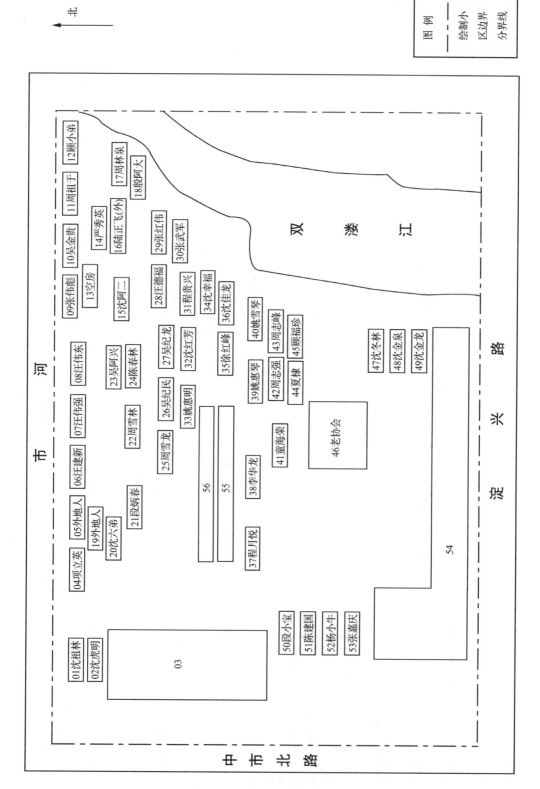

双溇(西)自然村农户住宅分布图

5. 长大华自然村

位于西大街北,金家溇东边,与淀山湖镇粮管所隔河相望,村民人家居住于长大华一带,故称为长大华自然村。村落面积15亩,耕地面积250.3亩。全村30户73人,其中男性36人,女性37人。有11个姓氏,其中张姓12户、郁姓3户、周姓1户、陆姓4户、吴姓2户、童姓1户、沈姓3户、姚姓1户、蒋姓1户、翁姓1户、瞿姓1户。村民以务工为主,部分村民种植水稻、三麦和油菜。

6. 横丹自然村

位于杨湘泾村北端,横丹江北岸,村以横丹江命名。村落面积6.5亩,耕地面积113.5亩。全村13户56人,其中男性26人,女性30人。有4个姓氏,其中张姓5户、周姓5户、吴姓2户、唐姓1户。村民以务工为主,部分村民种植水稻、三麦和油菜。

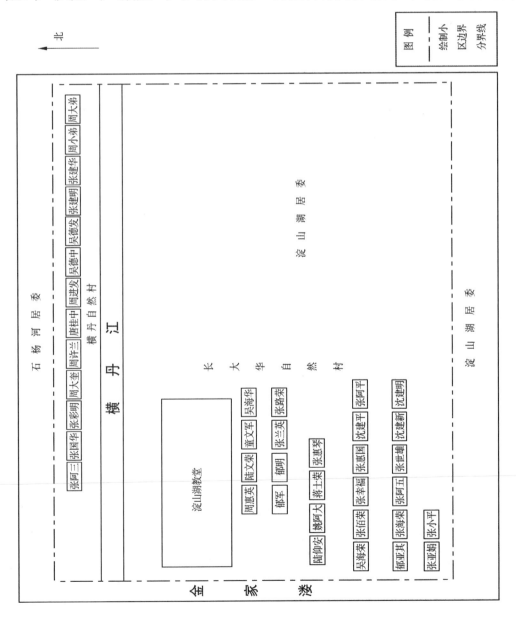

长大华、横丹自然村农户住宅分布图

7. 金家溇自然村

位于西市梢北,陆泥浦江东,金家溇西岸,村以金家溇命名。村落面积10亩,耕地面积108亩。全村20户67人,其中男性33人,女性34人。有10个姓氏,其中刘姓1户、沈姓8户、朱姓2户、王姓1户、周姓2户、童姓1户、陆姓2户、蔡姓1户、何姓1户。村民以务工为主,部分村民种植水稻、三麦和油菜。

8. 陆岸自然村

位于香石路东,陆泥浦江西岸,与淀山湖粮管所隔江相望,呈南北走向竹节状。村中以陆姓居多,所以村名中有"陆"字。村落面积12亩,耕地面积253.5亩。全村24户105人,其中男性51人,女性54人。有9个姓氏,其中陆姓9户、童姓2户、朱姓5户、曹姓1户、冯姓1户、沈姓3户、蒋姓1户、张姓1户、李姓1户。全村以务农为主,种植水稻、三麦和油菜。

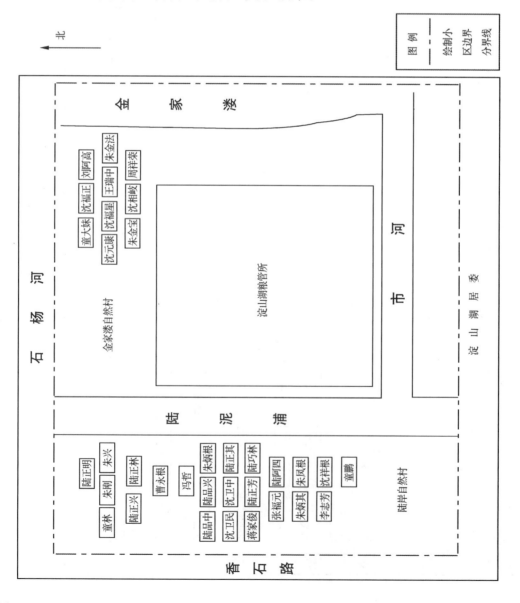

陆岸自然村农户住宅分布图

第一章 建置区域

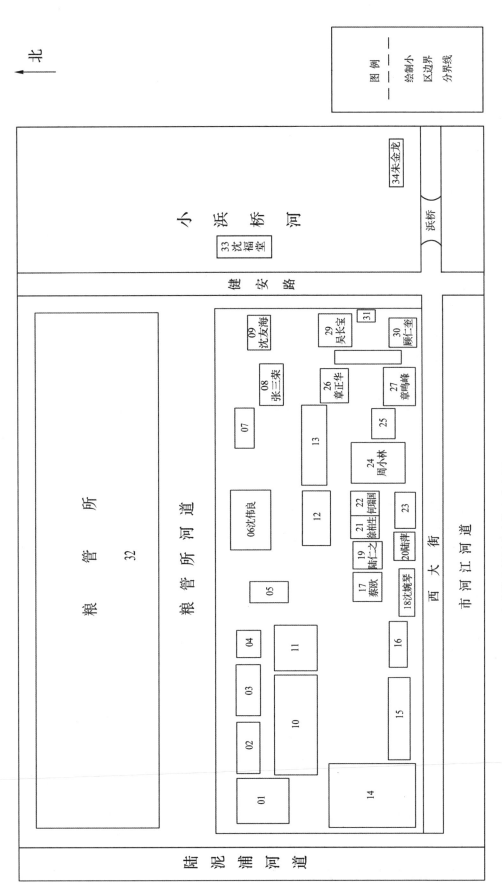

金家溇自然村农户住宅分布图

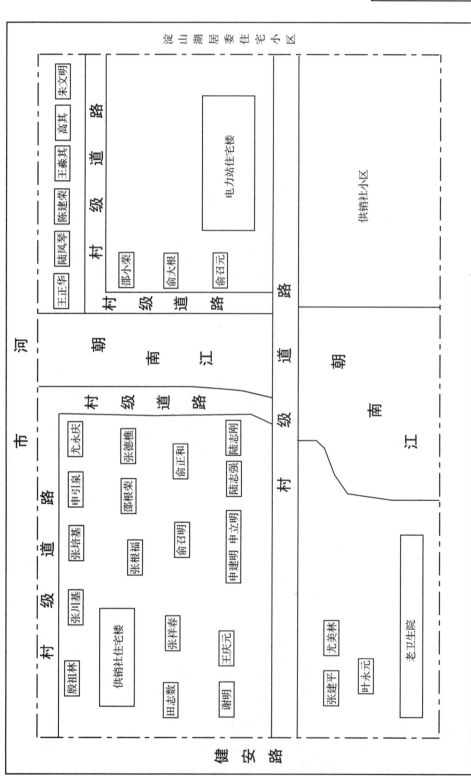

朝南江（两侧）自然村农户住宅分布图

9. 南寿巷自然村

位于杨湘市河南岸,健安路两侧,此地段,人们习惯称为南寿巷,村亦以此为名。村落面积26亩,耕地面积302亩。全村52户114人,其中男性55人,女性59人。有24个姓氏,其中邵姓4户、张姓8户、殷姓3户、是姓1户、程姓2户、周姓1户、王姓5户、顾姓1户、金姓1户、许姓1户、沈姓1户、盛姓1户、朱姓2户、蒋姓1户、俞姓5户、蔡姓1户、陆姓4户、陈姓1户、高姓1户、申姓3户、尤姓2户、田姓1户、谢姓1户、叶姓1户。村民以务工为主,部分村民种植水稻、三麦和油菜。

10. 圆厅自然村

位于陆泥浦东岸,杨湘市河南岸,此地段,人们习惯称为圆厅,村亦以此为名。村落面积17.5亩,耕地面积206亩。全村35户112人,其中男性56人,女性56人。有19个姓氏,其中王姓4户、陈姓1户、陆姓1户、程姓3户、张姓5户、殷姓2户、周姓2户、计姓1户、盛姓1户、孙姓1户、胡姓1户、吴姓1户、薛姓1户、尤姓1户、田姓1户、顾姓2户、蒋姓2户、郁姓2户、高姓3户。村民以务工为主,部分村民种植水稻、三麦和油菜。

南寿巷(两侧)、圆厅自然村农户住宅分布图

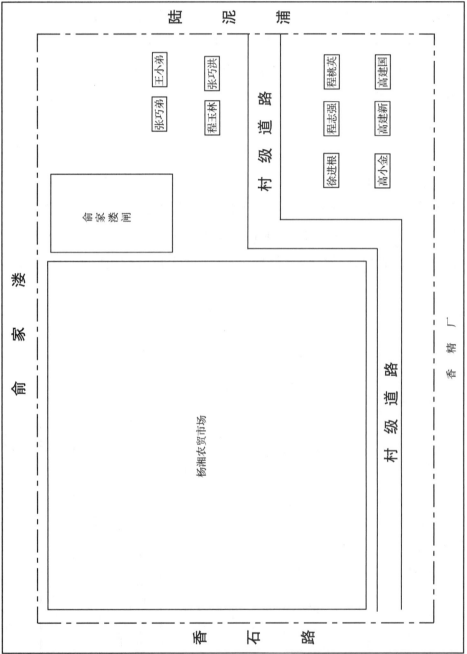

全福桥(西)自然村农户住宅分布图

　　以上10个自然村沿革:民国三十年(1941年),属县第五区杨湘泾镇;新中国成立后,属淀东区杨湘乡;1950年1月,属杨湘中乡杨湘小乡;1956年8月,属杨湘中乡森益高级社;1958年,属淀东公社五营;1962年,属淀东公社杨湘大队;1983年6月,属淀东乡杨湘村;1988年5月,属淀东镇杨湘村;1993年3月,属淀山湖镇杨湘村;2001年9月,属淀山湖镇杨湘泾村。

11. 周家泾自然村

位于杨湘泾村东南端,村民居住在周家泾江南、江北,村名以周家泾江命名,呈东西走向的竹节状。村落面积49亩,耕地面积884.16亩。全村98户,共311人,其中男性153人,女性158人。有16个姓氏,其中谢姓7户、顾姓32户、陆姓2户、彭姓20户、沈姓1户、严姓1户、宋姓2户、詹姓1户、张姓17户、王姓1户、施姓1户、孙姓3户、周姓3户、吴姓3户、陈姓3户、曹姓1户。村民以农业生产为主,种植水稻、三麦和油菜。

周家泾自然村沿革:民国三十年(1941年),属县第五区杨湘泾镇;新中国成立后,属淀东区杨湘乡;1950年1月,属杨湘中乡杨湘小乡;1956年8月,属杨湘中乡群联高级社;1958年,属淀东公社五营;1962年,属淀东公社永勤大队;1983年6月,属淀东乡永勤村;1988年5月,属淀东镇永勤村;1993年3月,属淀山湖镇永勤村;2001年9月,属淀山湖镇杨湘泾村。

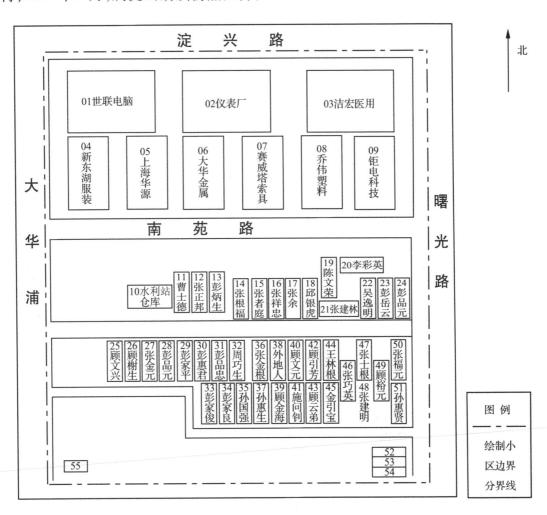

周家泾(西)自然村农户住宅分布图

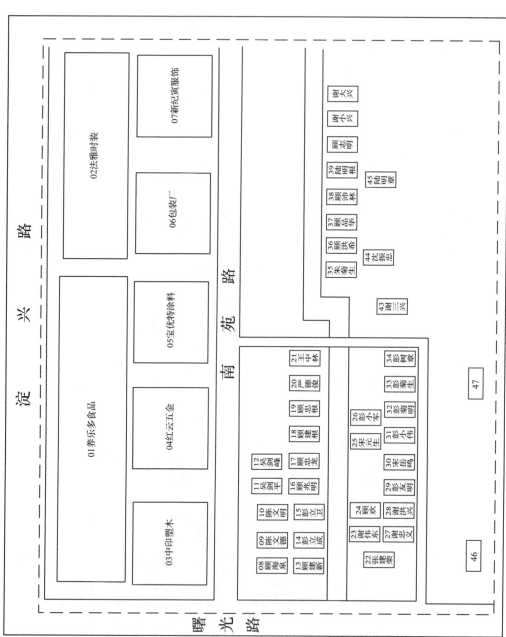

周家泾（东）自然村农户住宅分布图

12. 王土泾自然村

位于杨湘泾村的南端,王土泾江北,以江名为村名,呈东西走向竹节状。村落面积39亩,耕地面积849.52亩。全村78户300人,其中男性145人,女性155人。有15个姓氏,其中彭姓37户、唐姓6户、刘姓1户、朱姓1户、盛姓6户、柴姓1户、黄姓8户、沈姓1户、诸姓1户、陆姓1户、王姓6户、郁姓4户、吴姓1户、金姓2户、张姓2户。村民以农业生产为主,种植水稻、三麦和油菜。

王土泾自然村沿革:民国三十年(1941年),属县第五区杨湘泾镇;新中国成立后,属淀东区杨湘乡;1950年1月,属杨湘中乡杨湘小乡;1956年8月,属淀东区杨湘中乡群联高级社;1958年,属淀东公社五营;1962年,属淀东公社永勤大队;1983年6月,属淀东乡永勤村;1988年5月,属淀东镇永勤村;1993年3月,属淀山湖镇永勤村;2001年9月,属淀山湖镇杨湘泾村。

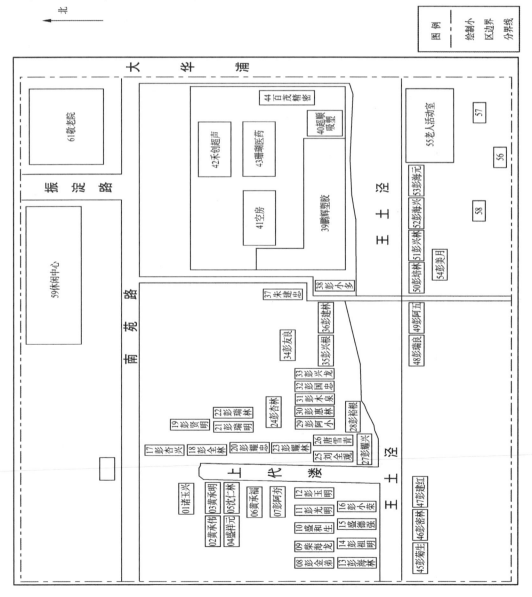

王土泾(东)自然村农户住宅分布图

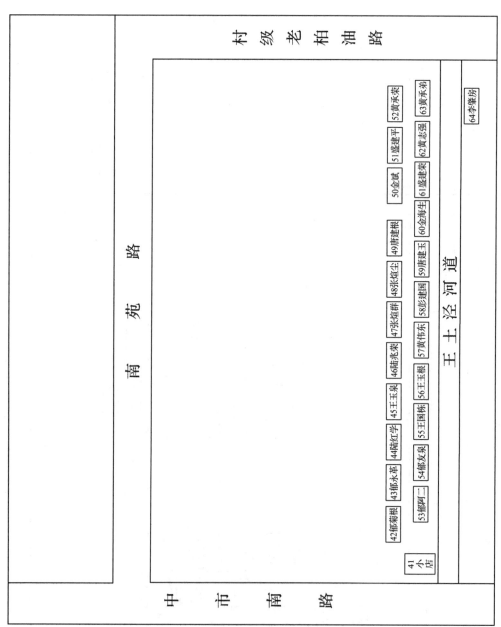

王土泾（西）自然村农户住宅分布图

第三节　村境四至

杨湘泾村面积为3.38平方千米,南北约2.49千米,东西约1.28千米。东与安上村交界;南与永新村相邻;西与民和村接壤;北到镇工业开发区、航空产业园。其中陆地面积3 332亩,水域面积1 638亩。

第四节　沿　革

明朝洪武年间(1368～1398年),七娘桥一带(杨湘泾村西北3千米处)有一座名为寺湘泾的村庄。由于那里地势低洼,水灾频发,瘟疫肆虐,寺湘泾人民为求生存,纷纷南迁3千米,到地势较高的杨枪泾营造家园,繁衍生息,久而久之逐渐形成杨枪泾大村落。时间一长,村民们把村名杨枪泾改为杨湘泾。约定成俗,杨湘泾最终被确定为村名。杨湘泾的村名沿用至21世纪初。

民国三十年(1941年),杨湘泾隶属昆山县第五区杨湘泾镇。新中国成立后,1949年5月至1956年8月,杨湘泾村辖区内的杨湘东大街、东大、东溇、双溇、横丹、长大华、金家溇、南寿巷、圆厅、陆岸、三家村、周家泾、王土泾、王泥泾14个自然村属淀东区杨湘乡。

1958年,隶属淀东公社第五大队(五营)。

1962年,杨湘东大街、东大、东溇、双溇、横丹、长大华、金家溇、南寿巷、圆厅、陆岸自然村属淀东公社杨湘大队。三家村、周家泾、王土泾、王泥泾自然村属淀东公社新联大队。

1983年,属淀东乡杨湘村、永勤村(新联)。20世纪80年代增添杨湘港东自然村,隶属杨湘村。

1988年,属淀东镇杨湘村、永勤村。

1993年,属淀山湖镇杨湘村、永勤村。

2001年,杨湘村、永勤村合并为淀山湖镇杨湘泾村。

第五节 区 划

杨湘泾村有港东、东大街、东大、双溇、东溇、横丹、长大华、金家溇、圆厅、南寿巷、陆岸、三家村、周家泾、王土泾、王泥泾15个自然村落。共有32个村民小组。

表1-5-1　　　　　　　2012年年底杨湘泾自然村落一览表

序号	自然村名	主要居住村民小组	人数	实有土地面积（亩）	拆迁情况
1	港东	12、13	57	0(全征用)	已全部拆迁
2	东大街	12、13	139	11.64	
3	东大	1、14	145	0(全征用)	
4	双溇	2、3、4、15、19	261	45.24	
5	东溇	10、11、18	177	131.34	拆迁17户
6	横丹	17	56	33.20	
7	长大华	8、9	140	0(全征用)	
8	金家溇	8	48	58.93	
9	圆厅	5、6、16	150	0(全征用)	
10	南寿巷	5、6、16	86	0(全征用)	
11	陆岸	7	105	23.62	
12	三家村	23	86	0(全征用)	已全部拆迁
13	周家泾	20、21、22、30	311	461.94	拆迁19户
14	王土泾	24、25、26、29、31、32	300	339.07	拆迁10户
15	王泥泾	27、28	138	0(全征用)	已全部拆迁

第六节 村名由来

一、杨湘泾村

2001年9月27日，原杨湘村和原永勤村合并组成一个新的行政村。取名时考虑到原永勤村下辖的周家泾、王土泾、王泥泾三个自然村名都带有"泾"字，原杨湘村有"杨湘"二字，故取永勤村三个自然村的最后一个"泾"字与"杨湘"二字组成"杨湘泾",所以新的行政村取名为杨湘泾村。

二、周家泾村

传说有一位姓周的财主,在榭麓古镇西侧,兴建了一座庄园,占地数百亩。庄园四周筑有围墙,墙端上可行人,外墙砌有城垛。因庄园的主人姓周,这座庄园就取名周泾城。周泾城的庄门在东面的东泾湾附近。从东泾湾向西横穿周泾城有一条小河。这条河在周泾城内,为周家所有,就叫作周家泾。后来周家败落,庄园毁了,周家人迁往他乡。周家的一些长工们却舍不得离去,他们在河两边建房居住,逐渐聚居成村,村落被称为周家泾。

三、陆岸村

明朝末年,时局动荡,民不聊生。其中一户人家把家安在船上,随波逐流,四处漂泊。一日,船到杨湘泾西陆泥浦边停泊。船主洗刷锅碗,生火做饭。饭后船主探身船舷外,在河中洗碗。不料一阵狂风将他的饭碗、锅灶吹落河中。船主一阵心酸,心想:自己生活艰辛,如今吃饭家伙也被吹落河中。转而一想:落碗,落碗,可是天意叫我把"饭碗"落在这里,不要再四处漂泊。想到这里,船主起身上岸,走近一户人家,见一老翁,施礼相见,攀谈起来,知道老翁姓陆。陆翁是慷慨善良之人,听了船主的辛酸经历,心生怜悯说:"你在水上漂泊,总不是长久之计,不如落到岸上生活吧。"船主说:"老伯所言,正中下怀,此处能接纳我,不胜感激!"遂再次谢过老翁,把船上家什搬起,搭棚安顿,落到岸上生活。此村从此唤作"落岸",又因原先居住在这里的人家姓陆,"陆"与"落"谐音,人们便称这里为"陆岸村"。世代相传,村名一直沿用至2012年。

四、三家村

明末清初,有一年苏北地区爆发水灾,灾情严重,大批难民从苏北逃荒至苏南谋生。一天傍晚,有姓沈、施、周三家难民所摇的小船共同停靠在一处江边,晚饭后,三条小船突然同时漏水下沉,三家人在惊慌中把船上的小孩和日常生活用品抢救到岸滩上。迫于无奈,三家人只能在岸上搭建简陋房屋,以种田为生,相互合作,互相帮扶,久而久之,此处就逐步发展为一个村落。村庄也因最初由三家人家组成,所以定名为"三家村"。

第二章 自然环境

杨湘泾村位于淀山湖镇中心，地处长江三角洲太湖流域淀泖地区，属平原半高田地域，土壤肥沃，多以青紫土及黄泥土为主。村属地区四季分明，温度适宜，雨水充沛，极端天气较少，物产丰富，种类繁多。

杨湘泾村地理位置十分优越，东与安上村为邻，南与永新村毗连，西接民和村，北至航空工业园，距昆山市区23千米。北苑、淀兴、新乐、曙光等镇级干道在村内纵横交错。中心分位河、石杨河、陆泥浦、道褐浦等航道在村境内通过，水陆交通十分便捷。

第一节 地 貌

杨湘泾村域呈不规则"鸡肋"型，南北约2.49千米，东西约1.28千米，地势平坦，自然坡度小，地面高程（吴淞高程）大多在3.2~4米。全村总面积3.38平方千米。村内河道纵横交错，河塘、溇、浜密布，素有水乡泽国之称。陆泥浦、道褐浦（大华浦）、石杨河、中心分位河等大小河流，成为村域内灌溉、泄洪与运输的主要河道。其中石杨河长3.95千米，河底宽6米，河面宽12米，过水断面31平方米。

第二节 土　壤

杨湘泾村区域内,河浜相连、纵横密布,地形地貌受流水切割和水力推运堆积作用的影响,地势较高,地面高程大多在 2 米以上。成土母质均为湖相沉积物,质地黏重。村内陆泥浦以西多黄泥土,陆泥浦以东多为粉沙底黄泥土。周家泾村一带为乌泥底黄泥土。村域西南区域为青紫土。

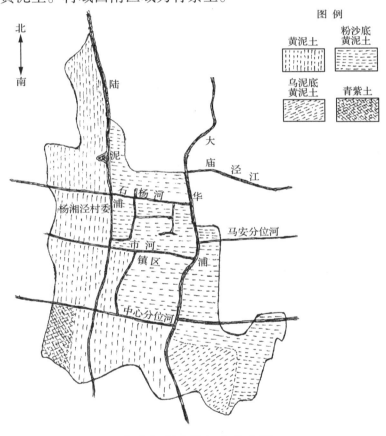

杨湘泾村土壤组合分布图

第三节 河　流

杨湘泾村属太湖流域淀泖水系地区,境内河流纵横交错,过境河流有南北向的道褐浦、陆泥浦;东西向的人工河石杨河、中心分位河。境内河流有杨湘市河等

18条。

一、过境河流

1. 道褐浦
又称大华浦,南北流向,北通吴淞江,向南流入青浦区,境内全长2 500米。

2. 陆泥浦
南北流向,北从汶浦起,南至王泥泾,境内长3 300米。

3. 石杨河
东西流向,西通淀山湖,东连道褐浦,境内长2 000米。

4. 中心分位河
东西流向,东起石浦江,西连千灯浦入淀山湖,境内长约2 500米。

二、境内河流

1. 杨湘泾市河
西起陆泥浦,东至道褐浦(大华浦),全长约1 200米。

2. 新杨河
1987年开挖,东起道褐浦,西至双溇,河宽30米,全长350米。

3. 双溇江
北自杨湘泾市河,向南切入约500米到底成溇。1987年新杨河接通该溇,通道褐浦,全长850米。

4. 上段溇
又名东溇。北自石杨河注入,在横丹村出分支,向西与金家溇、横丹江连成一片,向南至村中成浜。

5. 金家溇
北起石杨河,向南150米即分流。一支向南在粮管所东侧浜桥注入杨湘泾市河。另一支向西与陆泥浦汇合。

6. 俞家溇
东起陆泥浦,向西1 000米切入北石塘江。

7. 西花溇
南起俞家溇,向西北切入约1 000米成浜。

8. 南湾江
在俞家溇南,因筑香石路面坝,断成浜,全长300米。

9. 朝南江

北自杨湘泾市河流出,向南穿过西分位河,流泾王泥泾、王土泾、永益村的碛碨,在东南村南200米处与南去的道褐浦汇合。境内全长3 500米。

10. 栅桥江

西起朝山江,向东在王土泾接朝南江,全长约1 000米。

11. 周家泾江

西起道褐浦,向东沿周家泾村,经金家塘、夏段村,注入夏段村白荡,向东出口与南去的斜路江汇合,全长约1 800米。

12. 王泥泾江

西起朝山江,东至朝南江,全长约650米。

13. 王土泾江

西起朝南江,东至道褐浦,全长约500米。

14. 西泾江

西起道褐浦,向东400米在三家村后过,向东与榭麓江汇合,长约2 000米。

15. 朝山江

在王泥泾西,自北向南流过。

16. 上代溇

南起王土泾江,向北成浜,全长130米。

17. 一队大水沟

1963年开挖,南北流向,全长150米。

18. 二队南庄里

东西流向,全长500米。

第四节 气 候

杨湘泾村属北亚热带季风气候,四季分明,日照充足,雨量充沛,无霜期长。年平均降雨量为1 078.9毫米,年平均气温为15.4℃,平均无霜期229天。夏季盛行东南风,炎热多雨;冬季盛行西北风,寒冷干燥。但冬夏季风进退有早有迟,强度变化不一,降水和气温年差异较大,旱涝风雪灾害时有发生。

一、四季气候

1. 春季

日平均气温达到10℃时,为春季开始。历年一般从3月21日至6月21日为期92天。总的来说,春季有一个气温逐渐升高的过程。初始阶段,极端最高气温16℃~18℃,极端最低气温3℃~5℃,清明前后气温明显升高。5月下旬,最高气温可达31℃,最低气温20℃左右。春季较多吹东南风,有时也会发生寒潮,俗称"拗春冷",一般2~3天就会转暖。6月上旬开始有20天左右的梅雨期,阴雨连绵,天气潮湿,适宜水稻移栽插秧。

2. 夏季

日平均气温稳定在22℃以上时,便进入夏季。历年一般从6月21日入夏,9月22日结束,为期94天。7月、8月为盛夏,平均气温28℃,极端最高气温38℃。夏季盛吹东南风,降雨以雷阵雨为主。

3. 秋季

日平均气温稳定在22℃以下时入秋。历年一般从9月23日至11月6日,历时45天。常年入秋以后,较多吹东北风,天气凉爽,气温逐渐下降。冷空气每次南下通常都有一个明显的降水过程,有"一场秋雨一场凉"的感觉。

4. 冬季

历年一般11月7日入冬,气温稳定在10℃以下,至翌年3月20日,历时134天,为四季中持续的时间最长。冬季盛吹西北风,常受北方强冷空气南下影响,气温骤降,最冷时段为1月下旬至2月上旬,平均气温2℃~3℃。极端最低气温可达-9℃,对农作物造成冻害。

二、极端气候

(1) 1954年5月18日至7月24日,连续降雨66天,水位猛涨不退,达3.88米。村境内受灾农田面积2 500多亩。在党和政府的领导下,农民积极投入抗洪排涝。杨湘泾村村民统一行动,在横丹溇出口处筑坝,形成一个近600亩的大包围,搬来木头搭架子,几十部风车、牛车排成一行,昼夜向外河排水,减轻了灾害损失。

(2) 1961年10月初,26号台风过境,阵风达10级左右,暴雨连续两昼夜,村境内早稻倒伏300余亩,损失严重。

（3）1970年3月12日，一场大雪，积雪达28.7厘米。杨湘泾村压断电线杆40余根，倒伏100多根，周家泾村两座船坊被压塌。

（4）1999年6月30日至7月1日，雨量大而猛，时间集中，昼夜降雨达145毫米，水位猛涨达4米。村内受淹农田1 956亩、鱼塘132亩。但是由于灾期短，水利设施完善，及时关闸排水，灾情较轻。

第五节　物　候

杨湘泾村属北亚热带季风气候，动植物种类繁多，物产丰富。植物可分为林木、农作物、水生植物等大类。动物大多是家养禽畜。野生动物有鱼、虾、蟹、鳖等；其中鱼类有鲫鱼、鲤鱼、川条鱼、昂刺鱼、黑鱼、黄鳝、泥鳅等。昆虫有蝴蝶、蜻蜓、蝉、蚊子、蜈蚣等。野生鸟类有麻雀、鸽子、野鸡、野鸭、白鹭等。

一、植物、动物生长变化

1. 植物

（1）林木

林木可以分为落叶类和四季常青类。杨柳、楝、桑、枫等均在3月萌芽，4月抽叶，11月底落叶。桃、梨3月萌芽开花，4月抽叶，4月下旬结果，7、8月果实成熟，冬天落叶。香樟、松、柏、竹是四季常青植物，3月换叶，老叶掉落后即萌芽抽新叶。

（2）水稻、麦、油菜

水稻、麦、油菜是杨湘泾村的主要粮食和油料作物。水稻5月萌芽，8月开花，10月下旬成熟。小麦10月萌芽，来年4月下旬开花，6月初收获。油菜10月萌芽，来年3月底开花，4月结籽，5月收获。

（3）蔬菜、瓜果

蔬菜中的萝卜10月抽叶，来年5月开花。大豆5月抽叶，6月开花，7月结果。马铃薯3月长叶，4月开花，5月底收获。瓜果中西瓜5月抽叶，6月开花，7～8月采摘。

2. 动物

杨湘泾村家畜有狗、猫、猪、羊、耕牛等。由于农业机械化，耕牛已被淘汰。狗妊娠期为4个月，猫为3个月，猪为5个月，羊为6个月。

禽类中鸡鸭、野鸟、麻雀均在2月换毛。鸡蛋、鸭蛋孵化期分别为21天和30天。

鱼类中鲫鱼、鲤鱼、草鱼、青鱼等都在5~6月产卵繁殖。

二、四季应时蔬菜和水果

表2-5-1　　　　　　　　　四季应时蔬菜和水果一览表

时间 种类	春季	夏季	秋季	冬季
蔬菜	马兰头、蚕豆、豌豆、韭菜、芹菜、莴苣、青菜、菠菜、金花菜、大蒜、葱、洋葱、竹笋	丝瓜、黄瓜、南瓜、豇豆、苦瓜、卷心菜、番茄、生菜、苋菜、早冬瓜、马铃薯	茭白、辣椒、莲藕、冬瓜、红薯、小白菜、扁豆、刀豆、韭菜、茄子、芋艿、蓬蒿菜、毛豆、玉米、花生	大白菜、青菜、大蒜、白萝卜、胡萝卜、芹菜、菠菜、慈姑、荸荠
水果	杨梅、草莓、枇杷	桃、西瓜、香瓜、草莓、杏子、桑葚	梨、柿子、菱、栗子、苹果、葡萄、石榴、橘、红枣、核桃、甘蔗	枣、苹果、甘蔗

第六节　环境变化

新中国成立初,杨湘泾村地区无工业污染,空气纯清,水流洁净,是鱼米之乡。20世纪70年代,由于社队工业迅猛发展和化肥、农药增量使用,空气、水受污染状况日益严重。为了改变这一状况,20世纪90年代起,关、停、转、管了一批对空气、水质污染的企业,特别是小水泥厂、小化工厂的关闭,断绝了污染源,对村域内的环境改善起到了决定性的作用。另外,镇建立污水处理厂,村埋设地下排污管道,建立村道、河道常年保洁机制,同时加强绿化、美化村庄,杨湘泾村终于获得"江苏省卫生村""苏州市建设社会主义新农村示范村""昆山市爱国卫生先进村"等荣誉称号。

由于建立环境治理、保护的长效机制,经过不断努力,杨湘泾村终于成了宜居之地。

第三章 人 口

新中国成立前,杨湘泾村村民长期受"早婚早育""重男轻女"等封建思想影响,人口生育处于无控制状态,生育率高,死亡率高,加上医疗条件差,人均寿命不到35岁。

新中国成立后,国家颁发《中华人民共和国婚姻法》,实行一夫一妻制。社会安定,经济快速发展,医疗条件逐步改善,人口数量迅速增长,人均寿命得以延长。到2012年,杨湘泾村人均寿命已超过75岁。

从20世纪80年代起,杨湘泾村按照国家政策实施计划生育,控制人口数量,优化人口质量。村内农转非较多,造成人口较大变动。

几十年来,杨湘泾村的党员干部在计划生育、爱国卫生运动中起模范带头作用,经全体村民的共同努力,获得了"江苏省卫生村""苏州市文明村""计划生育先进集体"等荣誉称号。

第一节 人口总量

1949年全村有363户,户籍人口1 243人,其中男性654人,女性589人。1982年第三次人口普查,全村有675户,户籍人口2 536人,其中男性1 234人,女性1 302人,人口总量是1949年2倍多。

1990年第四次人口普查,全村有718户,户籍人口2 625人,其中男性1 299人,女性1 326人;2000年第五次人口普查,全村有667户,户籍人口1 568人,其中男性741人,女性827人。

调查显示,除20世纪60年代初三年自然灾害(1959~1961年),人口呈现负增长外,20世纪50年代到80年代是人口增长高峰期,20世纪90年代后人口增长较为缓慢,有年份出现负增长。2000~2012年,人口增长较为稳定。2012年,杨湘泾村农业户口1 394人,其中男性652人,女性742人,居民户口747人,外来人口3 362人。

表3-1-1　　　原杨湘大队(村)、永勤大队(村)三次人口普查统计表　　　单位:户、人

年份	杨湘大队(村)				永勤大队(村)			
	总户数	总人口	其中		总户数	总人口	其中	
			男	女			男	女
1982	414	1 575	768	807	261	961	466	495
1990	488	1 596	750	846	267	954	462	492
2000	391	748	343	405	276	820	398	422

表3-1-2　　　1984~2001年原杨湘村、永勤村户籍人口统计表　　　单位:户、人

年份	杨湘(村)				永勤(村)			
	总户数	总人口	其中		总户数	总人口	其中	
			男	女			男	女
1984	424	1 562	736	826	252	952	465	487
1985	424	1 544	723	821	248	955	466	489
1986	424	1 537	721	816	251	965	475	490
1987	424	1 550	724	826	236	967	474	493
1988	502	1 574	735	839	275	973	473	500
1989	490	1 575	739	836	253	960	471	489
1990	488	1 596	750	846	267	954	462	492
1991	488	1 517	763	854	254	951	463	488
1992	507	1 575	750	825	254	939	454	485
1993	530	1 546	744	802	261	947	458	489
1994	533	1 548	736	812	261	953	458	495
1995	510	1 550	740	810	260	954	456	498
1996	466	1 265	613	652	252	898	434	464
1997	459	1 186	577	609	277	886	434	452

续表

年份 \ 村名	杨湘(村)				永勤(村)			
	总户数	总人口	其中		总户数	总人口	其中	
			男	女			男	女
1998	446	1 122	547	575	278	871	424	447
1999	433	1 003	478	525	278	833	407	426
2000	391	748	343	405	276	820	398	422
2001	386	710	322	388	272	770	368	402

表3-1-3　　　　　2002~2012年杨湘泾村户籍人口统计表　　　　　单位:户、人

年份	总户数	总人口	其中		其中	
			男	女	出生	死亡
2002	652	1457	680	777	2	20
2003	651	1 453	680	773	6	11
2004	647	1 455	681	774	4	10
2005	642	1 449	677	772	6	20
2006	635	1 444	678	766	5	15
2007	635	1 444	678	766	5	15
2008	631	1 437	674	763	4	11
2009	629	1 428	671	757	3	14
2010	619	1 416	666	750	6	21
2011	616	1 412	664	748	9	14
2012	608	1 394	652	742	8	17

第二节　人口变化

一、自然增长

1959~1961年自然灾害期间,人口呈负增长状态,20世纪60年代中期到80年代是人口增长高峰期,到20世纪末,人口出现负增长。

1985~1995年,杨湘村和永勤村人口增长率一直保持在3‰以下,自然增长率最高的一年是1988年,杨湘村增长15.25‰,永勤村增长8.22‰,最低的一年是

1992年,杨湘村增长3.17‰,永勤村未出现增长。

从20世纪70年代开始,村域内开展计划生育工作,人口出生率呈下降趋势,自然增长率逐步平缓。1996~2012年,人口自然增长率17年负增长。

表3-2-1　1984~2012年杨湘泾村(原杨湘村、永勤村)户籍人口自然变动统计表　单位:人

年份	村名	总人口	出生人数	死亡人数	出生率(‰)	死亡率(‰)	自然增长率(‰)
1984	杨湘村	1 562	8	10	5.12	6.40	-1.28
	永勤村	952	3	6	3.15	6.30	-3.15
1985	杨湘村	1 544	15	8	9.72	5.18	4.54
	永勤村	955	10	8	10.47	8.38	2.09
1986	杨湘村	1 537	22	10	14.31	6.51	7.80
	永勤村	965	17	6	17.62	6.22	11.40
1987	杨湘村	1 550	29	12	18.71	7.74	10.97
	永勤村	967	15	9	15.51	9.31	6.20
1988	杨湘村	1 574	30	6	19.06	3.81	15.25
	永勤村	973	13	5	13.36	5.14	8.22
1989	杨湘村	1 575	30	9	19.05	5.71	13.34
	永勤村	960	14	5	14.58	5.21	9.37
1990	杨湘村	1 596	23	7	14.41	4.39	10.02
	永勤村	954	8	7	8.39	7.34	1.05
1991	杨湘村	1 517	31	9	20.44	5.93	14.51
	永勤村	951	13	7	13.67	7.36	6.31
1992	杨湘村	1 575	21	16	13.33	10.16	3.17
	永勤村	939	6	6	6.39	6.39	0
1993	杨湘村	1 546	23	12	14.88	7.76	7.12
	永勤村	947	14	6	14.78	6.34	8.44
1994	杨湘村	1 548	15	9	9.69	5.81	3.88
	永勤村	953	11	3	11.54	3.15	8.39
1995	杨湘村	1 550	19	1	12.26	0.65	11.61
	永勤村	954	7	4	7.34	4.19	3.15
1996	杨湘村	1 265	5	12	3.95	9.49	-5.54
	永勤村	898	4	7	4.45	7.80	-3.35
1997	杨湘村	1 186	3	9	2.53	7.59	-5.06
	永勤村	886	10	11	11.29	12.42	-1.13
1998	杨湘村	1 122	6	11	5.35	9.80	-4.45
	永勤村	871	5	5	5.74	5.74	0
1999	杨湘村	1 003	3	10	2.99	9.97	-6.98
	永勤村	833	5	6	6.00	7.20	-1.20

续表

年份	村名	总人口	出生人数	死亡人数	出生率(‰)	死亡率(‰)	自然增长率(‰)
2000	杨湘村	748	1	17	1.34	22.73	-21.39
	永勤村	820	3	5	3.66	6.10	-2.44
2001	杨湘村	710	0	7	0	9.86	-9.86
	永勤村	770	0	7	0	9.09	-9.09
2002	杨湘泾村	1 457	2	20	1.37	13.73	-12.36
2003	杨湘泾村	1 453	6	11	4.13	7.57	-3.44
2004	杨湘泾村	1 455	4	10	2.75	6.87	-4.12
2005	杨湘泾村	1 449	6	20	4.14	13.80	-9.66
2006	杨湘泾村	1 444	5	15	3.46	10.39	-6.93
2007	杨湘泾村	1 444	5	15	3.46	10.39	-6.93
2008	杨湘泾村	1 437	4	11	2.78	7.65	-4.87
2009	杨湘泾村	1 428	3	14	2.10	9.80	-7.70
2010	杨湘泾村	1 416	6	21	4.24	14.83	-10.59
2011	杨湘泾村	1 412	9	14	6.37	9.92	-3.55
2012	杨湘泾村	1 394	8	17	5.74	12.20	-6.46

二、人为变动

20世纪六七十年代,知识青年插队落户,20世纪80年代后期购买小城镇户口,外地女青年嫁入本地以及村级行政区域合并等因素,造成人口较大变动。从1984年到2001年,人口呈现负增长,迁出人数明显多于迁入人数。2003年后,人口人为增长趋于平稳,迁入人数略有增加。

表3-2-2　　1984~2012年杨湘泾村户籍人口人为变动统计表　　单位:人

年份	村名	总数	迁入、移入、调入	迁出、移出、调出	人为增长率(‰)
1984	杨湘村	1 562	9	21	-7.68
	永勤村	952	7	9	-2.10
1985	杨湘村	1 544	19	44	-16.19
	永勤村	955	11	11	0
1986	杨湘村	1 537	20	42	-14.31
	永勤村	965	13	14	-1.04
1987	杨湘村	1 550	25	29	-2.58
	永勤村	967	21	25	-4.14
1988	杨湘村	1 574	59	54	3.18
	永勤村	973	29	31	-2.06

续表

年份	村名	总数	迁入、移入、调入	迁出、移出、调出	人为增长率(‰)
1989	杨湘村	1 575	34	54	-12.70
	永勤村	960	11	33	-22.92
1990	杨湘村	1 596	28	23	3.13
	永勤村	954	11	18	-7.34
1991	杨湘村	1 517	34	35	-0.66
	永勤村	951	6	15	-9.46
1992	杨湘村	1 575	70	117	-29.84
	永勤村	939	18	30	-12.78
1993	杨湘村	1 546	40	80	-25.87
	永勤村	947	13	13	0
1994	杨湘村	1 548	61	65	-2.58
	永勤村	953	13	15	-2.10
1995	杨湘村	1 550	19	35	-10.32
	永勤村	954	10	12	-2.10
1996	杨湘村	1 265	13	291	-219.76
	永勤村	898	7	60	-59.02
1997	杨湘村	1 186	9	82	-61.55
	永勤村	886	7	18	-12.42
1998	杨湘村	1 122	12	71	-52.58
	永勤村	871	10	25	-17.22
1999	杨湘村	1 003	7	119	-111.67
	永勤村	833	8	45	-44.42
2000	杨湘村	748	1	4	-4.01
	永勤村	820	1	9	-9.76
2001	杨湘村	710	1	32	-43.66
	永勤村	770	5	48	-55.84
2002	杨湘泾村	1 457	7	12	-3.43
2003	杨湘泾村	1 453	3	1	1.38
2004	杨湘泾村	1 455	18	10	5.50
2005	杨湘泾村	1 449	11	3	5.52
2006	杨湘泾村	1 444	6	3	2.08
2007	杨湘泾村	1 444	6	3	2.08
2008	杨湘泾村	1 437	1	1	0
2009	杨湘泾村	1 428	4	2	1.40
2010	杨湘泾村	1 416	6	3	2.12
2011	杨湘泾村	1 412	2	1	0.71
2012	杨湘泾村	1 394	0	9	-6.46

表 3-2-3　　　　1984~2012 年杨湘泾村域内户籍人口变动选年统计表　　　　单位：人

年份	村名	总人口	自然增长		机械增长		合计	
			增减人数	增长率(‰)	增减人数	增长率(‰)	增减人数	增长率(‰)
1984	杨湘村	1 562	-2	-1.28	-12	-7.68	-14	-8.96
	永勤村	952	-3	-3.15	-2	-2.10	-5	-5.25
1991	杨湘村	1 517	22	14.51	-1	-0.66	21	13.85
	永勤村	951	6	6.31	-9	-9.46	-3	-3.15
1998	杨湘村	1 122	-5	-4.45	-59	-52.58	-64	-57.03
	永勤村	871	0	0	-15	-17.22	-15	-17.22
2005	杨湘泾村	1 449	-14	-9.66	8	5.52	-6	-4.14
2012	杨湘泾村	1 394	-9	-6.46	-9	-6.46	-18	-12.92

三、外来人口

新中国成立前,从苏北等地逃荒来的难民及渔民上岸,落户在村域内。20 世纪 70 年代,外来人员逐渐增多,包括精简下放老职工、插队知识青年、全家落户、下放干部及其他落户成员等。1979 年落实政策,插队知识青年返城。20 世纪 90 年代末,来自安徽、河南、江西、云南、四川、贵州等地务工、经商人员暂居于此地,外来人口渐增。2012 年,杨湘泾村总人口 5 503 人,其中户籍人口 1 394 人、居民户口 747 人、外来人口 3 362 人。

第三节　人口构成

一、民族、籍贯

杨湘泾村历来是一个汉族群居的自然村落,汉族人口占全村人口的99%。第六次全国人口普查时,全村总人口 1 416 人,只有 1 人壮族,其余均为汉族,主要以江苏籍为主,少数湖南籍、安徽籍等。

二、性别

1949 年全村总人口 1 243 人,男性 654 人,女性 589 人,男性比女性多 65 人,男性占总人口的52.61%,女性占总人口的47.39%。

2012年全村总人口1 394人,男性652人,女性742人,女性比男性多90人,男性占总人口的46.77%,女性占总人口的53.23%。从1982年到2012年四次统计数据可以看出,女性均略多于男性。

表3-3-1　　　　1982~2012年杨湘泾村户籍总人口和性别比选年统计表　　　　单位:人

年份	村名	总人口(人)			占总人口(%)		性别比(女=100)
		合计	男	女	男	女	
1982	杨湘村	1 575	768	807	48.85	51.15	95.17
	永勤村	961	466	495	48.49	51.51	94.14
1990	杨湘村	1 596	750	846	46.99	52.44	98.33
	永勤村	954	462	492	48.42	51.57	97.34
2000	杨湘村	748	343	405	45.86	54.14	84.69
	永勤村	820	398	422	48.54	51.46	94.31
2012	杨湘泾村	1 394	652	742	46.77	53.23	87.87

三、姓氏

1964年,永勤大队户籍人口统计共有姓氏43个,其中以顾、张、彭三大姓氏人数最多,顾姓135人,张姓120人,彭姓99人。

2012年年底,杨湘泾全村共有姓氏106个,其中以张、彭、顾、沈、周姓人数最多,张姓222人,彭姓141人,顾姓87人,沈姓77人,周姓60人。一姓一人的有27个,大多是由外地迁入本地的。

表3-3-2　　　　　　2012年杨湘泾村户籍人口姓氏统计表　　　　　　单位:人

姓氏	人数	姓氏	人数	姓氏	人数	姓氏	人数	姓氏	人数	姓氏	人数
张	222	施	16	丁	6	胡	3	吕	2	韦	1
彭	141	程	14	严	6	方	3	封	2	权	1
顾	87	郭	14	蔡	6	谈	3	段	2	浦	1
沈	77	金	13	戴	6	翁	3	阮	2	豆	1
周	60	徐	13	钟	6	林	3	候	2	茹	1
朱	59	高	12	宋	6	邱	3	倪	2	印	1
王	55	赵	12	邵	5	潘	3	屈	2	褚	1
吴	51	谢	9	毕	5	薛	3	伍	2	谭	1

续表

姓氏	人数	姓氏	人数	姓氏	人数	姓氏	人数	姓氏	人数	姓氏	人数
陆	50	曹	9	何	5	夏	3	项	2	肖	1
黄	34	殷	9	詹	5	申	2	范	2	计	1
陈	34	田	9	凌	5	苏	2	石	1	汤	1
李	31	姚	8	褚	5	马	2	成	1	庄	1
郁	27	俞	7	侯	4	焦	1	梁	1	傅	1
唐	26	刘	7	冯	4	瞿	1	查	1	卢	1
孙	19	汪	7	柴	4	袁	2	任	1	柳	1
盛	18	童	7	尤	3	叶	2	吉	1	沙	1
蒋	17	许	7	姜	3	费	2	翟	1		
钱	16	杨	7	于	3	欧阳	1	邓	1		

四、人口年龄

村域内,60 岁以上老年人逐年增多。2012 年,全村 60 岁以上老人 615 人,占全村总人口的 44.12%,比 2004 年上升 13.74%,老龄化趋势明显。随着生活水平、居住条件、医疗水平的提高,长寿人口也越来越多。80 周岁以上有 100 人,其中 90 周岁以上 12 人,男 4 人,女 8 人,女性长寿者普遍多于男性。

表3-3-3　　　　　　　杨湘泾村年度户籍人口年龄选年统计表　　　　　　单位:人

年份	总人口	18 岁以下		18~35 岁		35~60 岁		60 岁以上	
		人数	百分比	人数	百分比	人数	百分比	人数	百分比
2004	1 455	123	8.5%	158	10.9%	732	50.0%	442	30.0%
2006	1 444	96	6.6%	165	11.4%	681	47.0%	502	34.8%
2008	1 437	93	6.5%	163	8.1%	654	45.5%	527	37.7%
2010	1 416	87	6.1%	162	8.1%	600	42.4%	567	40.0%
2012	1 394	78	5.6%	163	8.1%	538	38.6%	615	44.1%

五、文化程度

新中国成立前,杨湘泾村村民很少进学校读书,只有少数人就读于正基小学。村民文化程度普遍偏低,文盲和半文盲较多。新中国成立后,开展扫盲运动,通过办冬学、民校,文盲、半文盲数量逐渐减少。20 世纪 80 年代,实行九年义务教育,大力普及小学、初中教育,杨湘泾村50岁以下文盲、半文盲现象基本消除。20世纪90年代起,随着高中教育和高等教育的大力发展,杨湘泾村高中(中专)、大专、本科学历人数骤增,高学历占比迅速增加。

表3-3-4　　　　　1990~2012年杨湘泾村人口文化程度选年统计表　　　　　单位:人

年份	村名	文化程度					
		合计	小学	初中	高中、中专	大专	本科
1990	杨湘村	1 231	632	503	96		
	永勤村	659	365	236	58		
2000	杨湘村	1 653	571	764	229	88	1
	永勤村	796	310	390	89	5	2
2012	杨湘泾村	2 107	835	693	398	103	78

新中国成立后至2012年,随着教育水平的不断提高,杨湘泾村出现了一批年轻有为、高学历、素质好的专业人才,成为村级经济发展中的骨干力量。

六、劳动力

新中国成立前后,杨湘泾村劳动力主要集中在农业生产方面,少数人员从事手工业或商业。20世纪70年代,随着社队办企业的兴起和发展,劳动力结构发生改变,从事农业生产劳动力减少,工、副业劳动力相对增加。20世纪80年代改革开放后,农村生产力快速发展,一部分劳动力转向城镇服务业,一部分劳动力拜师学艺,涌现出不少能工巧匠和专业技术能手。

21世纪以来,农村从事农业的人数越来越少,不再以农业生产为主要方式。农业产业化经营后,除农业承包大户外,多数劳动力转向二、三产业。

2012年年底,杨湘泾村"五匠"共有145人,在外工作人员45人,还有不少专业户。

表3-3-5　　　　1961~2012年杨湘泾村户籍人口劳动力选年统计表　　　　单位:户、人

年份	村名	户数	人口总数	劳动力	备注
1961	杨湘村	315	998	406	年报资料
	永勤村	180	622	387	年报资料
1971	杨湘村	349	1486	800	年报资料
	永勤村	227	912	471	年报资料

续表

年份	村名	户数	人口总数	劳动力	备注
1982	杨湘村	457	1572	900	年报资料
	永勤村	263	961	614	年报资料
1990	杨湘村	488	1 596	1 140	年报资料
	永勤村	252	957	617	年报资料
2000	杨湘村	391	748	462	年报资料
	永勤村	275	831	476	年报资料
2012	杨湘泾村	608	1394	808	调查统计

表 3-3-6　　2012 年杨湘泾村户籍人口劳动力分布一览表　　单位:人

年份	总人口	劳动力	分布情况	人数	百分比(%)	备注
2012	1 394	808	工业企业	271	33.54	调查统计
			农林牧副渔业	269	33.29	
			建筑业	22	2.73	
			运输业	12	1.48	
			服务业	126	15.59	
			其他行业	108	13.37	

七、"四属户"

"四属户"是 20 世纪五六十年代集体生产时候的产物。

所谓"四属户",是指在一户农业家庭成员中,除了有务农人员之外,又有人员务工或经商或在事业单位工作或是"五匠"(木匠、泥水匠、竹匠、裁缝、铁匠),他们家是属于有工资收入的家庭。

这样的农业家庭,年终生产队集体分红(分配)时,一般都是"透支户"(欠生产队集体资金的农户)。每当生产队里发放家庭成员口粮、烧柴等时,他家必须先支付清欠款,然后才能拿到口粮、烧柴等物。

这种"四属户"家庭,杨湘泾村比较多一些,见表 3-3-7。

表3-3-7　　　　　杨湘泾村大集体时的"四属户"不完全统计表

序号	务工人姓名	性别	工作单位	备注	家属姓名	性别	组别	备注
1	詹雪明	男	商业		谢吉苹	女	1	
2	张三毛	男	木业社	已故	张建萍	女	2	
3	姚相荣	男	铁业社	已故	周林琴	女	2	
4	陈浩南	男	粮管所		严秀英	女	3	
5	沈阿宝	男	政府单位厨师		顾秀宝	女	3	
6	李林祥	男	陕西省金属结构厂		姚雪琴	女	3	
7	童海园	男	供销社	已故	周友仙	女	3	
8	夏建新	男	木业社		周阿六	女	3	已故
9	朱荣根	男	铁业社	已故	朱雅仙	女	3	已故
10	周甫龙	男	竹匠	已故	陈美英	女	4	已故
11	黄发鸣	男	竹匠		方引珍	女	4	
12	项鸠	男	教师	已故	陈梅芳	女	4	已故
13	段大宝	男	铁匠		张凤英	女	4	
14	段金龙	男	搬运工	已故	张三宝	女	4	
15	谈亚荣	男	搬运工	已故	杨丽珍	女	4	已故
16	邵小荣	男	杨湘饭店		蔡月娥	女	5	已故
17	顾德正	男	供销社	已故	宋桂珍	女	5	
18	俞召元	男	木业社		陈凤珍	女	5	已故
19	田巧葵	女	环卫所		申引泉	男	5	
20	谢基荣	男	竹材部	已故	马阿宝	女	5	
21	顾根全	男	铁业社	已故	朱静芳	女	6	已故
22	王福生	男	青浦航运公司		童四宝	女	6	已故
23	吴雪荣	男	手联社	已故	程月妹	女	6	
24	于正发	男	竹业社		程阿妹	女	6	
25	殷三林	男	茶馆店	已故	殷大妹	女	6	
26	程泉根	男	昆山交通局工程队	已故	陈白妹	女	6	
27	李阿狗	男	苏州钢铁厂	已故	殷惠娟	女	6	
28	是敖全	男	杨湘米厂	已故	吴凤仙	女	6	
29	周雪生	男	房管所	已故	汪全英	女	6	
30	徐为民	男	上海化工厂		王美玉	女	6	
31	李利	男	商业		程月清	女	6	已故
32	殷建明	男	铁业社		张凤英	女	6	
33	蒋杏生	男	个体木工	已故	范雪英	女	7	已故

续表

序号	务工人姓名	性别	工作单位	备注	家属姓名	性别	组别	备注
34	蔡德中	男	供销社	已故	蔡占元	男	8	已故
35	周世龙	男	供销社	已故	陈惠英	女	8	
36	周召中	男	供销社	已故	茹小妹	女	8	已故
37	沈纪龙	男	苏州食品店	已故	陈文妹	女	8	
38	周士安	男	粮管所	已故	顾秀娟	女	8	已故
39	袁建中	男	水利站		俞阿新	女	8	
40	沈道清	男	米厂		朱金宝	女	8	
41	何官庆	男	米厂	已故	张秀珍	女	8	已故
42	瞿阿小	男	搬运工		徐桂英	女	9	
43	陆锡林	男	供销社	已故	顾明珠	女	9	已故
44	张志龙	男	公安局	已故	张阿妹	女	9	已故
45	姚阿二	男	江苏体校		姚金元	男	9	已故
46	王其元	男	商业	已故	何阿妹	女	9	已故
47	周洪生	男	铁业社		张惠琴	女	9	
48	江根生	男	粮管所	已故	蒋阿妹	女	9	
49	张引林	男	米厂	已故	沈阿大	女	9	已故
50	张楚荣	男	米厂	已故	沈二大	女	10	
51	沈福钧	男	粮管所	已故	吴桂英	女	11	已故
52	张荣佰	男	供销社	已故	张大鹏	男	11	
53	汪贤明	男	供销社		王阿娥	女	11	
54	周元仁	男	铁业社	已故	沈菊英	女	11	
55	黄德宏	男	铁业社		张桂娥	女	11	
56	田志泉	男	铁业社		张惠萍	女	11	
57	田志友	男	铁业社		张海琴	女	11	
58	周其昌	男	商业	已故	周元章	男	11	
59	江良儒	男	供销社		陈美娟	女	11	
60	席金荣	男	粮管所		陈月琴	女	11	
61	汪贤康	男	铁业社		吴惠珍	女	12	
62	朱金寿	男	手工业(木业)	已故	朱小娥	女	12	
63	沈雪龙	男	淀山湖医院		汪雪英	女	12	
64	吴桂兴	男	供销社	已故	沈巧英	女	12	
65	王新球	男	加工厂		沈丽娟	女	12	
66	朱永光	男	手工业(木业)	已故	瞿小妹	女	12	
67	殷泉元	男	机电站	已故	谢三宝	女	12	
68	盛月光	男	交管站		程丽娟	女	12	已故
69	朱仲年	男	供销社	已故	蒋如娟	女	12	已故

续表

序号	务工人姓名	性别	工作单位	备注	家属姓名	性别	组别	备注
70	沈志发	男	木业社		沈丽英	女	12	已故
71	倪荣初	男	木业社		蒋月明	女	12	
72	沈品元	男	木业社	已故	沈兴道	男	13	已故
73	沈祥荣	男	商业		蒋黎明	女	13	
74	周祥月	男	邮电局		殷佩芳	女	13	
75	周卫民	男	昆山电力站		童美玉	女	13	
76	蒋仲康	男	商业	已故	陈小妹	女	13	已故
77	姜金虎	男	水泥预制场		宋月英	女	13	
78	李如生	男	供销社	已故	沙根女	女	14	已故
79	李三荣	男	手工业(木业)	已故	李林宝	女	14	已故
80	张建模	男	商业		张素云	女	14	
81	张建新	男	手工业(铁业)		王惠珍	女	14	
82	周祥龙	男	兽医站	已故	徐云娟	女	14	已故
83	陆炳奎	男	粮管所	已故	陆阿英	女	14	已故
84	张松元	男	搬运工	已故	邵文琴	女	16	
85	顾顺中	男	木业社		沈银宝	女	16	
86	尤火根	男	木业社	已故	彭菊宝	女	16	
87	盛林生	男	木业社	已故	郁金英	女	16	
88	田志锁	男	铁业社		孙桂珍	女	16	
89	顾海根	男	机电站		曹美英	女	21	
90	顾兆明	男	水利站		沈巧娥	女	22	
91	张仁中	男	供销社	已故	高瑞珍	女	27	已故
92	林志刚	男	上海南洋中学	已故	张栅娟	女	28	
93	朱景清	男	供销社	已故	彭雪宝	女	29	已故
94	彭慰祖	男	武昌造船厂	已故	蒋凤宝	女	29	已故

第四节　计划生育

新中国成立前,由于受封建传统思想观念的影响,多子多女、早婚早育现象十分严重。一般一户家庭,夫妻俩普遍生4~5个孩子,多的甚至生7~8个。医疗水平较低,婴儿死亡率较高。

新中国成立后,曾实行"光荣妈妈"政策,对多生多育父母给予奖励,原杨湘村有一家最多生了 12 个孩子。在这一政策的影响下及医疗水平的提高,人口出现生育高峰期。

1963 年,开始宣传计划生育,大力提倡晚婚晚育。1972 年,大张旗鼓宣传计划生育。1974 年成立计划生育管理机构,生产大队由大队长、妇女主任、团支部书记、民兵营长、赤脚医生组成大队计划生育领导小组,大队长兼任组长,大队妇女主任抓具体工作。1980 年,村成立计划生育服务室。1984 年,村配备计划生育宣传员。1988 年,村成立计划生育协会。20 世纪 90 年代末,晚婚晚育观念深入人心,计划生育工作稳步发展,人口得到有效控制,人口增长呈平缓状态。

一、政策与措施

1963 年起,公社采取各种形式向群众宣传计划生育,指导避孕措施,计划生育工作起步。1964 年,淀东公社卫生院设立计划生育专科门诊,在昆山县妇幼保健所的组织和指导下,开展绝育手术试点工作。淀东卫生院开始做人工流产、放环和输精管、输卵管结扎等手术。根据昆山县卫生局的有关通知,对施行节育手术而经济困难的群众给予手术费补助。1971 年,推广口服避孕药。1972 年进一步推广晚婚晚育和计划生育,提出"结婚晚一点,间隔稀一点,生得少一点,养得好一点"的要求。1973 年具体规定,男 25 周岁、女 23 周岁以上结婚为晚婚,妇女 24 周岁以上生育为晚育。1974 年 1 月 20 日起,全面实行避孕药具免费供应。

1979 年 10 月,开始推行"一对夫妇只生一个孩子",并领取《独生子女证》。1979 年以后强调除禁忌证外,一胎上环、两胎和两胎以上结扎的避孕节育措施。对于放环的妇女,坚持每年"透环"一次。1980 年 9 月 25 日,中共中央发表《关于控制我国人口增长问题,致全体共产党员、共青团员的公开信》,广大党员、团员积极响应,以自己的模范行动带动周围群众,有力地推动了人口控制工作,并取得了明显的效果,人口自然增长率逐年下降。

2001 年,计划生育技术服务实行国家指导和个人自愿相结合的原则。公民享有避孕方法的知情选择权。国家保障公民获得适宜的计划生育技术服务的权利。国家向农村实行计划生育的育龄夫妻免费提供避孕、节育技术服务,所需经费由地方财政予以保障。

2009 年 10 月 1 日起,施行国务院公布的《流动人口计划生育工作条例》,村民委员会协助镇人民政府,做好流动人口婚育情况登记。对流动人口实施计划生育管理,开展计划生育宣传教育;指导流动人口中的育龄夫妻,选择安全、有效、适宜的避孕节育措施,依法向育龄夫妻免费提供国家规定的基本项目的计划生育技术

服务。建立流动人口计划生育信息通报制度,及时采集流动人口计划生育信息,运用流动人口计划生育信息管理系统核实、通报流动人口计划生育信息。

2011年2月,国家人口计生委印发人口和计划生育工作者职业道德规范(试行)的通知,各级人口计生部门广泛开展对人口和计划生育职业道德规范的学习教育。忠于国家,落实国策;依法办事,服务群众;爱岗敬业,诚信务实;团结协作,廉洁奉公;不断提高人口计生系统职业道德水平。

1999年,开展"婚育新风进万家"活动,发挥宣传先导作用,完善"政府搭台,部门联手,城乡联动,群众参与"的新型生育文化机制。2002年突出在"新"字上做文章,在"精"字上下功夫,推进创新创优工作。2003年计划生育服务工作弘扬社会主义新风尚。2004年,开展听取一堂课、看好一盘科教带、答好一份试卷、填写一张信息卡活动。2005年,注重服务工作的信息化、制度化、标准化建设。2006年,是"十一五"规划开局之年,围绕"稳定低生育水平和提高出生人口素质"的目标,树立以人为本、以服务对象为中心的核心理念,坚持务实、率先、奉献的精神,以宣传先行,举办各类培训班,构建新型婚育文化。

二、奖惩

1. 奖励

1961年11月,昆山县人大常委会第三次会议通过颁发了昆山县《关于计划生育若干问题的暂行规定》。1982年又做出了《关于计划生育若干问题的暂行规定》的几点补充规定。规定指出,凡同意终身只生一个孩子,并落实节育措施的夫妇,发给《独生子女证》,并每年发给独生子女保健费40元,年限从获证当年起,发至小孩14周岁,孩子入托、入学、医药费等方面给予优惠。按计划生育的育龄妇女享受56天产假,施行节育手术后的育龄妇女给予适当的休息日;男女双方均为晚婚者,各增加1周婚假,婚假期间工资照发。晚育者于规定产假外增加15天;难产者产假延长10天,为66天,产假期工资照发,不影响全年评奖。后执行《江苏省计划生育条例实施细则》的规定,优待和奖励符合晚婚年龄、依法登记结婚的初婚夫妻,增加婚假7天。符合晚育年龄的夫妇,增加女方产假15~30天,给予男方护理假3~7天;职工按上述规定所享受的假期期间工资、奖金照发。

2005~2006年,根据苏政发(2004)151号文件精神,淀山湖镇进行调查摸底,确定农村计生家庭奖励三种对象:凡是本镇城乡居民,已取得《独生子女父母光荣证》,且未参加城镇养老保险的年满60周岁,子女是1963年1月1日后出生的;年满50周岁只生一个孩子且孩子在未婚或已婚未育前已死亡,未再生育和收养的;

未参加城镇养老保险,年满60周岁已婚未育且未收养子女的本镇城乡居民,按每人每月50元的标准奖励。

2. 惩罚

对未婚先育者或无计划生育者,按规定给予经济制裁,从子女出生之日起,须缴纳超生子女社会抚养费。1982年1月规定,经济制裁年限14年。无计划生育的农业人口小孩口粮、食油,按照购加价粮计算,直至小孩满14周岁止。3年内,计划外小孩不享受合作医疗和幼托费。1985年规定计划外小孩,5年内不享受保健医疗和幼托费等福利待遇,党团干部不执行计划生育者,除经济制裁外,不作干部级安排工作,情节严重者,给予党纪、政纪处分。1995年《江苏省计划生育条例实施细则》规定:计划外生育第一胎的夫妻,按前一年度双方收入(农村为所在乡镇年劳动力平均收入,城市为县、市、区职工年平均收入)之和的三倍征收计划外生育费。若前一年度实际经济收入明显高于所在地劳动力平均或职工平均收入的,则按其双方年收入之和的三倍征收计划外生育费。

三、成效

计划生育工作开展以来,侧重于优生优育宣传教育,着力推广优生优育技术知识。新婚夫妇在办理结婚登记手续时,先接受婚育知识培训,育龄妇女怀孕后,办理生育保健卡,定期到医院妇产科做检查,确保孕妇和胎儿的全面健康。

计划生育政策出台、奖惩措施分明,计生措施落到实处,有力推动了计生工作的开展,计划生育成为国家的基本国策,育龄妇女成为自觉执行者。2012年杨湘泾村域育龄妇女464人,其中已婚育龄妇女360人,育龄妇女中,只有3人怀孕。2001~2012年年末,杨湘泾村共申领《独生子女证》120份,有效地控制了人口增长。

表3-4-1　　　　　　　2011-2012年育龄妇女节育措施统计表　　　　单位:人次

时间	育龄妇女总数	未婚	已婚												
			女扎	男扎	环	套	药	膜	栓	离婚丧偶	安生	现孕	哺乳期	不孕	绝经	宫切
2011	494	114	20	0	139	148	3	0	0	15	11	3	2	3	18	18
2012	464	104	17	0	115	151	3	1	0	14	9	3	4	3	21	19

表3-4-2 2001~2012年独生子女领证统计表 单位:人

年份	独生子女领证人数	年份	独生子女领证人数
2001	12	2007	8
2002	5	2008	9
2003	10	2009	10
2004	7	2010	11
2005	13	2011	12
2006	8	2012	5

表3-4-3 2012年杨湘泾村独生子女费发放统计表 单位:元

序号	组别	独生子女姓名	出生年月	金额	备注
1	1	郭欣煜	2006.03	30	
2	1	张 媛	2006.01	30	
3	3	沈嘉诚	2002.05	30	
4	6	王泽英	2009.09	60	
5	6	陆安琪	2005.09	30	
6	7	童佳俊	2006.07	30	
7	7	蒋毅贤	2004.03	60	
8	9	沈珈文	2006.07	30	
9	10	邵孝祺	2004.09	30	
10	17	钱 昊	2005.02	60	
11	19	李浩宇	2008.07	60	
12	20	陆怡杰	2002.10	60	
13	20	谢旻辉	2012.10	30	
14	21	顾忆青	1998.01	60	
15	21	孙 斌	2003.07	60	
16	22	顾诗娴	1998.08	60	
17	22	吴明慧	2000.02	60	
18	22	张尹瑜	2002.02	30	
19	22	顾梓鸿	2005.02	30	
20	23	朱雨婷	2005.11	0	
21	23	黄晨晖	2005.04	30	
22	23	吴庄艺	2012.06	30	

续表

序号	组别	独生子女姓名	出生年月	金额	备注
23	23	封心宇	2007.09	60	
24	23	詹嘉怡	2009.08	60	
25	23	施昊成	2012.11	60	
26	24	彭雨非	2004.11	60	
27	25	彭思妍	2006.09	30	
28	25	彭叶裕	1998.12	30	
29	25	彭逸超	1998.12	30	
30	26	郁知凡	2006.07	60	
31	26	王吕倩	2012.10	30	
32	27	张俊逸	1999.07	60	
33	28	张晰怡	1999.12	60	
34	28	高 喆	2004.04	30	
35	28	张雨倩	2003.09	60	
36	29	李佳宁	2007.07	30	
37	31	张乐杰	1999.12		补12年
38	30	顾诗芸	1998.06	30	
39	31	黄培荣	2000.08	60	
40	31	彭雨倩	2003.04	30	
41	31	黄 毅	1999.01	30	
42	31	黄诗琪	2011.04	60	
43	32	许 澄	2010.07	30	
合计				1 800	

第四章

村庄建设

　　杨湘泾村是典型的江南水乡农村小集镇,明清以来一直到1949年新中国成立,村容格局变化不大,房屋傍水而建,年久失修,只有一条300多米长的花岗岩石条铺成的街道,其余都是泥路。村南部的周家泾、王土泾一带,交通更为不便,晴天尚可行走,雨天泥泞路滑,行走困难。村民喝的是河水,只有镇区有几口水井。新中国成立后,村民生活逐步好转,翻建瓦房的人家多了。改革开放后,经济发展迅速,村民在村干部的带领下,经多年努力,村容村貌大为改观。新中国成立前的小木桥变成了宽阔平坦的公路水泥桥。全村境内市、镇、村三级道路畅通,公路通到各自然村,水泥路通到每家每户。村民出门交通便捷,公路两边绿树成荫。村民住的是楼房,使用的是现代化的家用电器,过上了小康生活。

　　2009年,杨湘泾村被评为"苏州市建设社会主义新农村示范村";2012年被评为"江苏省文明村"。

第一节　基础设施建设

　　新中国成立前,杨湘泾村经济发展缓慢,基础设施落后,江河纵横,交通不便,人民生活贫苦。新中国成立后,特别是改革开放后,杨湘泾村的经济得到了很大发展,基础设施建设投入大大增加。贫穷的乡村旧貌换新颜。杨湘泾村道路两边绿树成荫,房屋两层小楼居多,村民使用现代化家电,喝的是干净的自来水。

一、道路

新中国成立前,杨湘泾村的道路基本上都是羊肠小道。通往市、镇的道路都是泥路,晴天尚可行走,每逢雨天,泥泞路滑,行走甚为困难。正如老百姓形容的那样,"晴天一身灰、雨天一身水"。

20世纪60年代中期,农业生产使用拖拉机耕地。各自然村开始修筑拖拉机路,又称"机耕路",但仍以泥路为主。20世纪70年代起,村民用石灰氮、煤渣铺路,路面有了明显改善。1985年昆杨公路通车,1986年淀青公路通车,1987年通往金家庄的公路通车。这三条公路都在村境内通过。同时,村领导抓住时机,花大力气修筑村级道路达11 000余米,其中主要有上洪路、杨湘泾至东梅村、杨湘泾至牛长泾等路。20世纪90年代,对杨湘泾村境内的路桥进行全面改造,建成路桥同宽的桥梁21座,把散石路面加宽改建成水泥路面,达到了平、宽、直的现代化交通要求。至2012年年底,全村境内水泥路纵横交错,四通八达,不但连接各自然村,还通到每家每户。

表4-1-1　　　　　　　　　杨湘泾村主要公路统计表

路名	方向	起止	长度(米)
香石路	南北向	北起北苑路,南至新乐路	2 000
健安路	南北向	杨湘粮管所至供电所	200
中市路	南北向	横丹村至永利路	2 000
上洪路	南北向	北苑路至淀兴路	1 500
曙光路	南北向	北苑路至永利路	2 500
振淀路	南北向	镇政府至南苑路	800
长安路	南北向	淀山湖公墓至北苑路	350
北苑路	东西向	降压站至上洪路	1 500
新乐路	东西向	晟泰厂至夏段村	2 500
南苑路	东西向	朝南江至夏段村	2 500
淀兴路	东西向	晟泰新村至富贵广场	1 600

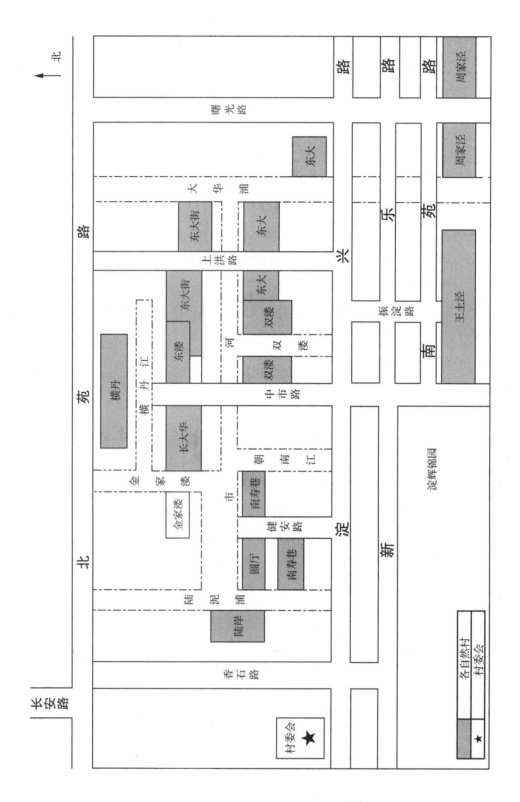

杨湘泾村主要道路平面图

二、交通

新中国成立前,杨湘泾村的交通十分落后,主要由农民手摇木船依水路往来。陆路都是田岸小路,与外界联系基本靠步行。1938年,村民王德中、王福生父子俩和陈德飞、朱阿联经营手摇航船,每天往返于杨湘泾、朱家角两地载客运货。抗日战争胜利后,村境内始有机动轮船停靠,主要载客,亦兼运货,有两条往返航班同时运营。朱家角开往昆山的有上午7时和下午1时两班;昆山开往朱家角是上午7时、下午1时。轮船均在杨湘泾码头停靠。1985年2月,昆杨公路建成通车,此航班停航。1986年,淀青公路建成通车,1987年淀金公路建成并开通公交班车。20世纪90年代,杨湘泾村境内在新建公路的同时,对原有的路桥全面进行改造、拓宽,把散石路面改建成水泥路面,达到了平、宽、直的现代化交通要求。纵横交错的水泥公路,为发展村内公共交通事业,提供了便捷的条件。2012年,由淀山湖汽车站开往昆山客运南站的113路公共汽车已发展为每15分钟一班。村境内汽车交通线路已有13条,其中省市级1条、市级3条、镇级9条,公共汽车停靠站点36处,村民出行十分便捷。2012年年底,杨湘泾村境内公共自行车停靠点已设有16个,村民凭身份证、户口簿,外地居民凭暂住证到便民服务中心办理借车卡,只要交200元保证金即可开通。村民凭借车卡借用自行车,借车1小时内免费,超过1小时扣5分,公共自行车为村民出行提供了方便。

表4-1-2　　　　　　　　　杨湘泾村公共交通线路一览表

线路级别	线路名称	起点站	终点站	村境内设站点
省市级公交线路	锦溪青浦	锦溪汽车站	青浦汽车站	淀山湖汽车站
市级公交线路	113路	淀山湖汽车站	昆山客运南站	淀山湖汽车站、香石路淀兴路站、香馨佳园站、北苑路长安路站
	游7	周庄汽车站	轨道交通花桥站	淀山湖汽车站、曙光路双马路站
	135路	淀山湖汽车站	昆山客运北站	淀山湖汽车站
镇级公交线路	255路	淀山湖汽车站	红亮村	淀山湖汽车站、文化中心站、淀山湖小学站、周家泾站
	257路	淀山湖汽车站	金家庄	淀山湖汽车站
	359路	淀山湖汽车站	金家港	淀山湖汽车站
	353路	淀山湖汽车站	晟泰农民小区	淀山湖汽车站、文化中心站、香馨佳园站、晟泰农民小区站
	354路	马安新村	淀山湖小学	淀山湖小学站、文化中心站

续表

线路级别	线路名称	起点站	终点站	村境内设站点
	355路	荷塘月色	淀山湖小学	荷塘月色站、淀辉锦园站、淀山湖小学站
	356路	淀山湖汽车站	欧维五金	淀山湖汽车站、文化中心站、淀山湖小学站、曙光路双马路站、长安路北苑路站
	357路	淀山湖汽车站	石灯村	淀山湖汽车站、淀山湖医院站、晟泰农民小区站
	358路	淀山湖汽车站	淀山湖汽车站	淀山湖汽车站、文化中心站、淀山湖小学站、香馨佳园站、淀山湖医院站、文化中心站

113路香石路淀兴路站

113路香馨佳园站

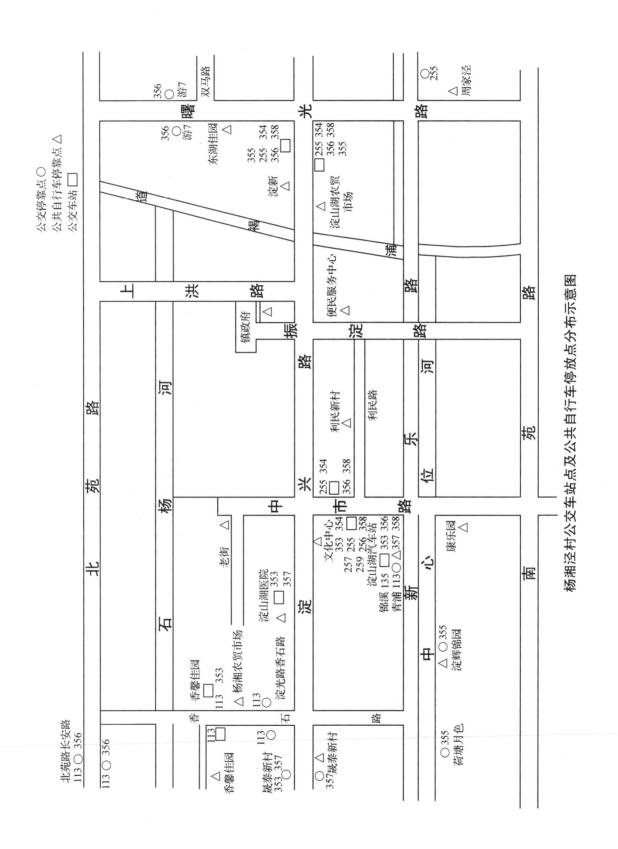

杨湘泾村公交车站点及公共自行车停放点分布示意图

杨湘泾村农贸市场公共自行车站

杨湘泾村淀兴路公共自行车站

三、桥梁

杨湘泾村有一条横贯市镇东西的杨湘泾市河,全长1 000余米,东西两端与过境河流道褐浦、陆泥浦通流,除此以外,南有朝南江、双溇,从杨湘泾向南流出,北有金家溇、东溇和横丹江。历史上,在这些江、河、浜、溇上都架有小木桥和小竹桥,亦有石板桥和石拱桥。

1. 新中国成立前建造的桥

（1）栅桥

在王土泾自然村西,清朝康熙四十年(1701年),由里士汪启竹建造。1992年拆除。

(2) 全福桥

清乾隆十二年(1747年)，王伯均、陈素文建，嘉庆十四年(1809年)里人重修，坐落在杨湘泾村村西，东西走向，跨陆泥浦。桥长30米，宽2米，原是石砌桥墩，石板为桥面。新中国成立后，重修桥墩，桥面改用水泥预制板铺就，加水泥桥栏。1999年，确认为危桥而拆除。2010年，移至北30米处重建，改称人民桥。

(3) 咏风桥

又名大鸦桥，清朝嘉庆十七年(1812年)里人建，嘉庆二十五年(1820年)重建。坐落在杨湘泾村东市梢，东西走向，跨道褐浦。桥长60米，宽3米，高5米，石拱桥。1992年为确保水路通航安全而拆除。

(4) 西木桥

俗称洋桥，建桥时间不明，民国时期已毁，又于民国二十四年(1935年)重修。坐落在杨湘泾村市河西端，南北走向，横跨市河。原桥墩用砖石砌成，桥面铺木板。新中国成立后曾多次维修，1970年年初重建为闸门桥，可通行自行车。

(5) 西小木桥

初建年代不详，坐落在杨湘泾村市河中段，原是木桥，南北走向。20世纪70年代后期，改建成水泥框架的步行桥。

(6) 小浜桥

又名太平桥，建桥年代不详，坐落在金家溇南口，平行于杨湘泾市河。新中国成立后曾多次修建，由三块花岗岩石板铺成，改成与路同宽的平桥。

(7) 南寿桥

民国十三年(1924年)，里人童步清发起建造。坐落在朝南江北端，东西走向。桥长17.4米，宽1.8米，石桥墩，石条铺面。两侧装有石栏杆，两端踏步上桥，车子不能通行。至2012年年底，还保持原来的风貌。

(8) 善堂桥

民国二十一年(1932年)，由里人周正贤发起建造。坐落在杨湘泾市河中段善堂弄口，南北走向。桥长12.1米，宽1.6米，石桥墩，石条铺面。两侧装有水泥框架栏杆，两端石级步行上桥，不能通行车辆。

(9) 中市桥

清朝同治年间(1870年)，乡绅汪鸣鹭捐建。坐落在杨湘泾市河中段善堂桥东，桥长14米，宽1.7米，南北走向。石桥墩，石条铺面，石条栏杆。1994年中市路拓宽拆除，改建成公路桥。

（10）乌龙桥

又名青龙桥，单孔石拱桥，坐落于王土泾东、周家泾西，跨道褐浦。建造年代不详，民国年间坍塌。

2. 新中国成立后建造的桥

（1）道褐浦桥

位于淀兴路农贸市场西，1993年3月建成。3孔板梁水泥公路桥，桥长31米，宽30米，面积930平方米。

（2）双娄江桥

位于淀兴路淀东商厦西侧。初建于1986年，是拱形水泥桥。长6米，宽5米，面积30平方米。1990年扩建，仍是拱形水泥桥。长20米，宽6米，面积120平方米。1994年拆除改建成一孔桥梁，桥长6.7米，宽30米，面积201平方米。

（3）朝南江桥

位于淀兴路供销社肥药部南。1984年3月初建，拱形水泥框架结构公路桥。长30米，宽7米，面积252平方米。1994年6月拆除重建，建成涵洞式平桥，长30米，宽30米，面积900平方米，不能通航。

（4）新乐路桥

位于道褐浦水利站南，初建于1986年5月，拱形水泥框架公路桥。1993年9月拆除重建，为3孔板梁公路桥，长32米，宽40米，面积1 280平方米。

（5）陆泥浦桥

位于淀兴路卫生院西。1984年3月初建，系昆杨公路桥格局，拱形水泥框架结构，长30米，宽7米，面积210平方米；1994年6月重建。重建的陆泥浦桥系3孔板梁公路桥，长31米，宽30米，面积930平方米。

（6）新杨桥

位于振淀路小公园北。1986年初建，系水泥框架拱形桥；第二次1988年拓宽，仍系水泥框架拱形桥；第三次于1990年再拓宽仍系水泥框架拱形结构；第四次于1994年9月改建成一孔板梁水泥公路桥，长4.6米，宽30米，面积121.8平方米。

（7）分位河四号桥

位于振淀南路，跨分位河。1993年10月建成，3孔板梁水泥公路桥，长31米，宽30米，面积930平方米。

（8）道褐浦宾馆桥

位于农贸市场西南，跨道褐浦。1985年5月建成，拱形框架水泥桥，长40米，宽5米,面积200平方米。

(9) 上洪桥

坐落于镇政府北,跨杨湘泾市河。2006年12月建成,拱形水泥框架结构,长16米,宽5米,面积80平方米。

(10) 石杨河桥

位于石杨河东段上洪路。1985年建有水泥砖砌的拱形步行桥。1990年5月,并列此桥再建拱形框架结构水泥公路桥,长30米,宽7米,面积210平方米,原砖砌拱桥已拆除。

(11) 火烧庙港桥

坐落于曙光北路。1993年建成,一孔板梁桥,长30米,宽30米,面积900平方米。

(12) 三家村桥

坐落在曙光中路三家村东侧。1993年建成,一孔板梁桥,长20米,宽30米,面积600平方米。

(13) 分位河桥

坐落于曙光路三家村东南,跨分位河。1993年建成,3孔板梁桥,长32米,宽30米,面积960平方米。

(14) 镇南桥

跨中市南路分位河。1993年12月建,3孔板梁水泥公路桥,长32米,宽40米,面积1 280平方米。

(15) 中市路桥

位于中市北路端点,跨杨湘泾市河,1991年拆除原中市桥(小石桥),并在原址于1994年11月新建一孔板梁公路桥,长6米,宽20米,面积120平方米。

(16) 俞家溇桥

坐落于陆泥浦西岸,跨俞家溇。1984年3月初建,拱形水泥框架结构公路桥,长14米,宽7米,面积98平方米。1993年11月,改建成一孔板梁水泥桥,长4.6米,宽30米,面积121.8平方米。

(17) 健安桥

坐落于杨湘粮管所南,跨杨湘泾市河,1991年12月建成,一孔板梁水泥桥,长6米,宽5米,面积30平方米。

(18) 湘粮桥

坐落于粮管所大门口东侧,平行于闸门桥。1991年10月建成拱形水泥公路桥,长18米,宽5米,面积90平方米。

(19) 俞家溇闸门桥

新中国成立初原址是木桥,1994年拆便桥,建防洪单闸门桥。

(20) 横丹桥

在横丹村前东溇江上,原是土坝,1992年挖除土坝,改建成水泥框架便桥。

(21) 湘粮桥(闸门桥)

紧靠湘粮桥,与湘粮桥平行,1983年建成,防洪、步行并用。

(22) 王土泾桥

跨栅桥江,位于淀山湖花园东南,1992年建成公路桥,长40米,宽30米。

(23) 王土泾西桥

跨王土泾人家江,1988建成村级公路桥,长30米,宽6米。

(24) 王土泾东桥

跨王土泾人家江,1999建成村级公路桥,长30米,宽6米。

(25) 上代溇桥

跨上代溇,原是木桥,先后改建成铁桥、水泥踏步桥,2011年建成村级公路桥,长10米,宽5米。

(26) 大华浦桥

跨道褐浦,位于王土泾村东北,1992年建成单孔水泥公路桥,长30米,宽30米。

(27) 周家泾桥

跨周家泾江,原是石板踏步桥,2009年改建成水泥公路桥,长40米,宽40米。

(28) 东泾湾桥

跨周家泾江,原是石板踏步桥,2009年改建成公路桥,长15米,宽4米。

(29) 三家村江闸门桥

位于三家村北,西面出口是道褐浦,横跨三家村江,1993年建成。

(30) 长安桥

位于长安路口,南北向。1988年建造,跨贤泾江。2005年扩建,长15米,宽10米。

(31) 人民桥

坐落于杨湘泾镇西,跨陆泥浦,属村级公路桥,2010年10月建,长10米,宽3米。

（32）双娄闸门桥

原是小石桥，坐落在双娄江北口，20 世纪 70 年代改建成闸门桥。

表 4-1-3　　　　　　　　　　　　　杨湘泾村桥梁统计表

序号	桥名	位置	跨越河道	类别	建造年份	长(米)	宽(米)	备注
1	咏风桥	镇东市梢	道褐浦	单孔石拱桥	1820	35	2	1992 年拆
2	全福桥	镇西市梢	陆泥浦	石桥	1748	30	2	2010 年拆
3	西木桥	市河西端	市河	闸门桥	1935	15	2	
4	西小木桥	市河中段	市河	步行桥	1970	20	1.5	
5	浜桥	金家娄南口	金家娄	石板桥	1955	5	2	
6	南寿桥	朝南江	朝南江	踏步石桥	1924	20	1.5	
7	善堂桥	善堂弄口	市河	踏步石桥	1932	12.1	1.6	
8	中市桥	市河中段	市河	踏步石桥	1870	14	1.7	1994 年拆
9	双娄闸桥	双娄	双娄江	闸门桥	1974	6	1.7	
10	道褐浦桥	市场西北	道褐浦	公路桥	1993	31	30	
11	双娄江桥	幼儿园北	双娄江	公路桥	1986	20	30	
12	朝南江桥	医院东南	朝南江	公路桥	1994	30	30	
13	新乐路桥	派出所南	道褐浦	公路桥	1993	32	40	
14	陆泥浦桥	医院西	陆泥浦	公路桥	1994	31	30	
15	新杨桥	小公园北	双娄	公路桥	1994	4.6	30	
16	分位河四号桥	振淀南路	中心分位河	公路桥	1993	31	30	
17	道褐浦宾馆桥	市场西南	道褐浦	水泥桥	1985	40	5	
18	上洪桥	镇政府北	市河	公路桥	2006	16	5	
19	石杨河桥	上洪路	石杨河	公路桥	1990	30	7	
20	火烧庙桥	曙光路	马安分位河	公路桥	1993	30	30	
21	三家村桥	三家村东侧	三家村江	公路桥	1993	20	30	
22	分位河桥	三家村东南	分位河	公路桥	1993	32	30	
23	镇南桥	中市南路	分位河	公路桥	1993	32	40	
24	中市路桥	中市路北	市河	一孔公路桥	1994	6	20	
25	俞家娄桥	陆泥浦西岸	俞家娄	一孔公路桥	1993	4.6	30	
26	健安桥	粮管所南	市河	水泥桥	1991	6	5	
27	湘粮桥	粮管所东侧	金家娄	公路桥	1991	18	5	
28	俞家娄闸门桥	陆泥浦西	俞家娄	闸门桥	1994	6	5	

续表

序号	桥名	位置	跨越河道	类别	建造年份	长(米)	宽(米)	备注
29	横丹桥	横丹村前	东溇	便桥	1992	30	2	
30	湘粮桥	粮管所东	金家溇	闸门桥	1983	18	2	
31	王土泾桥	王土泾西	栅桥江	公路桥	1992	40	30	
32	王土泾西桥	王土泾西	人家江	村级公路桥	1988	30	6	
33	王土泾东桥	王土泾东	人家江	村级公路桥	1999	30	6	
34	上代溇桥	王土泾村中	上代溇	村级公路桥	2011	10	5	
35	大华浦桥	王土泾东北	道褐浦	公路桥	1992	30	30	
36	周家泾桥	周家泾村中	周家泾	公路桥	2009	40	40	
37	东泾湾桥	周家泾东	周家泾	村级公路桥	2009	15	4	
38	三家村闸门桥	三家村西北	三家村江	闸门桥	1993	20	2	
39	人民桥	杨湘泾镇西	陆泥浦	村级公路桥	2010	10	3	
40	长安桥	长安路口	贤泾江	公路桥	1988	15	10	
41	栅桥	王土泾村西	栅桥江	石板桥	1701	20	2	1992年拆除
42	乌龙桥	王土泾村东	道褐浦	单孔石拱桥	不详	20	2	民国年间坍塌

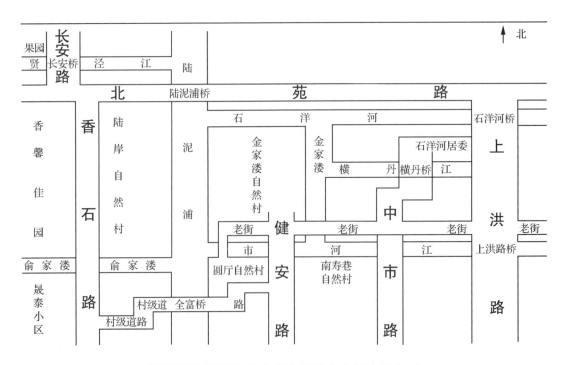

杨湘泾村(社区)地名普查桥梁分布示意图(一)

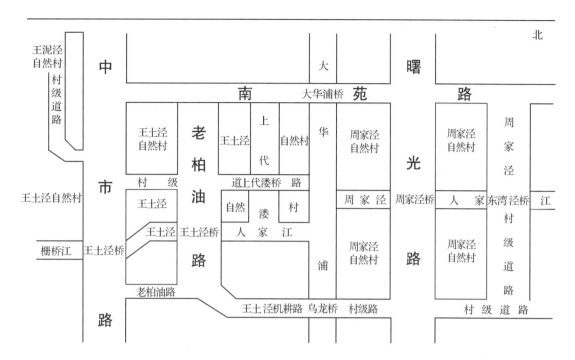

杨湘泾村(社区)地名普查桥梁分布示意图(二)

四、住房

新中国成立前,村内住房条件十分简陋,多数农民居住的是"七路头四拖戗"的低矮平瓦房,部分村民仍旧居住在草房中。20世纪60年代初,农村经济略有好转,农民为了改善居住条件,拆除了简陋的平瓦房和泥墙草房,建造了五路头叠山头新瓦房。20世纪60年代后期,水泥预制构件的出现,解决了农民建房木材紧缺的困难,翻建瓦房户逐渐增多。20世纪70年代,淀东公社兴办了与民生息息相关的三类厂,即建筑社、水泥厂、砖瓦厂,极大地方便了村民建房。生产大队对农民建房进行统一规划,规定宅基地标准。到1978年,老式"七路头四拖戗"平瓦房已基本被淘汰,大多由新七路叠山头替代。20世纪80年代,随着改革开放的不断深入,农民经济收入大幅度提升,翻建楼房户逐渐增多,一般模式是三上三下加灶间,在结构上略有讲究,改烂泥砖砌为砂浆砖砌,外墙灰砂粉刷改水泥粉刷嵌石子。20世纪90年代,农村建房不囿于高大、宽敞,讲究式样新颖,结构牢固,美观适用,采光良好,总之外形和结构越造越新颖。一般套房,二室一厅一厨一卫,三室一厅一厨一卫,四室两厅两卫一厨。外墙粉饰,改用瓷砖、马赛克、釉面锦砖。室内装潢,吊天面,地面磨石子或贴地砖、大理石。卧室铺拼木地板或企口地板,内墙装潢从贴彩色墙纸到装护墙板或喷塑等。2012年年底,全村境内楼房普及率达98%,人均住房面积67平方米。农民住房条件全面改善,生活质量提升。

五、供水

新中国成立以前,农民生活用水大多从河中提取,亦有自挖土井饮用井水。20世纪60年代开展社会主义教育运动时,政府号召每个生产队都挖井,名为"社教井""四清井"。1985年下半年,淀山湖镇筹建了第一座自来水厂。厂址在杨湘泾朝南江东岸。杨湘泾村委筹集资金(部分资金由村民自负),购买水管、阀门、水表等,发动群众开挖沟渠,埋设管道,当年自来水用水率达95%。1991年,永勤村境内的管道也铺设到位。资金来源为平均每户出资200元,每人40元,其余由村集体负担。1994年建成的淀山湖水厂,源头取自清洁的淀山湖湖水,日供水量6万吨,是年杨湘泾村自来水用水率达100%。至2012年,杨湘泾村家家户户都喝上昆山自来水厂输送来的、以长江水为水源的自来水。

六、供电

新中国成立前,杨湘泾村的电力几乎空白,村民用煤油灯、蜡烛照明,仅在杨湘泾镇区域城隍庙(当时乡政府所在地)有一台8KVA发电机组,属小碾米厂兼营发电,只限于少数富户和政府机关用电照明。

1958年,村建起了电力灌溉站。电力由昆山供电局提供。市镇周围的几个生产队开始用上了电。

1972年,杨湘泾村各生产队到昆山工程队买来水泥杆、电线,竖起电线杆,架设线路。室外线路费用由生产队集体承担,室内线路费用由村民个人承担,每户安装3安培电表一个。从此,每个生产队都用电脱粒。家家户户通电,改革开放后逐渐添置了电视机、洗衣机、电冰箱等家用电器。

当时,国家电网供电量不足,经常拉闸停电。永勤村买来一台发电机,农忙时若停电,就用发电机发电,周家泾村与王土泾村轮流用电脱粒。

20世纪90年代,杨湘泾村进行电网改造,增设变压器,更换脱粒用电箱、个体动力箱,电线杆由7米杆换成10米杆,由工字杆换成圆杆。

通过电网改造,更新了用电设施,大大提高了村民的用电质量。

七、电话网络

民国三十七年(1948年)1月12日,杨湘泾与井亭镇已架设电话线。至1949年5月,电话线已架至榭麓、神童泾、金家庄、度城、白米泾等地。1981年,昆山城区到乡区设中继电路3路载波机,村民必须到杨湘泾邮电局申请后才能打电话。1988年,农村电话中继线路以架空电缆为主,明线为辅。另有淀东至上海市青浦县直通电话线路,电话费与昆山县相同。

1994年7月1日,淀山湖镇开通国际国内程控直拨电话,电话号码由6位升至7位。杨湘泾村实现了电话村。

进入21世纪,宽带网络逐渐普及。2012年,全村保留固定电话604户,拥有电脑356户,互联网上网356户。

第二节　环境保护

杨湘泾村地处镇中心,环境保护基本与镇环卫所挂钩。1952年,全镇只有4所旱厕、10个垃圾箱。垃圾处理是简易填沟(浜),粪便简单贮存,卫生设备很简陋,主要依靠人力来进行村庄的环境整治工作。

20世纪60年代,村成立了一支保洁队伍,负责道路清扫、厕所保洁。

20世纪80年代,村专门成立了环境整治领导小组,分工明确,责任到人,环境保护深入人心。

1997年,杨湘泾村获"江苏省卫生村"荣誉称号,2002年被评为"'全国九亿农民健康教育行动'苏州市先进村",并曾两度获"昆山市爱国卫生先进村"荣誉称号。

21世纪初,杨湘泾村从实际情况出发,建立了6项环境综合治理制度,从制度层面上完善了环境综合整治工作的措施。

一、村庄环境

1. 清理生活垃圾,制定垃圾管理制度

建立"户集、村收、镇运、市处理"的处置模式,先后投资40多万元着重改造硬件设施。全村成立了由15名责任心较强的村民组成的保洁员队伍,分别负责收集580户农家的垃圾和公共场所的卫生打扫,将全村日产垃圾天天如数收集、清运。

2. 清理粪便,制定人畜粪便管理制度

清理粪便,建立人畜粪便管理制度是创建卫生村极其重要的一个方面。1997

年杨湘泾村投资11万元对农户厕所实行彻底改造。至2005年年底,全村580户村民全部使用三格式无害化粪池,全部用上抽水马桶,改厕率达100%。1997年在农户改厕的同时,新建改建标准水冲式公厕5所,全村公厕达6所,并配有专职保洁员,坚持一日两次冲洗,并定期消毒及消杀蛹蛆,做到无粪垢、无异臭。

3. 清理秸秆,制定秸秆综合利用制度

针对违规焚烧秸秆带来的空气污染问题,杨湘泾村大力推广秸秆综合利用技术。禁止露天焚烧秸秆,从源头上杜绝秸秆焚烧带来的空气污染;秸秆禁止抛入河道或随意丢弃,推行秸秆还田,保证秸秆综合利用率达100%;村民组长负责监督,长效管理。

4. 清理河道,制定水面管护制度

将周家泾江等河道每2~3年干河清淤一次,改造完善水利设施,开通断头河浜,保持河水流动成活水。安排4名河道保洁人员,每天摇船打捞水面漂浮物,禁止村民向河里倾倒生活垃圾,禁止直接向河里排放生活污水,确保水源卫生。

5. 清理工业污染源,制定稳定达标制度

取缔村内两家小化工作坊。然后严格按照规划要求,科学合理布局,将昆山新东湖服装有限公司的企业生活污水与镇污水接管,建立工业污染源达标排放的监督机制。

6. 清理乱搭乱建,制定村容村貌管理制度

村干部以身作则,无乱搭建。村内农户在住宅周围、路边的私自搭建的建筑物一律拆除;安排人员定期清除路边的小广告。保证村内道路通畅,房前屋后整洁。

二、林业绿化

杨湘泾村干部非常重视林业绿化工作,使绿化工作得到了长足的发展,绿化面积逐年扩大。

1. 机耕路绿化

20世纪70年代,杨湘泾村范围内修筑了多条机耕路。杨湘、永勤两村共采购水杉树苗15 000棵,移栽于机耕路两旁。数年后,这些水杉树苗都已成材,机耕路两侧绿树成荫。水杉绿化带主要有:南起镇政府,北至北苑路,长1 000米。俞家溇到北石塘,长1 000米。从老水泥厂到东梅村,长2 000米。从镇南桥到王土泾,长1 500米。从王土泾村到周家泾村,长1 000米。2012年,尚存比较完整的道路绿化带有镇政府至北苑路、王土泾至周家泾地段,绿化面积15 666平方米。

2. 公路绿化

20世纪90年代,杨湘泾村范围内修筑了多条公路,如香石路、中市路、曙光路、振淀路、北苑路、新乐路、南苑路等。公路总长度达17.45千米。这些公路的两侧都有宽15米的绿化带。其中曙光路、中市路南部两侧绿化带宽达40米,种植香樟、水杉、广玉兰、雪松、银杏、枫杨等,还种植了各种灌木、花卉,形成了纵横交错、郁郁葱葱的公路绿化带。绿化面积43 625平方米。

3. 村庄绿化

改革开放以来,杨湘泾村围绕"幸福家园环境美"的目标,大手笔实施环境整治建设工程,在村庄空间、宅前屋后植树种花。20世纪90年代,镇区环境改造,村域内形成成片绿化地,绿化面积67 266平方米,村内竹园3.2亩。

4. 河道绿化

为了体现江南水乡特色,市、镇两级政府规划沿河绿化带,作为绿化特色工程。21世纪,村域内13条河道岸边,栽杨插柳。绿化面积31 635平方米。

5. 果园绿化

历史上,杨湘泾村境内无成片的果园。村民只在房前屋后零星种植一些桃树、梨树、枇杷等果树。

1988年,淀山湖镇多服公司征用村内长安路西25亩地开辟果园。该果园承包给浙江傅德福夫妇经营,当年从浙江省引进无核橘树苗1 000多棵,栽种成活。傅德福夫妇精心培育橘树,冬天修剪果枝,使枝条疏密合理,均匀向四周伸展,并定期施肥,

橘园

喷洒农药,防治红蜘蛛、钻心虫等病虫害。橘树长势良好,三年后结果,五年后进入盛果期。2012年由于淀山湖公墓扩展,橘园面积有所减小。全园面积18亩,园内果树800多棵,树高3米,茎干粗壮,叶子碧绿,稳产高产。平均每棵橘树年产橘子80斤,全园年产橘子30多吨。从每年10月份起开始采摘销售,直至年底。傅德福夫妇忙不过来,就雇人采摘,或让顾客进园,自己采摘后购买,形成旅游特色。所产的橘子除了供应淀山湖镇外,还销售到昆山、千灯、青浦等地,成了村内一大特色产业。

综上,绿化总面积847.6亩,村陆地面积3 332亩,绿化覆盖率达25.4%。

第三节 新农村建设

20世纪60~70年代,杨湘泾村每个生产队把各家各户的露天粪缸收起来,根据小队的规模,建1~2座厕所,安排1名半劳动力每天收集各家马桶集中管理、清洗。

20世纪80年代开始,农户翻建楼房,三格式化粪池卫生设施齐全,自来水也逐渐普及各家各户。

20世纪90年代起,围绕创建卫生村的主题,杨湘泾村配备村庄保洁员13人、河道保洁员6人,组成两支保洁队伍。村庄保洁员每天对分管辖区内农户的生活垃圾及时收集、清运,同时清扫道路,确保无卫生死角。河道保洁员每天把分管辖区内的河道漂浮物打捞干净,保持河道畅通。全村新增垃圾桶100多个,保洁车15辆,改造硬件设施投入50多万元。每个自然村都铺设了下水道,农户的生活污水进入镇市政污水管网;硬化了村级道路,方便村民出行。

2012年年底,杨湘泾村全村有线电视覆盖率、自来水入户率、电话普及率、卫生改厕率均为100%。

一、周家泾

2009年年初,经政府有关领导现场踏勘后,将周家泾自然村列入新农村改造定点村,改造的主要内容和完成情况如下:

1. 道路、绿化填土

道路、绿化填土于2009年4月下旬开始,到2009年5月中旬结束,完成20 000立方土方量,总投资50万元。由淀山湖国土资源所负责实施。

2. 河道综合整治工程

对驳岸、河滩进行改造,全长约300米,修理河滩30座,于2009年4月下旬开工,到2009年9月底结束,总投资20万元。该工程由江苏长顺建设集团公司承建。

3. 道路、停车场

道路新建、扩建总面积3 520平方米;新建停车场800平方米;排水管铺设300米;于2009年4月中旬开工,到2009年9月底结束,总投资35万元。以上工程由昆山市东莲建筑实业有限公司承建。

4. 公共厕所

新建公共厕所两座，总面积100平方米，总投资20万元，于2009年5月下旬动工，到2009年7月中旬结束。该工程由江苏长顺建设集团公司承建。

5. 绿化工程

周家泾原有绿化面积7 593平方米，绿化率为13.5%。规划绿化面积16 800平方米，绿化率为30%。绿化工程于2009年10月上旬动工，到2009年11月下旬结束，总投资60万元。

6. 污水管网工程

周家泾污水管道（D400—D300）总长2 400米，总投资90万元，于2009年5月上旬开工，到2009年6月底结束。该工程由昆山新创市政工程有限公司及昆山华泰市政工程有限公司承建。

7. 外墙涂料

外墙涂料涂刷共79户，计35 000平方米，于2009年10月上旬动工，到2009年11月中旬结束，总投资35万元。

8. 新建桥梁一座

新建桥梁于2009年10月中旬动工，2009年12月底建成，总投资15万元。

9. 清理垃圾及零星杂物

对周家泾自然村内乱堆乱放的垃圾及零星杂物进行清理，花费人工费5万元；低压线、路灯、健身器材、垃圾箱等总投资15万元。

综上，合计总投资354万元。至此村庄环境大大改善，居住水平不断提升。

二、王土泾

2011年，经政府有关领导现场踏勘后，决定对王土泾自然村进行整治，具体实施情况如下：

1. 道路、绿化填土

道路、绿化填土于2011年5月上旬开始，2011年7月中旬结束，完成9 000立方土方量，投资22.5万元。

2. 河道综合整治工程

对驳岸、河滩进行改造，全长650米，修理河滩25座，于2011年5月上旬开工，到2011年7月底结束，总投资30万元。

3. 道路

雨水管及停车场工程:道路新建、扩建总面积约4 800平方米;新建停车场900平方米;新建围墙200米;排水管铺设3 500米。2011年6月上旬开工,到2011年8月中旬结束,总投资98.3万元。

4. 公共厕所

新建公共厕所两座,总面积100平方米,总投资20万元,于2011年5月下旬动工,到2011年8月上旬结束。

5. 绿化工程

王土泾原有绿化面积7 500平方米,绿化率为15%,新增绿化面积12 000平方米,使绿化率达30%。该工程于2011年5月中旬动工,2011年7月底结束,总投资81.6万元。

6. 外墙涂料

外墙涂料涂刷共72户,计40 000平方米。于2011年9月上旬动工,到2011年10月上旬结束,总投资41.1万元。

7. 房屋拆迁

拆迁总面积400平方米,于2011年6月中旬开始,到2011年7月底结束,总投资12万元。

8. 清理垃圾

对王土泾自然村内乱堆乱放的垃圾进行清理,花费人工费2.5万元;低压线、路灯亮化、健身器材、垃圾箱等总投资25万元。

以上工程全部由富民强村公司落实施工队负责实施。

9. 污水管网工程

新建污水管道(D400—D300)总长3 000米,总投资60万元,于2011年6月上旬开工,到2011年8月底结束。

综上,合计总投资395万元。整体整治改造工程于2011年10月上旬全部结束。

王土泾自然村村貌整治前后对照图

整治前的王土泾自然村村貌(一)

整治前的王土泾自然村村貌(二)

整治后的王土泾自然村村貌(一)

整治后的王土泾自然村村貌（二）

王土泾上代溇驳岸及绿化工程（一）

王土泾上代溇驳岸及绿化工程（二）

王土泾新建公厕（一）

王土泾新建公厕（二）

第五章 农　业

　　杨湘泾村自古以来以农业生产为主,只有少数村民从事商业活动。党的十一届三中全会后实行改革开放,农村经济体制改革深入有序进行。1983年,全面推行家庭联产承包责任制,打破了"大呼隆""大锅饭"的生产管理模式,村民种田积极性空前高涨。20世纪七八十年代,社队办企业兴起,农民在种好责任田的同时,进入社队企业工作。1988年8月,根据联产承包后村民劳动力大量转移的实际,家庭联产承包的土地进行第一次合理调整。1993年8月,进行第二次土地承包确权,稳定家庭联产承包责任制。1998年,贯彻中办发〔1997〕16号《关于进一步稳定和完善农村土地承包关系的通知》精神,延长第二轮土地承包期30年。向农户颁发《农村集体土地经营权证》,保护农民承包集体土地的合法权益,加快发展农业生产,稳定农村经济。部分村民自费开挖鱼塘,发展淡水养殖,增加经济收入。

第一节　生产关系变革

一、土地私有制

　　新中国成立前,杨湘泾村的农民都过着一家一户单干种田的生活。大部分土地集中在地主、富农手里,中农只有少量土地,贫农、雇农则无田少地,只好靠种租田维持生计。

旧社会里种田,富裕人家农具全、人手多(能与贫困人家调牛工),能按时耕种,抢在季节前完工。贫困人家要去"调牛工""伴工帮忙",只好等富裕人家完工后再到自己的田里劳动,往往误了农时,影响产量,年底还要交租。在土地私有制社会,科技水平低,水稻亩产三四百斤,"双石田稻"就算是高产了。

二、土地改革

新中国成立后,1950年6月颁布《中华人民共和国土地改革法》,开展土地改革运动,成立农民协会,进行土地登记,归户造册,查清各阶层土地占有情况,按农户实有人口、人均占有生产资料(主要土地)评定划分成分。农民成分分雇农、贫农、中农、富裕中农、富农、半地主、地主。各自然村成立农会,选出负责人。

王土泾村:村长彭永发,农会主席金福明、金万祥。

周家泾村:村长彭正高,农会主席顾召良、顾夫卿。

杨湘一联村:村长毕杏林,农会主席周金泉。

杨湘二联村:村长张俊英、胡良范、张杏福,农会主席沈海根。

杨湘三联村:村长徐卫生、朱四根,农会主席陈阿金。

农会干部带领农民开展土改运动,划阶级成分,斗地主、分田地、分家产给贫农、雇农。

三、农业合作化

(1)土地改革后,按人分田,而户与户之间劳动力不均匀,大型农具及生产工具不平衡,于是农户自行组织伴工,互助互帮。1951年12月15日,党中央发布《关于农业生产互助合作的决议》,杨湘泾村范围内的各自然村农户在自愿互利的基础上纷纷组织互助组进行生产。一般有两种形式:一种是农忙组织一起生产,闲时分散田间管理,称"临时互助组";另一种是常年固定劳动组合,称"常年互助组"。当年,杨湘泾村组织起来的农户有261户,常年互助组25个,季节性互助组25个。互助组内劳动力、大型农具余缺互补,等价交换,土地各自种植,收支自负盈亏。

(2)1953年,上级政府要求翻身农民走合作化道路。王土泾村成立五星初级社,社长金福明;群联初级社,社长盛才堂。周家泾村成立周新一社、周新二社,社长顾召良、彭正高。杨湘一联村成立森星、森益两个初级社,社长朱四根、沈品中。杨湘二联村成立群益初级社,社长陈阿金。杨湘三联村成立群建初级社,社长李雪生。

初级社以土地入股,户主保留土地所有权,土地统一经营,统一安排劳动力,秋后按土地、劳动力分红。

(3) 1955年11月,贯彻中央《关于农业合作化问题的决议》,广大农民办社积极性高涨。因平整土地、兴修水利,适应生产发展需要,于是出现数个初级社合并、组建高级农业生产合作社的现象。

1955年下半年,群联、五星两个初级社合并成立群联高级社,书记盛在堂,社长金福明,会计王宝田。周新一社与周新二社合并成立周新高级社,书记兼社长张者庭,会计顾启明。森星、森益初级社合并成立森益高级社,书记顾菊全,会计蒋仲豪。杨湘二联村与杨湘三联村合并成立群益高级社,社长俞品荣,会计张全根。

高级农业合作社既是经济实体,又是基层行政单位。土地为集体所有,耕畜、大农具折价归公,实行按劳分配,夏熟预分,秋后结算。

四、人民公社

1958年,贯彻社会主义总路线,掀起"大跃进"高潮。原有的农业高级合作社合并成立"一大二公"的人民公社,杨湘乡改为淀东人民公社。杨湘泾村域内的新农、新华、新民、森益、群益、周新、群联七个高级社合并成为淀东公社第五大队。书记张惠明,大队长张光祖,会计张全根。

当时,劳动组织采用军事化编制,搞大兵团作战;生活上采用半供给制度,办公共食堂,实行"吃饭不要钱";分配上搞平均主义,平调社员的私有财产和集体财产,出现"共产风""浮夸风""命令风""瞎指挥风"等不正之风,脱离了农村发展的实际水平和农民的意愿,严重挫伤了农民的积极性,加上三年自然灾害,粮食产量滑坡,农民口粮严重不足,以瓜菜代粮。

1959年,淀东公社第五大队分拆成新农、新民、森新、森益、群益、周新、群联七个大队。后周新、群联合并为周新大队。1961年,合并的周新大队重新分拆成周新、群联大队。周新大队书记张者庭,会计顾启明;群联大队书记盛才堂,会计韩学仁。

1959年,森益、森新合并为森益大队。1960年,群益、森益合并为群益大队。1962年,群益大队改名为杨湘大队,大队书记沈品中,副书记俞品荣、张根福,大队长李雪生、朱四根,会计张全根。1962年,贯彻《农村人民公社工作条例(修正草案)》即《农业六十条》,基本核算单位下放到生产队,确定了"三级所有,队为基础"的管理体制,实行"自负盈亏、评工记分、按劳分配、多劳多得"的原则,调动了社员的劳动积极性,粮食生产有所好转。

1964年,各大队进行面上社会主义教育运动。1965年7月15日,社会主义教育运动工作队开始派驻各大队,主要解决"四清与四不清"的矛盾,各大队组织贫下中农协会,"四清"对象是大队干部及生产队干部,在政治上、经济上搞人人过关,如经济有"不清"现象,要进行退赔。

1966年,"文化大革命"开始,极"左"思潮泛滥,搞"早请示、中对照、夜汇报""割资本主义尾巴"。社员在业余时间搞家庭手工业和副业,被视为"资本主义倾向"要受到批判,农业生产发展受到一定影响。

1966年,周新大队、群联大队合并为新联大队,后易名为永勤大队。

1962~1983年,"三级所有,队为基础"的经营模式发挥了一定作用,杨湘泾村域广大村民在干部带领下辛勤劳动,粮油产量稳中有升。生产队干部既要组织安排好各项农活,又要亲自带头生产劳动,可谓农民中最辛苦的人。考虑到生产队长的实际年龄和身体情况,生产队长经历了多次变动。村内各项事务有序进行,离不开这些默默奉献的人。

表5-1-1　　　　　　　　　1962~1983年杨湘泾村各生产队队长名单

原村名	1962~1978年			1978~1983年		
	队别	生产队长	妇女队长	队别	生产队长	妇女队长
原杨湘村	1	朱四根、张引林、张海林、王正荣、陆海生	徐引娟、沙根女	1	朱阿苟	蔡雪英
	2	李雪生、陈菊生	李银娥	2	陈菊生、李海荣、顾关生	李巧珍
	3	周品福、童海荣	顾秀宝	3	周品福、沈金龙	严秀英
	4	沈小苟、吴纪龙、周林泉、顾小弟	顾福珍、沈林英	4	沈小苟、殷阿大、沈六弟	叶大妹
	5	薛阿金、王福全、王正华、张祥权王小毛	陆巧珍、谭福妹、邵建英	5	俞召民、吴菊林、顾翠娥	陈素珍
	6	张秋林、程海元、金国兴、程惠园、王祥生	汪美英、潘阿秀	6	程玉林、高建新、程惠园	潘阿秀
	7	朱阿五、陆木金、童鹏	盛银宝、陆巧珍、曹九英	7	童鹏	曹九英
	8	张华林、周四龙、张品根	茹小妹、章巧英	8	刘阿高、沈友海、张品根、张世雄	郁雪珍、张阿四
	9	郁和尚、郁亚光、沈海根、郁亚其	郁阿妹、范小妹	9	郁亚光、郁亚其、姚阿大	张亚菊
	10	张建新、周进发、张小毛、顾观泉	周宝英、张五宝、朱菊英、张秀妹	10	王洪元、周进发	周阿妹、张秀妹

续表

原村名	1962～1978年			1978～1983年		
	队别	生产队长	妇女队长	队别	生产队长	妇女队长
	11	沈阿秋、张志福、张金龙、张引根、张士明	张美琴、张惠珍、朱玉英	11	张志福、张士明	张海琴、王彩英、张翠琴
	12	吴友生、毕祥荣	顾秀娥、沈巧英	12	毕祥荣	沈巧英
	13	周福明、张福泉	徐凤娟、王云娥	13	钱引泉	徐凤娟、王引娥、侯金凤
原永勤村	1	宋友泉、沈阿梅、顾召龙	伍全珍	1	谢忠仁、顾召龙、顾沛林、彭阿大	伍全珍
	2	顾召定、顾裕元	彭全宝	2	彭品元、顾文元	王金娥、彭引宝
	3	彭岳清	顾阿宝	3	顾品根	曹阿妹
	4	周阿梅、周阿和、吴志松	朱桃英	4	施祖明、沈国忠、施惠明、朱金龙	朱桃英
	5	彭阿五、彭裕根、彭惠明、彭何苟	彭阿巧	5	彭木泉	彭阿大
	6	彭荣林、诸龙根	蔡效其	6	彭金弟、彭光明	彭阿彩
	7	金福明、郁召周	陆阿三	7	郁永革、金相生、陆兆荣、唐景清	盛秀英
	8	丁阿四、张末头	蒋阿二	8	张祖兴、钟彐球	郭菊宝、张华妹
	9	邱根福	郭菊宝	9	高伯青、张阿三	郭菊宝
	10	彭阿小		10	彭阿小	彭金英

表5-1-2　　　　　1962～1983年杨湘泾村各生产队会计名单

原杨湘村		原永勤村	
队别	姓名	队别	姓名
1	郭春福、陆木虎	1	顾元兴、沈振忠、顾沛林
2	周金德、沈海元、张彩萍	2	顾海根、孙光明
3	童海荣、周美玲、姚凤九	3	陈宝祥、顾惠龙、陈文德
4	王志川、金国荣、陈金荣、周祖于	4	黄裕祥
5	吴士荣、蔡彩明、张培基	5	彭再久、金绮华、彭建飞、彭瑞良
6	程保泉、金国荣、程月妹、王美琴、金国兴	6	黄三新、黄承福、盛祥元
7	沈明德、陆巧林	7	黄葆田、王福金
8	蔡占元、陆仁志	8	张裕龙
9	张林根、张惠琴	9	高伯青、郭介良、夏幼民
10	史志松、沈建明、周大奎	10	彭兴林

续表

原杨湘村		原永勤村	
队别	姓　名	队别	姓　名
11	陈和生、张士荣、张新国	11	周巧荣
12	蒋仲豪、田品生	12	黄承福
13	毕涛云	13	黄承访
14	朱引忠		
15	吴宝山		
16	张培基		
17	周大奎		
18	张士荣		
19	钱福荣		

五、联产承包

党的十一届三中全会后，改革农村经济体制，推行家庭联产承包责任制。1983年，永勤、杨湘两村把各生产队所有的集体耕地分到每家每户，按每户人数分口粮田，按劳动力人数分承包田。原生产队的大型农具（拖拉机、机动水泥船）作价卖给农户，中型农具（脱粒机、农船）每3~4户合分一台（条）。

家庭联产承包责任制实行农户自主经营，自负盈亏，依法缴纳国家农业税，自觉上交集体"二金一费"（公积金、公益金、管理费），余下的归农户所有，极大地调动了广大农民种田的积极性。

表5-1-3　　　　　　1984~2001年杨湘泾村各村民小组组长名单

村名	组别	村民组长	村名	组别	村民组长
原杨湘村	1	张引林、钱彩玉	原永勤村	1	宋岳鸣、谢小兴
	2	顾关生、李海荣		2	彭品元、顾金海
	3	周品福		3	张者定、彭进福、顾品根、张国中、顾惠龙
	4	顾福珍		4	朱金龙、施惠明
	5	胡菊林		5	彭裕根、彭木泉
	6	周其兴		6	彭光明、盛祥元
	7	童鹏		7	郁永革、王玉泉

续表

村名	组别	村民组长	村名	组别	村民组长
	8	张华林、张品根、张世雄		8	钟雪球、张华妹
	9	郁亚光		9	高柏青、张阿三
	10	王洪元		10	彭建飞、彭小多
	11	张士明		11	顾文元
	12	毕祥荣		12	褚龙根、黄承荣
	13	钱引泉		13	黄阿四、陆海珍
	14	王正荣、朱俊荣			
	15	沈美芳			
	16	顾翠娥			
	17	张祥妹			
	18	张海琴			
	19	李金荣、李雪生、陈菊生			

表5-1-4　　　　2001~2012年杨湘泾村各村民小组组长名单

组别	村民组长	组别	村民组长	组别	村民组长
1	施永明、陆建兵、钱彩玉	12	施永明、吴友生、张美英	23	黄祖琴、施伟明
2	陈菊生、李海荣、李玉英	13	施永明、钱引泉	24	彭瑞良、彭木泉
3	沈雪根、沈金发、李尧、段桃英	14	施永明、朱俊荣	25	盛祥元
4	沈雪根、杨引娣、沈六弟	15	沈雪根、沈美芳	26	陆海珍、王玉泉
5	郁亚其、许阿苟、胡菊林	16	郁亚其、顾翠娥	27	高伯青、张华妹
6	郁亚其、陆菊英	17	张雪琴、张祥妹	28	张华妹、高伯青
7	朱凤根、童鹏	18	张雪琴、张志福、张海琴	29	彭瑞良、彭建飞、彭小多
8	张世雄	19	陈菊生	30	孙惠贤、周巧荣、顾文元
9	张世雄、沈海根、童炳兴、郁亚光、张惠琴	20	黄祖琴、谢小兴	31	盛祥元、黄承荣
10	张雪琴、王洪元	21	孙惠贤、顾金海	32	陆海珍
11	张雪琴、张士明	22	顾坚斌、张者庭、彭进福、张国忠		

1988年，各村民小组根据各农户人口劳动力变化的实际情况，对土地承包进行了小规模调整，土地多的农户让出一些给土地少的农户。

改革开放以后，新办工厂多了。农民有的进厂务工，有的进城经商，不能兼顾种田,愿意贴钱让别的农户种;有的农户有大型农具,又有种田的技术、经验,愿意多承包田。在这种情况下,大农户产生了。在种粮大户出现的同时,又产生了水产养殖大户,掀起了开挖鱼塘高潮。全村涌现出9户种粮大户和13户水产养殖户。种粮大户向村缴纳承包费每年每亩190元。

表5-1-5　　　　　　　　1988~2012年杨湘泾村种粮大户统计表

姓名	承包地点	亩数(亩)
杨湘泾6组金国兴	杨湘6组(120亩)民和村(60亩)	180
杨湘泾16组薛国庆	西花溇	140
杨湘泾5组胡菊林	西花溇	140
外村人杜秀春	姚家滩	90
外村人吴伟佳	姚家滩	90
永勤1组陆明章	红庙圩	60
永勤1组彭士章	唐家厍圩	60
滨海人吴普金	永勤2组	80
滨海人王宗林	黄土泾、周家泾	120

1998年8月,根据中共中央办公厅、国务院办公厅中办发〔1997〕16号文件《关于进一步稳定和完善农村土地承包关系的通知》精神,实行第二轮土地承包确权,对承包人承包的土地经确认后,给每户农户颁发了《农村集体土地承包经营确权证书》,规定农户对所确权承包的土地享有30年经营权,但所有权是集体的。

第二次土地确权后,绝大部分农户没有实际耕种,土地集中流转给大农户耕种。有的土地开挖成鱼塘,有的土地被连片征用,成了民营企业工业用地。第二轮土地承包确权发证成为一种征地补偿依据,为合理发放经济补偿提供了可靠保证。

表5-1-6　　　　　杨湘泾村第二轮土地承包确权发证汇总表　　　　　单位:亩

序号	组别	人口	面积	土地承包经营权证书编号	加:补确权面积	加:自留地面积	减:征使用面积
1	1				156.968	12.062	169.030
2	2				126.470	7.123	108.070
3	3	42	39.760		70.459	7.584	117.803
4	4				161.868	13.612	175.483
5	5				138.560	5.900	144.859
6	6				247.780	12.901	260.680

续表

序号	组别	人口	面积	土地承包经营权证书编号	加:补确权面积	加:自留地面积	减:征使用面积
7	7	83	132.190		93.490	8.600	210.280
8	8	64	119.990		18.000	6.600	92.770
9	9	75	155.700		43.210	7.700	206.610
10	10	38	102.420		47.470	4.800	120.570
11	11	47	70.510		48.980	4.400	96.900
12	12				214.230	10.200	224.432
13	13				193.870	8.200	195.910
14	14				127.623	7.987	135.607
15	15				106.380	8.370	114.752
16	16	67	77.520		56.650	8.769	142.939
17	17	46	68.730		22.770	6.240	80.330
18	18	57	69.380		42.230	5.600	94.390
19	19				119.260	10.082	108.300
20	20	103	122.720		100.828	18.402	108.060
21	21	50	112.860		7.030	9.171	9.190
22	22	113	126.810		103.698	18.422	218.230
23	23				165.458	12.942	178.400
24	24	53	44.200		58.912	9.828	23.560
25	25				83.220	8.694	58.950
26	26	56	48.480		63.900	8.800	30.320
27	27	67	40.560		148.450	11.393	183.880
28	28	72	82.350		102.540	12.633	197.520
29	29	53	37.430		79.324	9.646	51.180
30	30	66	69.280		119.760	11.829	140.730
31	31				90.030	7.876	65.210
32	3271	59.130		63.540	10.288	31.490	
合计		1 233	1 580.020		3 222.958	306.654	4 096.44

六、规模经营

农村实施家庭联产承包责任制后,农民的生产积极性得到进一步提高。随着改革开放的逐步深入,加快了基础设施建设。20世纪80年代起,淀山湖镇政府征用杨湘泾村土地修筑淀兴路、北苑路、新乐路、香石路、中市路、曙光路等。进入21世纪,加快农村小城镇建设,许多自然村拆迁。镇政府征用村域内土地,用作居民小区建设,如香馨佳园、淀辉锦园等。2011年,杨湘泾村实有耕地面积916.90亩。

2012年开发淀山湖花园,征用村域内土地114.95亩,鱼塘288亩。村实有耕地面积513.95亩,由镇强村发展有限公司承包,进行规模化种植。

第二节 生产管理

一、耕作制度

杨湘泾村历来以种植水稻、三麦、油菜为主,一年为两熟制。冬季作物除三麦、油菜外,还播种一些红花草,面积占总亩数的10%左右。红花草一般在10月下旬水稻收割前套种,来年五月生长旺盛期收割,其茎叶与河泥、猪牛粪混合制成有机肥料。

1966~1971年,永勤、杨湘两村实施土地方整化,每块田按统一宽度修筑田岸,发动社员拆除田中的土坟包,挑土初步整平。水稻插秧前田里放水,再用耕牛拖着"斗机"斗平。经过几年努力,村境内实现了田块方整化,便于机械化耕作和水浆管理。

20世纪70年代,贯彻"以粮为纲",双季稻种植面积迅速扩大,复种比例达1∶2.6。实践证明,三熟制影响前作出苗率,后作灌浆,对夏熟作物播种也有影响。双季稻用工量大、成本高、米质差,因而增产不增收,经济效益低。20世纪80年代初期,压缩三熟制面积,到1983年全部恢复一年两熟制。

二、作物栽培

粮油作物是农业的基础。新中国成立后,杨湘泾村大力兴修水利,推广农业耕作新技术,粮油作物的面积保持稳定,粮油产量连续多年丰收。科学种田和精心管理改变了原先"种田无花巧,年年老一套"的方式,使粮油作物产量年年提高。

20世纪50年代,淀东区成立农校,村内各高级社先后派4名学生进入淀东农校学习,接受培训。20世纪60年代,淀东公社成立农业技术推广站。村内2名大

队技术员到推广站接受技术培训,每个生产队配备1名技术员,负责农作物栽培的技术指导。各生产队干部群众学科学、学技术,在作物栽培、选育良种、防病治虫、合理施肥等方面做了大量工作。

1. 良种推广

水稻:20世纪50年代以老来青为当家品种,60年代引进昆农选、世界稻,20世纪80年代引进秀水04,20世纪90年代种植太湖粳2号,2000年后开始种植杂交水稻。

小麦:20世纪50年代,杨湘泾村主要品种为丈四红、茧子团。60年代主要品种是华东6号、无锡白麦。70年代主要品种是昆麦672。80~90年代主要品种是扬麦4号、扬麦5号。90年代后,主要品种是扬麦16号。

油菜:20世纪50年代,杨湘泾村种植的油菜品种是土白菜、矮萁黄。60~70年代,主要品种是胜利52。80年代主要品种改为宁油1号。20世纪90年代后改为汇油50。

2. 防病治虫

水稻的主要害虫是螟虫、稻蓟马、纵卷叶虫和稻飞虱,用甲胺磷乳剂喷杀。水稻的主要病害有稻瘟病、纹枯病,20世纪70年代用稻瘟净、井冈霉素防治。20世纪80年代开始用多菌灵,在水稻孕穗末期大水喷雾防治。

三麦的虫害为黏虫,20世纪60年代用敌百虫防治,20世纪80年代用甲胺磷防治。三麦的病害以赤霉病为最,20世纪六七十年代用赛力散、多菌灵防治,后来又用多菌灵浸种防治。

油菜的虫害主要是蚜虫,用甲胺磷喷洒。病害有菌核病、霜霉病,20世纪五六十年代用乐果喷洒,20世纪70年代后用多菌灵加水喷洒防治。

3. 合理施肥

施足基肥,基肥以有机肥料为主。农民一般冬天罱河泥,春天混以猪坜、牛坜、红花草、野草等沤制成塘泥,播种前挑施田中做基肥。播种后合理追肥,重施长粗肥,巧施穗肥。

4. 有机肥料

传统农家肥料以绿肥、河泥、猪坜、人粪、草塘泥等有机肥料为主,用作基肥、苗肥和越冬腊肥。20世纪50年代,此类有机肥料占用肥总量的90%以上。60年代,增加菜籽饼还田,扩大绿肥面积,有机肥料仍占用肥总量的80%左右。20世纪70年代,随着复种指数的提高和化肥用量的增加,有机肥料总用量下降到60%左右。进入20世纪80年代,绿肥播种面积大幅度压缩,草塘河泥很少沤制,菜籽饼用作鱼饲料,大田用肥主要靠化肥和部分秸秆还田。

(1) 猪坶又称猪窠灰,为猪粪尿、猪圈垫料和农作物秸秆残屑、青草的混合物,是主要传统肥源。历来有"养猪不赚钱,回头看看田"之说。新中国成立初期,年平均每亩施用猪坶约10担。随着养猪事业的发展,20世纪60年代,年平均每亩施用量增加到15担。20世纪80年代增加到每亩20担左右。此后,随着当地养猪数量的锐减,年亩用量下降到12担以下。2012年,几乎不用猪坶肥料。

(2) 牛坶为耕牛粪尿、牛圈垫料的混合物,是农家施用肥源之一。新中国成立初,为基肥的肥源之一。随着农业机械化程度的提高,耕牛逐渐减少直至淘汰。20世纪80年代后,生产队没有耕牛,牛坶也成为历史肥源。

(3) 绿肥以红花草为主,也可用野草替代。红花草,俗称汉草,学名紫英云。新中国成立初,农家用水河泥、红花草沤制草塘泥,也可用野草沤制草塘泥,是较好的基肥肥源。20世纪六七十年代,由于肥源不足,每亩用草塘泥100担左右做基肥。随着对粮油生产的高度重视,绿肥(红花草)的面积不断压缩,大大减少了有机肥源。一到春天,组织妇女外出割野草,以弥补绿肥的不足。20世纪70年代,提倡"三水一绿"的培植。"三水一绿"——水浮莲、水葫芦、水花生,绿萍。高潮期间,大队成立"三水一绿"专业队,由一名大队副业干部专职抓,各生产队落实一名专职管理员,做到单季稻面积100%"倒萍种秧"。"三水一绿",既作为绿肥肥源,也为集体养猪提供青代饲料。后因用工多、冬季保种难、化肥充足等原因,被淘汰。

(4) 河泥、垃圾、黑泥。河泥分白河泥、草塘泥两种,是本地农家传统的肥源之一。新中国成立前,红花草、柴(稻)草、青草等,用水河泥沤制作基肥,河里捞水草也做追肥。新中国成立初仍沿用。60~70年代,普遍到上海市装运垃圾、罱黑泥,作为肥源。垃圾经过筛选处理后,直接下田或与水河泥沤制。进入80年代,大量施用化肥,草塘泥、垃圾、黑泥退居次要地位,乃至不用。

(5) 人粪尿,俗称大粪。用于水稻、三麦、油菜的基肥、追肥。新中国成立后,到上海装运;或由供销社组织,上海大粪摊船先后航运到四港口、三港口、千墩北吴淞江口,生产队向供销社购买,凭所开发票,由农用小船拷驳,用于农田追肥。80年代初,农村劳动力向二产、三产转移,施肥以省工省力的化肥为主,仅有少量经济作物继续使用大粪,以后大田基本不用大粪,更不去购买大粪,连镇环卫所的大粪送到田头,也无人问津。

(6) 秸秆,沤制草塘泥的主要拌料,随着罱泥造肥的减少,1980年开始,推广油菜秸秆、稻麦草直接还田。秸秆还田,可以弥补有机肥的不足,是养地的主要措施之一。

20世纪70年代开始使用的化肥包括碳酸氢铵、尿素、过磷酸钙。20世纪90年代起普遍使用复合肥。

三、劳动分配

1. 平均主义分配

1958年,人民公社替代乡政府,实行政社合一,工、农、兵、学、商,五位一体。公社设党委和公社管理委员会,以下分设办公室,农业、副业、工业、武装、保卫、财贸、文卫、民政等科。行政村改为生产大队,大队设立党支部。人民公社初期,劳动组织采用营、连、排军事化编制。指导生产采用"大兵团作战",生活上采取半供给制度,办了大食堂,实行"吃饭不要钱",每人每月五元零用钱。

分配由公社统一核算,全社范围内搞平均主义分配,乃至平调社员的私有财产和集体财产。当时出现"共产风""命令风""浮夸风""瞎指挥风"、少数人"多吃多占风"、生产开展摆"擂台",提出"一天等于二十年""人有多大胆、地有多大产"等口号。这些举措脱离了农村生产力发展的实际水平和农民的意愿,严重挫伤了农民的生产积极性。农谣"大衣捧勒捧,日照十分工;胡子翘崩崩,不做不成功"无情地抨击了"命令风""浮夸风""瞎指挥风"、少数人"多吃多占风"的状况。1959年党的"郑州会议"纠正了上述错误。然而天公不作美,1960~1962年,水旱灾害加虫灾,台风又轮番侵袭,农业生产滑坡,农民口粮不足,强劳动力的口粮每月只有20斤左右,吃不饱肚子,只能用瓜菜代粮,吃水花生等野草来充饥,一度出现了消瘦病、浮肿病等。

劳动管理上"大呼隆",吃"大锅饭",生产无定额,劳动出工不出力。社员生产积极性不高,因此一度出现了严重的田间草荒,水稻产量亩产不到200斤,三麦仅在100斤左右,油菜最低的队一亩只收38斤。

2. 定额包工,评工记分

1962年2月,贯彻《农村人民公社工作条例(修正草案)》(即《农业六十条》)。昆山陆家会议后,基本核算单位下放到生产队,确定了"三级所有,队为基础"的管理体制。实行土地、劳动力、耕牛、农具"四固定",统一经营管理、自负盈亏,收益分配承认差别。在劳动管理上坚持定额包工、评工记分、多劳多得、按劳分配的原则,调动了社员的生产积极性,粮食生产有所好转,采用按人分配基本粮,按劳分配工分粮,取消"大锅饭"。那时社员称为"大烟囱跌倒,小烟囱吃饱"。

劳动定额,具体方法上采取如下措施:

耕田：按牛定亩、定工分。

整田：按田情况定亩、定工分。

水稻移栽：妇女拔秧按秧把记工，插秧按亩记工。

耘稻：按劳动力包亩，对田间的杂草拔除，每阶段由群众一起踏田检查，中期检查一次，立秋前再检查一次，依杂草清除程度评定工分。

水稻收割：全部按亩计算工分。

三麦做垄：按亩定分，开沟定任务、定质量，按长度记工。

油菜移栽：按移栽面积记工。

三麦、油菜收割：全部按亩记工。

积肥、罱泥：按船只大小定任务、定工分。

到上海装运肥料：定天数、定工分

挑泥：按泥塘土方定工分。

其他：一般都用工量定工分。

3."大寨式"评分

"社教"运动后一段时间，群众的劳动积极性有所提高，生产面貌有新的起色，并且一度出现了许多不知名的好人好事，人的精神面貌大为改观。但1966年"文化大革命"开始，"割资本主义尾巴"，推广"大寨式"评分。"大寨式"评分，搞政治挂帅、思想领先，搞"标兵工"。劳动评分先评政治分，再评劳动分，自报互评，社员称为"先吃精神饭，后吃白米饭"。强调"以粮为纲"，业余时间家庭搞小手工业或副业，被视为"资本主义倾向"，受到批判。提出"宁要社会主义的草，不要资本主义的苗"。农业生产又出现了低潮。1971年12月，按中央指示，恢复劳动定额，评工记分，按劳分配，农业生产才又有了起色。

4. 定额到人，联产承包

1978年党的十一届三中全会后，农业生产推广"定额到人，按件记工"，小段包工，死分活评，农民的生产积极性有所提高，然而还是"大锅饭"。1982年4月，各生产队再分若干小组，实行"包工、包产、包费用"的三包到组、联产计酬、超产奖励、减产赔偿。但改革不彻底，"大锅饭"换"小锅饭"，农民的生产积极性还是不能得到充分发挥。1983年全面实行以农户为单位的联产承包，土地一包到底，按人分口粮田，按劳动力分承包田，在国家的计划指导下，自主经营，自负盈亏，依法缴纳农业税和集体公积金、公益金、管理费，余下部分都归农户所有。大队建立农业经济合作社综合服务站，把"作物布局、供应良种、机械作业、灌溉排水、防疾治虫、肥料农药供应"工作统一起来，实施配套服务。大队还组建了机耕服务队、电力灌溉站管水队。大队农技员进行科技指导,双代店组织肥料、农药供应,实行"农户包任务、集体包服务",形成并完善了以家庭联产承包为主的、统分结合的双层经营体制。

四、防汛抗旱

杨湘泾村境内旱灾最为严重的是1953年7~9月,全村境内几乎没见雨水。当时单干户人家独自抗旱,能力有限,用手牵车戽河水灌溉,只能灌溉至田头一段水稻,田块里另一头的水稻干旱枯死。有牛车、风车的人家,整天忙不过来。互助组集体抗旱也只得尽力而为。那年代缺乏农业机械,全村受旱面积1 600多亩,有些田块颗粒无收,平均亩产350斤左右。

水灾最为严重的是1954年5月18日至7月24日,连续降雨66天,水位达3.88米,持续时间长。杨湘泾村境内受涝面积1 000多亩,严重地段是横丹溇周围。全村党员干部带头,出动所有劳动力参加排涝,在横丹溇出口处挑泥筑坝,形成一个面积近600亩的大包围。群众从家里拿出木料搭架排车。几十部牛车、风车、手牵车沿道褐浦排列,日夜向外河排水,终于把包围圈内的水稻抢救过来。

1999年6月30日至7月1日,雨量特大,河水猛涨,水位至4米,是有史以来记载的最高水位。全村稻田被淹800多亩,经济作物受淹25亩,鱼塘受淹150亩,小屋进水3间,企业厂房进水2家。村干部带领群众昼夜值班抗洪排涝,尽力挽回损失。动用蛇皮袋13 000只,沉船2条用于筑坝。杨湘泾村范围内的9座水闸全部关闭,排涝站昼夜排水,4天后基本排除险情。灾后,群众开展生产自救,受淹的25亩经济作物改种其他作物。镇政府、水利站重新规划,把王土泾、王泥泾列入防汛包围,于2000年增建淀辉王泥泾闸和王土泾东闸,使村内防洪水闸增至15座。

俞家溇防洪水闸站

第三节 农副业

杨湘泾村地处江南水乡,土地肥沃。农业历来是村民的主要行业,以种植粮油作物为主。新中国成立前,由于封建生产关系的束缚,洪涝灾害频繁,农民靠天吃饭,生产力水平十分低下。

新中国成立后,经过土地改革,废除了封建生产关系。杨湘泾村村民在党和政府的正确领导下,经过互助合作、人民公社、三级所有队为基础、土地家庭联产承包责任制、土地流转至大农户等一系列探索和实践,生产关系进一步完善、合理,农业生产稳步发展,粮油产量不断提高。

一、粮油作物

1. 水稻

传统的水稻种植程序:5月中旬播种育苗,6月上中旬移栽,7~9月田间管理(耘耥、施肥、治虫),10月下旬收割脱粒,进入仓库。所沿袭的水育栽插传统种植模式一直持续至1997年。其间80年代,由农技站牵头在原杨湘村和永勤村推广机插水稻结合双膜育秧。

1997年开始,水稻改水育为旱育。旱育秧的目的是提高产量,其方式是秧田旱做,薄膜覆盖,足水出苗,湿润灌溉。旱育秧要做到精耕细作,施基肥,除杂草,落谷前秧板田要浇透水,落谷后预除杂草,撒上细泥,用薄膜覆盖,上面再盖上一层稻柴,并用带子攀牢防止大风吹掉,避免强烈阳光照射,待秧苗生长出1寸时除去薄膜,每天浇水保持湿润。

2002年开始推广免耕水稻即直播水稻。主要技术是抓好季节关、出苗关、杂草关,统称"三关",免耕水稻技术日趋成熟。

2012年全面推广机插水稻,彻底改变了传统栽培方式,真正实现了水稻生产机械化、工厂化、专业化,栽培技术逐步模式化。

水稻品种的选择历来围绕高产优质的要求,将晚熟改早中熟,如晚熟品种农虎6号、老来青改昆农选。1984年引进了秀水04品种系列;1996年率先在原杨湘村9组长条圩种植太湖粳2号、武运粳7号;2000年开始以武运粳19和南粳46为主;2012年开始以武运粳29和杂交稻为主。

传统的耕作,经过了多少年、多少代,种稻总是有育秧、移栽、田间管理(耘耥、除草、施肥)、收割这一系列环节。农业机械化的实现,彻底改变了传统种稻形式,不再是"种田呒花巧,年年老一套"。为便于后人知晓,本章既记录传统耕作方式,又记载机插水稻工厂化、流水线播种技术。

(1) 传统耕作

种子:新中国成立前,有的农户不选种,有的用黄泥土选种。20世纪50年代提倡盐水选种;60年代推广西力生、赛力散浸种,后因这两种药物含汞停用;70年代后期用石灰水浸种;80年代改为多菌灵浸种;90年代又推广线菌清浸种。

单季稻每亩大田种子播量,平均10~12斤。推行双季稻,采用密植,用种量大,前季稻每亩用种30斤,后季稻每亩用种达32斤;中粳、早稻接近40斤。推广杂交稻,采取特稀播量,6斤左右。90年代提倡育秧稀播,每亩大田播种量在12斤左右。

育秧:从老式秧田到推广合适秧田、薄膜育秧,再发展到肥床稀播旱育秧以及直播,是经过几十年不断总结、不断改进而取得的成果。

一家一户时,一般选择冬闲田或花草田做秧田,在立夏之前翻耕、施基肥,上水耕耙平整、拖平,稻柴灰覆盖。50年代起,推广合适秧田,做秧田前,先下沤猪粪和大粪做基肥,然后上水,以1.33米宽标准为秧板,再开沟,上水推平秧板落谷,落谷要稀,达到1个铜板7粒谷的要求。60年代,提倡双季稻,早稻育秧,天尚寒,用薄膜在秧板上搭棚,提高地温。80年代,直接在大麦田板上湿润后落谷,群众称谓"懒惰秧",农技人员名曰"免耕秧田"。90年代初,还是以"懒惰秧"为主。1995年,农科站在农场中试育旱秧成功,1996年批量推广。在总结经验的基础上,1997年全面推广育旱秧。育旱秧要求很高,精耕细作,除杂草,施基肥,落谷后浇水要浇透,再撒上细土,用薄膜覆盖,上面再盖上一层稻草,避免强烈阳光照射,待秧苗出寸许时,除去薄膜,每天浇水,田板不能太干,又不能太湿。旱秧的优越性在于拔秧容易,省工,移栽后成活率高。

移栽:新中国成立前,水稻移栽质量粗陋,属小行距、大株距、大棵株,每亩在1万~1.4万穴。50年代推广陈永康小株密植,要求株距10厘米×17厘米,每穴4~5株,每亩足3万穴、12万株基本苗。小株密植的秧苗要求是壮秧,以陈永康的经验"1个铜板7粒谷"。关于密度要求,在不同年代、不同品种,提倡过不同要求。90年代流行小群体、壮个体、高积累的路子,每亩栽2.6万穴左右,基本苗在11万株左右。早前密植问题,因耕耘不便,而让行距扩大到15~18厘米,后来不做耘耥,靠除草药剂除草,顺利推广小株密植。

田间管理:俗话说:"三分种,七分管。"虽说"秧好半熟稻",可还得靠管理好。移栽结束,就是管理,包括除草、水浆管理、施肥、防治病虫害。

除草:新中国成立前后,一直依靠人工拔草、耥稻、耘稻、拔稗草。耥稻工具"耥",用装有23只铁钩钉的船形镂空木板,一头装上竹竿,在水稻行间来回推拉,既松土,又除草,经过耥稻后的杂草浮在水面上。耥后就要耘,耘稻时,把浮在水面上的杂草和株距间耥时未曾耥到的杂草拔除,一起揿入泥中,同时把稻根部挖松,虽然费工劳累,但有利于水稻发棵生长。推广密植后,不便耘耥,用除草剂代替人工除去杂草,省工效果好,得到全面推广。耘耥这道工序因此省略了,原始的除草工具"耥",进了农业历史博物馆。

水浆管理:水调控稻的生长,根据稻的不同生长期,采用薄水种秧,深水活棵,浅水发棵,排水搁田,干干湿湿,以湿为主。活棵后浅水勤灌,分蘖后期搁田控制,孕穗期水足,抽穗扬花期间断脱水,灌浆期勤灌跑马水,俗话说:"多打一朝水,谷长一层皮。"割稻前,断水5~6天。

传统的灌水工具是龙骨水车,动力主要是人力、畜力、风力,总称"三车"(牵车、牛车、风打车)。新中国成立后的50年代后期,开始使用机器抽水灌溉,把机器动力装在船上,配上抽水泵,建成抽水机船,流动抽水灌溉。1959年,高压电通向农村后,陆续建排灌站。从此,部分半高田地区,机灌改为电灌,"三车"逐步被淘汰。

施肥:新中国成立前,以草塘泥、猪圈、人粪为主做基肥,豆饼、菜饼做长粗肥,绝大部分农户不追施穗肥。50年代推广陈永康的"三黄三黑",看苗施肥,逐步发展到前期施足基肥,有利于发棵,中期适当施长粗肥,后期看苗施穗肥,促前、控中、稳后。80年代增加化肥用量,有机肥比重大幅下降,有些田块根本不用有机肥,造成成本高、地力下降。开始提倡秸秆还田做基肥后,情况有所改善。

防病治虫:在田管过程中,防治病虫害是关键,稍有不慎,会使庄稼减产,甚至颗粒无收。

(2)水稻栽培技术

机插秧:实现机插秧的关键是育成适合插秧机栽插的秧苗。首先是按常规方法做成通气秧田,秧田与大田的比例为1∶50~60,于5月下旬适时分批播种。种子要经药剂浸种、催芽、露白播种。播种前一天先在秧板上铺上底膜(底膜需先打上直径0.50厘米、间距5厘米的孔),四周围上2厘米粗的草绳,然后铺上厚1.50~2厘米的过筛干细泥,摊匀刮平,上水窨湿,次日播种。每亩播种量450公斤左右,播后覆土,达到只见谷影不见谷的要求,再盖上薄膜。一般3天后齐苗,

立即揭去薄膜,同时浇灌薄水层,接着按常规方法管理,一叶一心时施"断奶肥"。机插小苗掌握在苗高10~15厘米、秧龄16~20天时移栽,移栽前2天施起身肥并脱水炼苗。

机插大田一般争取干耕晒垡,使土壤疏松,施上基肥后上水旋耕整平,适当沉实后,田面保持"瓜皮水",便于机插。育成的机插秧苗根系互相缠结呈地毯状,起秧时需用刀按插秧机规格切成整齐的长方块,秧根朝外卷成筒状,运往田头。每亩大田基本苗8万~10万株。插完后要对田头、田边及漏插处进行补插,栽后5~7天化学除草,活棵后爽田促根、浅水促蘖。7月上旬脱水控制,分蘖末期适时搁田,以后保持水层,活水到老。

肥床旱育稀植:该项技术于20世纪80年代开始推广。所谓"肥床旱育",就是利用旱地做成疏松如海绵的肥沃苗床,依靠土壤底墒和适量浇水,培育水稻旱秧;所谓"稀植",是利用旱秧根系发达、带有分蘖、苗体健壮的优势,适当降低栽植密度,运用促早发稳长,争足穗、攻大穗的肥水运筹技术,实现增产增收。由于该技术具有省秧田、省水、省种、省肥、省工和稳产高产的优点,得以迅速推广。1997年,淀山湖镇91%的水稻面积全面推广。以后,由于短芽、长芽、乳苗配套直播及机械直播的推广应用,肥床旱育稀植面积减少。2006年,占水稻面积的32.10%。肥床旱育稀植的主要做法:

培肥苗床:按照秧田与大田的比例1:25的要求,选择地势高爽、疏松肥沃、排水良好、靠近大田和水源的菜园或旱地作为秧田,精心翻捣,结合施用腐熟有机肥1 500公斤/亩。播种前2天做好苗床,要畦平土碎,深厚疏松,沟系配套。播种前一天用壮秧剂每亩60公斤左右,均匀撒于床面后用铁搭细削入表土,然后淋足水分,次日播种。若不使用壮秧剂,也可以用常规方法,于播种前15天结合翻捣,分2~3次全层施肥,每亩用腐熟有机肥1 500公斤、秧田专用复合肥60公斤、尿素20公斤。

旱育:药剂浸种后的种子,经常温催短芽或露白播种。播种前一天将秧田充分淋湿,使5~8厘米土层内水分饱和,达到手捏成团、落地即散的程度,然后用尖齿铁搭浅削后播种,再用木板轻拍使芽粹入土,上覆1厘米厚过筛细土并均匀喷水,然后用"幼禾葆"喷雾,以防秧田草害。秧板上需平盖塑料薄膜,膜上覆草帘,以保温保湿。播后5~7天待齐苗后,趁傍晚揭去草帘、薄膜,紧接着喷洒一次透水,此后3~4天每天傍晚喷淋补水,三叶前保持表土湿润,三叶后不再补水,并防止雨后积水,直至起秧前一天浇一次透水,以利于拔秧。育秧期间一般不施肥,但要用药三次,带药移栽,防治灰飞虱、稻蓟马等虫害。

稀植:掌握薄水现泥浅插,行距26厘米,株距13厘米,亩栽1.80万穴,每穴3苗。大田水浆管理坚持浅湿灌溉,多次轻度搁田,活水养穗灌浆。大田肥料要在施好基肥的基础上,结合化学除草,施促蘖肥,然后分促花、保花两次施穗肥。

直播稻:直播是一种不用育秧移栽的栽培技术,具有农艺简便、省工节本的优点,它除了人工撒播,也可用机械条播。直播稻又有水直播(灌水整地后播种)与旱直播(整地播种后上水)两种。后者因田面难以整平,影响水层灌溉及化学除草效果而早被淘汰,现在所言直播稻均指水直播。

20世纪80年代,有小面积试种,尔后经过几年摸索,攻克了全苗和除草两个难关后,直播稻获得迅速发展。1997年,开始普及;2006年,全面推广。

除人工撒直播外,试用机动直播机。1998年,使用J2BD-10型机动直播机。2004年起,推广农机技术推广站研制的2BD-6D型带式精量直播机。该机适用于带芽或不带芽种谷的水直播,一次播6行,行距30厘米,每小时可播9亩左右。

机插水稻工厂化、流水线播种:2011年,淀山湖种子站开始全面实施机插水稻工厂化、流水线播种,技术要求高,操作要求规范,是一项系统性工程。通过两年实践,2013年淀山湖镇水稻机插秧第一年大面积推广,播种和移栽全部实行专业化、一条龙服务,其中播种采用专业化、工厂化流水线播种。

2. 小麦

小麦种植经历了传统耕翻到免耕少耕,板田麦到目前全面推行稻麦套播法。

1988年起推广免耕麦,有套播麦和板田麦两种方法。

板田麦播种过程:板田麦在水稻收割后,不经耕翻,直接在水稻田板上施化肥、用除草剂后,播种麦子,再开沟,以沟泥盖没露子。开沟方法,有人工开沟和机械开沟两种,也有先用铁搭垦"三角沟"后,在冬管期间改为方沟,用挖出的土上麦泥。

套播麦播种过程:套播麦在晚稻割稻前5~7天,把麦种用人工撒在稻田里,既解决了养老稻,又解决了适时种麦的矛盾。干旱气候,麦子也容易全苗,但连续阴雨,田间积水,会引起烂种烂芽,播种过早,稻麦共生期太长,麦苗易细长黄瘦。割稻后及时追肥、治虫、开沟、除草。

小麦品种的选择从晚熟昆麦1号、2号到早熟、高产、抗病的扬麦系列,一直到目前全面种植扬麦16号。传统的三麦播种程序:耕牛把稻板田耕翻,做成宽度2~4米的垄,11月上旬立冬前后施足基肥开始播种。播种后用耕牛耙田或人工削麦,消灭三籽(露籽、深籽、丛籽),确保全苗齐苗。12月至来年5月搞好田间管理施肥、除草、治虫等,内外沟系配套防止田内积水,在收割前防止雨水多造成高温逼熟。5月下旬开始收割、归仓、入库。

3. 油菜

1984年从传统的耕翻种植改为板田种植,以甘蓝型品种为主,多年种植沪油8号,后推行中油821和苏油4号、苏油5号。传统的油菜种植程序:9月中下旬播种,11月下旬至12月上旬开始移栽,移栽前以人力或畜力翻稻茬做成坨头,然后用菜花柱(装有木柄的圆锥体石锤)在坨面打穴或洞栽菜秧。

淀山湖镇种植油菜历史悠久,面积占比达80%,全省少有。杨湘泾村油菜种植中的两件事影响较大,一是1984年开始油菜改耕翻为板田,在原杨湘8组石杨河圩试种板田菜成功;二是1991年原永勤村百亩油菜丰产方在江苏省"丰产杯"油菜高产竞赛中获一等奖,亩产超过200斤,实收205斤。

20世纪60年代开始,品种改晚熟胜利油菜(朝鲜油菜),株大荚多,抗病抗寒力强。10月份,用早熟稻田做菜秧田,耕田做坨,用过磷酸钙做基肥,稀播种子,每亩秧田播种量一般在2.5～3斤,菜秧田面积与大田面积比例,一般为1∶10。播后用笼糠灰覆盖,齐苗后进行删苗,要求2个手指头一棵苗,追施有机质稀肥,起苗前4～5天,施"起身肥",使菜秧苗达到"红心绿边、短脚六叶齐"的要求。采取宽垄深沟套肋刀栽法,产量大幅度增长,一般亩产在200斤左右。油菜种植面积,70年代占水稻总面积的30%。

20世纪80年代采用免耕菜种植法,俗称板田菜或稻板菜。基本操作方法:水稻收获后不翻耕,直接在稻板上用铁铲撬一条缝,或用木棒打个洞,施以碳酸氢铵和过磷酸钙做基肥,随后插进菜秧,株距17厘米左右,行距46厘米左右,纵向栽种,每亩0.8万～1万株,每隔3～4行在行间开挖一条沟,长的田块加开腰沟,深26厘米左右。开沟的泥块,待苗复活后,敲碎壅在根部。这种板田菜土地利用率高,省工省本,产量高,亩产一般在200斤以上,高的可超300斤。油菜种植面积,1989年提高到占水稻总面积的65%左右。

二、农业科技

新中国成立前,无专门机构管理农作物的植保,一旦发生病虫害,农民就束手无策,只能听天由命。重灾年份稻茎叶片被虫吃光,病害蔓延,几乎颗粒无收。

新中国成立后,各级人民政府重视植物保护,组建各级农机农技机构,大队有专职大队农技员,每个生产队有一名专职农技员、植保员,负责作物栽培的技术指导、病虫害防治等植保工作,公社农科站对这些专职人员进行培训、辅导。20世纪50年代初,对病害防治,组织人工进行采卵、灭卵、点灯诱蛾,以及捕捉稻苞虫和麦黏虫,秋收后发动群众挖稻根、灭蛹除螟害。20世纪50年代后期,人工防治逐步转为药剂防治,采用压缩喷雾机、手压喷雾机,进而使用机动喷雾机和背包式机动弥雾机进行药剂防治。贯彻执行中央提出的"以防为主、防治结合、综合防治"的植保防治方针,开展了农作物病、虫、草害的预测预报和防治工作。

1. 病虫害防治

(1) 水稻

主要害虫是螟虫(三化螟、二化螟、大螟)、稻蓟马、纵卷叶虫、稻飞虱,用有机磷乳剂喷杀防治,也可用杀虫醚喷杀防治。水稻的病害,主要有稻瘟病、纹枯病、病毒病等。

稻瘟病:主要有秧田叶稻瘟和大田穗颈瘟两种,造成缺秧和稻苗倒伏,发病后用西力生、赛力散等泵剂拌石灰粉喷撒防治。70年代用稻瘟净、春雷霉素,80年代开始用多菌灵,1985年后用多菌灵、井冈霉素复配剂,用药期在水稻孕穗末期到破口抽穗期,可兼治稻曲病、胡麻叶斑病等穗期病害。

纹枯病:50~60年代仅在重肥田块发生,70年代成为主要病害,80年代主要药种是6401、稻脚青、退菌特和井冈霉素。

其他病毒病:主要有条纹叶枯病、黑条矮缩病等,采用传毒介体方法防止。用六六六加二二三混配或马拉松,防治秧田和大田早期黑尾叶蝉,预防黄矮病的传播。80年代起用乐胺磷、甲胺磷防治单季稻秧田和大田早期灰稻虱、条纹叶枯病。

(2) 三麦

虫害为黏虫,又称行军虫,吃食麦叶、咬断穗头,早期用敌百虫、二二三,也用敌百虫、六六六混配防治。1983年后虫害减少,一般不治或喷洒甲胺磷,防治麦芽虫。三麦的病害以赤霉病为最,流行频率高、威胁大。50~60年代用石硫合剂防治、赛力散喷雾。70年代中期使用多菌灵。90年代初,已基本掌握了发病规律,采取主动出击、立足防治,用多菌灵浸种防治效果较好。

(3) 油菜

虫害以蚜虫为最,生在叶片上,破坏叶片,影响油菜结荚。防治方法,用甲胺磷或乐果喷洒。油菜的病害主要有菌核病和霜霉病,用六六六粉剂喷洒,70年代后用波尔多液和多菌灵加水喷洒。

2. 清除杂草

(1) 水稻

杂草,一是以稗草、千金子为主的禾本科单子叶杂草;二是以绒毛草为主的莎草科杂草;三是以矮慈姑、节节草、鸭舌头为主的阔叶杂草。70年代前,农田杂草主要靠人工拔除,70年代后开始使用除草醚化学除草,逐渐成为常规措施。80年

代推广使用丁草胺,水稻中期用苄嘧磺隆,成为水稻田除草的主要药种。

（2）三麦

杂草主要有看麦娘、牛繁缕、蓼草等。80年代初使用绿麦隆化学除草,由于使用技术等问题,防治效果不佳,不能全面控制麦田草害。80年代后期,使用绿麦隆、甲黄隆除草。

（3）油菜

杂草主要以看麦娘和硬草为主。主要使用绿麦隆防治板田油菜看麦娘,对油菜安全效果好。1988年后,用茎叶处理剂稳杀得、盖草能防治看麦娘,效果明显。

3. 推广良种

新中国成立前,水稻品种有籼稻、糯稻、粳稻,籼稻有罗籼(六十日籼)、长条籼、银条籼、飞来籼等,糯稻有麻劲糯,粳稻有老来青、洗帚种、飞来红、太湖青、白芒短种等。小麦品种为丈四红,大麦为土大麦,元麦为立夏黄。油菜以长箕白、矮萁黄为主。小农经济生产,主要以穗选为主留种,自繁自苗,极少更新。

新中国成立初期逐步引进优良品种,淘汰低产品种。

（1）水稻

1958年,晚稻推广老来青为当家品种,产量高,但株高茎软、易倒伏,后因"颈瘟病"而逐步被淘汰。改种白芒短种,60年代引进苏粳1号、苏粳2号、昆农选。1962年引进农垦58(世界稻),具有秆矮抗倒伏、高产等优点。1965年,推行双季稻,早熟品种多达十余种,杨湘村是以六十籼、二九青为主,晚熟品种有农虎6号、沪选19。1977~1980年,推广杂交水稻。1983年后,仍以昆农选为主。90年代后,又以88121、88122、太湖粳2号、95—22、50—15、9—92等品种为主。

1982年秋季留种时,杨湘村域各生产队还是以大集体生产管理的思路,按前季稻每亩40斤、后季稻每亩40斤、单季稻每亩25斤的标准留种,品种都为当时推广的优良品种。杨湘大队前季稻留种一般为中粳早、元丰早,后季稻留种一般为东亭3号、元稻、嘉农485,单季稻留种一般为昆农8号、昆农选、昆稻2号;永勤大队前季稻留种一般为元丰早,后季稻留种一般为东亭3号、元稻、阳元、红糯、吉糯、挂子糯,单季稻留种一般为昆农选、昆稻2569、昆稻2号。

1983年春,杨湘村域全面实行家庭联产承包责任制,各生产队提留的种子都以农户承包田面积分到户。

（2）三麦

小麦:1958年后,陆续引进华东6号、无锡白麦、苏麦10号等抗病害良种。70年代又以昆麦672为主。80年代后,以扬麦4号、扬麦5号为主体,部分种昆麦 672。

大麦:以沪麦 4 号与早熟 3 号为主。

元麦:仅在 60 年代、70 年代初,少量种植品种为海麦 1 号、荞麦等。

(3) 油菜

20 世纪 60 年代引进胜利 52。80 年代起引进"909"、宁油 7 号、宁油 50 号。

表 5-3-1　　　　　　　　1978~2000 年杨湘泾村粮油产量统计表

年份	水稻			三麦			油菜		
	面积(亩)	亩产(千克)	总产(吨)	面积(亩)	亩产(千克)	总产(吨)	面积(亩)	亩产(千克)	总产(吨)
1978	4 846	421	2 040	1 982	185	367	1 441	117	169
1979	4 846	421	2 041	1 982	245	485	1 441	114	164
1980	4 846	380	1 841	1 982	235	466	1 441	87	125
1981	4 846	346	1 677	2 006	199	399	1 945	103	200
1982	4 820	439	2 116	1 980	248	491	2 013	130	262
1983	4 765	425	2 025	2 191	197	432	1 830	92	168
1984	5 001	466	2 330	2 655	215	571	1 375	144	198
1985	4 527	416	1 883	1 307	209	273	3 374	89	300
1986	4 550	474	2 156	1 883	277	522	2 985	96	287
1987	4 653	462	2 150	1 709	227	388	2 985	116	346
1988	4 037	474	1 914	1 714	255	437	2 664	139	370
1989	4 288	475	2 037	1 034	237	245	3 040	125	380
1990	4 406	485	2 137	1 239	259	321	3 251	124	403
1991	4 662	450	2 098	1 014	232	235	3 005	140	421
1992	3 973	400	1 589	739	273	202	2 035	203	413
1993	2 402	475	1 141	572	252	144	1 760	140	246
1994	2 816	485	1 366	348	224	78	2 039	85	173
1995	2 671	460	1 229	726	276	200	1 841	140	258
1996	2 704	503	1 360	477	249	119	2 286	146	338
1997	2 596	542	1 407	658	299	197	2 193	145	318
1998	2 396	580	1 390	343	156	54	2 108	65	137
1999	2 396	590	1 414	352	160	56	1 492	68	102
2000	1 969	595	1 172	506	230	116	1 135	180	204

三、农具农机

新中国成立前,农田耕作、农作物的播种、灌溉、排涝、除虫、收割、脱粒、运输,均依靠人力、畜(牛)力和风力来解决,一直沿用至新中国建立初期。数千年中,生产工具落后,劳动效率不高。

新中国成立前,淀山湖地区一年稻麦两熟,耕田农具主要有犁、耙、锄头、铁搭、耥、戽等。铁搭用来翻土。锄头用来锄草。锄头和铁搭即使在农业机械化后仍然有大用场。

耥稻的工具叫耥,也叫耥板,是一种用4寸宽、半寸厚、2尺长的木板做成前小、中宽、后小的除草农具。

犁和耙是旧时农田耕翻平整土地的农具。犁有水犁、旱犁之分。旱犁是大犁,用来旱田深耕,俗称抄板田。水犁是小犁,在水田中浅耕以疏松旱犁翻转的土地。耙有刀耙与齿耙两种,是抄水田后碎土、平整水田的农具。

农田灌溉与排水全靠人力车、牛车、风车(简称三车)。"三车"的构造利用齿轮原理,以人力、风车、畜力带动循环的木链即龙骨,由装在木链上的刮板,将水刮入车槽,水沿车槽提升至高处流入田间。新中国成立后,淀东区曾多次发动群众改进水车。1956年,昆山农具厂制造了真空水车,淀东木业社研制弹子化风车等新式高效水车,直至20世纪50年代末使用机电灌排后水车才被淘汰。

农船是水乡农民的水上运载工具,淀山湖地区的农船俗称"湖扁子",船的大小按木工尺寸计算。新中国成立后农船按吨位计算。

耕牛的主要用途是耕田、耙田、车水(牛水车)、踩泥等。淀山湖地区的水牛主要来自上海川沙、崇明,浙江萧山。

民国时期开始使用双人脚踏脱粒机,俗称"轧稻机",一直到新中国成立初,仍普遍使用。传统脱粒农具"稻床"逐步被淘汰。20世纪50年代初,发展以内燃机为动力的戽水机。1952~1958年,先置办抽水机船,流动灌溉,后发展为电灌站。耕作用具有铁搭、犁、耙,至20世纪50年代后期,推广双轮双铧犁,20世纪60年代初推广电动绳索牵引犁,因不适应水乡土壤黏度大的特点被淘汰。20世纪60年代后期,试用手扶拖拉机,配备机引犁、浅耕犁,翻耕效果好,以后逐步推广。

改革开放后,杨湘泾村村民把部分手工农具淘汰,走机械化道路,如耕作农具使用中型拖拉机、手扶拖拉机。脱粒农具使用电动脱粒机、联合收割机。插秧,从人工插秧(面朝黄土、背朝天的农活)发展到机器插秧等。杨湘泾村农业生产基本实现机械化和电气化。

杨湘泾村村民使用过的农具,见下图。

1. 传统农具

(1) 翻耕农具

犁、耙、铁搭(阔齿、尖齿)。

犁

耙

铁搭(阔齿)　　　　铁搭(尖齿)

(2) 灌溉农具

牵车、踏水车、牛车、风车。

牵车

踏水车

风车

牛车

（3）中耕农具

耥、锄头。

耥

锄头

（4）积肥、施肥农具

船、罱网、拉草铁搭、粪桶、粪勺、土挞、竹扁担、竹畚箕。

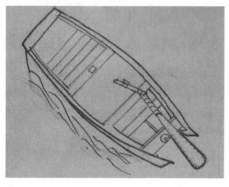

船

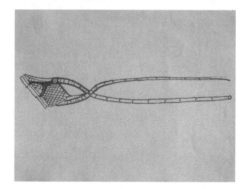

罱网

拉草铁搭

粪桶和粪勺

土挞

竹扁担

竹畚箕

（5）收割农具

镰刀、带纽木扁担、勾绳。

镰刀　　　　　　带纽木扁担　　　　　　勾绳

（6）装运农具

船、橹、篙子、麻袋、笆斗、斛子、栲栳、栈条、跳板、竹匾。

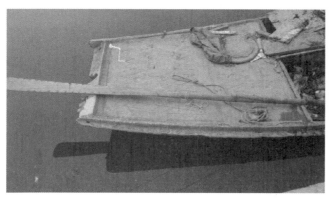 

橹　　　　　　　　　　　　　篙子

  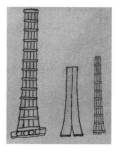

麻袋　　　　　　　笆斗　　　　　　跳板

斛子　　　　　　　　　　　栲栳

栈条

竹匾

(7) 脱粒农具

稻床(掼稻用)、鞭盖(拍除残留柴梢谷粒)、削柴棒、手摇风车、脚踏脱粒机(20世纪40~50年代)、电动脱粒机。

稻床

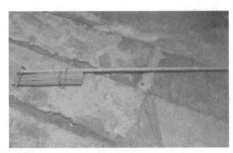

鞭盖

风车

脚踏脱粒机

电动脱粒机

(8) 碾米农具

木砻(把谷脱壳成糙米)、臼(摇臼、石臼)。

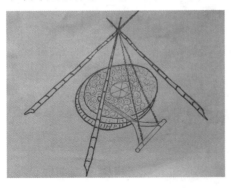

木砻

石臼

（9）播种农具

水稻移栽只用手插，不用工具。播种小麦用人工撒播。油菜移栽用石头制成的菜花柱在垯头上打洞。种蚕豆时用的工具是一头削尖的盛豆棒。

菜花柱　　　　　　　　　　盛豆棒

2. 农业机械

收割机　　　　　　　　　　联合收割机

插秧机　　　　　　　　　　中型拖拉机

手扶拖拉机　　　　　　　　开沟机

表 5-3-2　　　　　　　　　　杨湘泾村农用机具统计表

村名	人、畜、风力排灌工具				机、电排灌工具						运输工具				
					抽水机船	机灌站			电灌站		人力船		机动		
	牵车	踏水车	牛打车	风打车	船数	起用年代	站数	马力	站数	马力	木船	水泥船	挂机船	拖拉机	卡车
永勤	9	2	35	26	1	81	1		2		59	81	6		7
杨湘	72		45	40	1	79	1		5		65	82	7		2
合计	81	2	80	66	2		2		7		124	163	13	0	9

四、禽畜养殖

新中国成立前，村内农户饲养少量的猪、羊，主要供过年或子女办喜事时宰杀食用。农户饲养鸡、鸭、鹅等家禽，基本以禽蛋自己食用。养殖业形不成规模。

新中国成立后，从贯彻中央公养与私养并举的方针开始，养猪业逐步得到发展。农户有的人家养母猪，所生小猪到苗猪市场上出售。大部分农户养肉猪，出售给供销社收购站，供销社返回肉票、饲料券奖励农户。当时村境内农户养猪数量在600头左右。

1962年，"三级所有、队为基础"的经营模式，鼓励生产队建立集体饲养场。村境内每个生产队都办起了养猪场。一般饲养规模为50～60头，多的上百头。饲料由集体提留的饲料粮以及瘪谷，经饲料机粉碎后喂猪。同时，充分利用水面，养殖水花生、水浮莲作为青饲料，节省成本。猪塮是上好的有机肥料，增加了土壤的有机质。

五、水产养殖

新中国成立前后相当长的时期内，当地以种植稻、麦、油菜，饲养家畜、家禽为主，水产养殖几乎一片空白。1988年，随着产业结构的不断扩大，村内水产养殖业开始起步。各生产队将低洼田、边角田开挖成鱼塘，同时利用原有的河道、浜漊开展水产养殖。村境内最高峰时，水产养殖面积达2 050亩，其中农田开挖1 400亩，利用天然河道650亩。这些鱼塘，由村民及外来户承包养殖。养殖的主要品种是鲢鱼、白鱼、草鱼、鲫鱼、鲤鱼及河虾。年均每亩水产品产量在2 000斤左右。20世纪90年代，改革开放步步深入，淀山湖镇招商引资，加快了基础设施建设的步伐,修筑公路,企业建厂房征用土地,建设小城镇安置房征用土地。由于上述原因,水产养殖面积逐步减少,2012年年底,杨湘泾村尚有水产养殖288亩。

表5-3-3　　　　　　　　　　杨湘泾村水产养殖户统计表

姓　名	户　籍	养殖地点	面积(亩)
周伟荣	杨湘泾村8组	唐家溇	30
钱根龙	浙江菱湖	周家泾	10
周裕炳	金家庄	周家泾	15
陈志明	金家庄	王土泾南	44
周伟荣	永新	周家泾南	62
彭海元	杨湘泾村29组	周家泾南	133
胡菊林	杨湘泾村5组	公墓东侧	26.2
孙水芳	永新	公墓东侧	11
荀广章	外地人	休闲中心	12

第四节　农田水利

杨湘泾村河道纵横,水域面积1 638亩。新中国成立前,村民种田主要依靠这些天然河道灌溉农田、调节水量、泄洪排涝。由于一家一户单干,难以抵挡暴雨洪涝,易造成水灾。如遇旱情,由于灌溉工具落后,高田进水困难,就会造成旱灾。

新中国成立后,人民政府十分重视农田水利建设,开挖疏浚河道、整治水系,修堤建闸,发展机电排灌。农民种田抵抗旱涝灾害的能力大大提高。

一、开挖河道

1953年,昌蒲溇朝东至方正塘开通,全长100米。

1958年,淀东公社动员民工开挖石杨河,东连道褐浦,西接千灯浦,村境内长约2 000米,剩余东段于1967年挖通。

1976年,开挖中心分位河,东连石浦江,西接千灯浦,村境内长2 500米。开挖粮管所南河道150米,使之与金家溇相通。

1976年,开通马安分位河,西接道褐浦,村境内长约200米。

1976年,周家泾小江开通至石头湾,东西长600米,南北长100米。

1987年,开挖新杨河,东起道褐浦,西与双溇接通,与外河通流,长350米。

1992年,西花溇开通至石杨河,长50米。

二、水利灌溉

1. 新中国成立初期,农田灌溉用"三车"(牛车、风车、手牵车)

有耕牛的农户靠牛打水,在靠近河道的田横头做一个牛车基,摆好木灯芯,上面套一个圆形的护沿盘,水槽伸入河中,水槽内有刮水的板子和连头上下连动。耕牛系在木盘边上,套上矮头、项颈索,两只眼睛用两块毛竹片蒙住,有孩童、少年或半劳动力负责赶水。

经济条件较好的农户,做一部木质的风打车,同样做车基,2片高约3米的梯子对排,叫四脚登,中间有一根竖躺轴,下面有横躺轴,车槽伸入河中,车槽内有刮水板子、连头上下连动。一部风打车有6叶篷,每叶长2米,宽1.3米,连在横轴上。横轴的一头是两舟架,另一头有齿轮与四脚登上的竖轴连动,根据风力大小,决定扯几叶篷。

一般农户用手牵车,由2人用手牵动引水。

踏水车一般由2人或2人以上用脚踏转动横轴,牵动连头、板子向上引水。

2. 20世纪50~60年代,从柴油机灌溉到电力灌溉

20世纪50年代,村内有2台柴油机装在船上,装配水泵、水管,流动轮回灌溉。

1959年,高压电通向农村,淀东公社及时建造了第一批电力灌溉站,其中灌溉村内农田的有新民站、梅介泾站、塘泾站。

当时正是国家三年经济困难时期,条件艰苦,没有机械帮助施工。社员们发扬自力更生、艰苦奋斗的精神,就地取材,收集石头,建设机房、站池,挖深渠道,夯实渠岸,经过一年努力,修成主渠10千米,支渠四通八达。这些大型电力灌溉站结束了杨湘泾村原始的灌溉方式。

新民站位于大鸦桥南的道褐浦边,灌溉面积达4 000亩,东至南庵村,西至朝南江,南到周家泾,北到西库村。新民站站长张光祖,电工张宝妹、王美玉。梅介泾站站长曹财勤。

3. 20世纪70年代,合理调整电灌站布局

20世纪70年代,调整布局,全镇大站改小站。杨湘泾村建造的有:俞介溇杨湘站,位于市河直西,陆泥浦西,灌溉面积1 300亩,灌排两用。贤泾江站,位于镇果园东面,灌溉面积1 100亩。石杨河南岸的镇北站,位于石杨河居委西面,灌溉面积450亩,灌排两用。分位河南岸的新联站,位于周家泾自然村后,灌溉面积1 950亩。王土泾上代溇底的镇南站,灌溉面积800亩。杜家溇永勤站,灌溉面积约550亩。村域内还有塘泾站、王文角站、梅介泾站。

三、圩堤水闸

20世纪50年代,人民政府发动受灾农户修筑圩堤,联合抗灾,在农业合作化时代,又多次修筑、加固圩堤。经过不断努力,到1995年,村境内建成大联圩(俗称大包围)2个,面积1 200多亩,圩堤总长度达5.8千米。圩堤内配置机电排灌站2座,防洪闸3座,提高了排涝能力。

20世纪80年代起,村内开始建设防洪闸。闸门大多采用横拉内移门,闸门宽4米。1985年建镇北站闸;1986建俞家溇闸;1988年建贤泾江闸、粮管所闸;1990年建三家村闸;1992年建市河东闸、市河西闸、周家泾闸、双溇江沿江路闸;2000年建王土泾东闸、淀辉王泥泾闸;2011年建朝南江闸、北石塘闸、西花溇闸;2012年建石灯新村闸。截至2012年,村境内共建有防洪水闸15座。

表5-4-1　　　　　　　　　杨湘泾村水利建设情况一览表

年份	水利建设情况	
1953~1970	开挖河道	1953年开通昌蒲溇100米,1958年开挖石杨河2 000米
	建造灌溉站	新民站、梅介泾站、塘泾站
1970~1990	开挖河道	1976年开挖中心分位河2 500米,马安分位河200米,周家泾小江700米,粮管所南河道150米,1987年开挖新杨河350米
	建造机电排灌站	俞家溇站灌溉1 300亩,贤泾江站灌溉1 100亩,镇北站灌溉450亩,新联站灌溉1 950亩,镇南站灌溉800亩,永勤站灌溉550亩
	建造防洪闸5座	镇北站闸、俞家溇闸、贤泾江闸、粮管所闸、三家村闸
1991~2012	开挖河道	西花溇开通至石杨河,长50米
	建造防洪闸10座	市河东闸、市河西闸、周家泾闸、王土泾东闸、淀辉王泥泾闸、朝南江闸、北石塘闸、西花溇闸、双溇江闸、石灯新村闸

第六章 工 商

民国时期,杨湘泾村没有像样的工业。

新中国成立后,相当长一段时间里,贯彻"以粮为纲、大办农业",仍是单一农业经济。20世纪七八十年代,社队办企业兴起,在招商引资和大力发展民营经济的政策指引下,民营企业从无到有,"三资"企业逐步壮大,个私商店越来越多。党的十一届三中全会后,政府大力扶持小微企业,政策上给予优惠,方便企业办理营业执照,资金上给予贷款,私营小微企业和队办企业日益发展。

商企的发展,为杨湘泾村民拓宽了就业渠道,收入迅速增加,生活水平逐步提高。村级经济因集体资产租赁和富民合作社的建立日益壮大。村级经济收入和人均收入都有大幅度提高。

2012年,全村经济总收入14 768万元,人均生产总值53 230元,村民人均年收入21 495元。

第一节 工 业

民国时期,杨湘泾村没有像样的工业,大多数为家庭式作坊。新中国成立初,仍没有工业,直至党的十一届三中全会以后,实行改革开放,工业生产逐步发展起来。

一、民国时期的工业

杨湘泾西市江南张杏福父亲办了一个小型磨坊,用牛拉石磨磨粉。老街西段,浜桥西塊有沈和尚豆腐坊,用驴子牵磨黄豆浆,做豆腐。周世祥(别名阿力藏)在大华桥西侧开了一家碾米厂。青浦县白鹤人卢寿涛在机电站河对面开了另一家碾米厂,聘用杨湘泾人金启明为技术老师傅,以烧砻糠为动力,推动蒸汽机转动,为村民碾米。另外,农民利用春秋农闲时纺纱、织土布,主要用于自给自足。

二、队办企业

1980年,队办企业开始发展。杨湘村在农贸市场地段开办了杨湘五金厂,为上海无线电二厂加工收音机零件。接着又相继开办了昆山丝绵织厂、杨湘电热丝厂、淀东有色矿石粉厂、昆山鹏达金属制品有限公司。鹏达金属制品有限公司拥有车床20台,职工达70人,产品主要是月饼及各类食品包装铁盒。

20世纪80年代,永勤村开办饲料加工厂,为农户把干草、稻柴、大麦打成粉,作为猪饲料。王土泾东首村大礼堂内开办了新联羊毛衫厂、永勤木器厂,新乐路与曙光路交叉处开了永勤拉丝厂、永勤助剂厂。新联羊毛衫厂规模较大,职工达300人,生产各式羊毛衫、套衫、背心、裤子等,部分产品远销海外,年产值220万元,年上交税款7万元,年利润4万元。

队办企业招收的职工大多是村内村民,这为村民提供了就业机会,增加了收入。

(1)杨湘五金厂,位于杨湘农贸市场。杨湘五金厂1980年开办,1990年关闭,属村办企业。主要生产设备是仪表车床。主要产品是收音机、半导体开关零件。职工15人。

(2)昆山丝棉织厂(定型棉厂),地址在杨湘农贸市场。1983年开办至1985年关闭。主要生产设备是开棉机、热定型机、铺层机。主要产品是定型棉胎、定型棉,自产自销。职工40人。

(3)杨湘电热丝厂,地址在杨湘农贸市场。1982年开办,1992年关闭。主要生产设备是一台电焊机、一台绕丝机,原料为5.5铁铬铝。主要产品是电热丝,销售到上海、无锡电热丝厂。职工7人。

(4)淀东有色矿石粉厂,地址在杨湘农贸市场。1987年开办,1989年关闭。主要生产设备是一台磨粉机。生产产品主要是铁络粉、铁红粉、铁黄粉、绿粉等。

产品大部分销往上海建材店。职工 4 人。

（5）昆山市淀东新联羊毛衫厂，地址在王土泾自然村民营工业区内。新联羊毛衫厂于 1980 年开办，1993 年起转制给上海人唐燕平承包经营，更名为贤莲针织制衣有限公司。2006 年，在新乐路南侧、东苑路西侧交界处买了土地自建厂房，搬出老厂区，更名为兴联针织制衣有限公司。

新联羊毛衫厂当时主要生产设备是针织横机、套口机、缩毛机、蒸烫机等。职工分为挡车工、套口工、缩毛工、蒸烫工和手工缝合工工种等。主要生产品种有各式男女羊毛衫、套衫、开衫、背心、围巾、裤子等。职工最多时达 300 人，女性占 85%，厂方提供食宿。

杨湘泾村老羊毛衫厂

2006 年羊毛衫厂转制并搬走后，村"两委"对原厂区投入资金重新整改、新建。2012 年，厂区由以下企业承租：昆山禾创超声仪器有限公司、昆山市珊瑚医疗附件厂、昆山鹏辉塑胶包装制品厂、昆山市超顺吸塑包装有限公司、昆山市淀山湖镇金盛五金制品厂、张根福五金厂等，年租金 342 625 元。

（6）昆山市淀东永勤木器厂，地址在王土泾自然村东首民营工业区内，新联羊毛衫厂西边。该厂于 1982 年开办，1986 年关闭。主要生产设备为锯床、刨床、凿眼机等。职工分为出料工、成品工、油漆工等。主要生产办公台、三档椅、小方凳、衣橱、床等。产品销售为订单销售和市场销售。

（7）昆山市淀东生物化学试剂厂，地址在王土泾自然村东首民营工业区内，新联羊毛衫厂东边。于 1984 年开办，1986 年关闭。主要生产设备为各种规格的玻璃试管、恒温箱、天平秤、培养干燥箱等。职工分为化验工、成品工、氧气焊接工等。主要生产各种防疫试剂。产品销售到国内各类防疫站。

（8）昆山市淀东永勤拉丝厂，地址在新乐路南侧和曙光路东侧交界处。于

1983年开办,1989年关闭。主要生产设备是拉丝机一台、大电动机一台等。职工主要是拉丝操作工等。主要为本地区预制场将6.5钢筋线材拉成0.4线材。浇制水泥楼板、有筋水泥管和各类水泥预制件等。

（9）昆山市淀东永勤助剂厂,厂址在淀东永勤拉丝厂南20米处。生产助剂和民用石碱产品。1992年,迁移到东梅路、曙光路西侧,周家泾自然村南面。该厂于1988年开办。1994年起转制承包给3家民营企业经营。分别是昆山严氏助剂厂、昆山华林印染助剂有限公司、昆山惠丰纺织化工有限公司,年租金199 244元。主要生产设备是锅炉、搅拌机、大缸等。主要生产601洗涤剂、209净洗剂、750渗透剂、石碱、JFC渗透剂、柔软剂等。产品销售以定购、上门推销为主。

（10）昆山市淀东永勤钣金厂,厂址在曙光路西侧,周家泾自然村南面。于1991年开办,1994年关闭。主要生产设备是侧扳机、大小冲床等。主要为各企事业单位订单加工各种规格的电器箱、保险柜、文件橱、成套铁壳箱等。

（11）永勤饲料加工厂（草糠厂）,地址在王土泾上代漊底,分位河南侧。于1979年开办,1988年关闭。草糠厂的主要机器设备是一套粉碎机,把各个生产队及各家各户拿来的稻谷、大元麦、小麦、玉米等加工粉碎成精饲料;稻草、玉米秆、草干等加工粉碎成粗饲料。

队办企业在发展过程中普遍存在缺项目、缺资金、缺技术、销售不畅等问题,内联外引是解决上述问题的最好途径。1985年8月,新联羊毛衫厂与上海联合针织厂签订联营协议,由对方提供项目、技术支持。1993年,鹏达金属制品有限公司与香港鹏达公司签订合资协议,由香港鹏达公司出资18万元,成立合资企业。

1993年起,队办企业转制,租给承包人经营,每年上交一定的费用,后来实行半租半卖,直至完全拍卖,转为民营企业。

杨湘泾村的队办企业在民营企业崛起中纷纷转型。1993年,新联羊毛衫厂由上海人唐燕平承包。1998年,昆山鹏达金属制品有限公司由沈建明承包。上述两厂分别于2004年、2006年转制为民营企业。

表 6-1-1　　　　　　　　　　　杨湘泾村停办企业一览表

企业名称	企业地址	经营范围	开业时间	关闭时间
杨湘五金厂	杨湘农贸市场	收音机、半导体开关零件,来料加工	1980	1990
昆山丝绵织厂	杨湘农贸市场	定型棉胎、定型棉	1983	1985
杨湘电热丝厂	杨湘农贸市场	电热丝	1982	1992
昆山鹏达金属制品有限公司	杨湘农贸市场	各类食品包装盒	1993	1997
昆山市淀东新联羊毛衫厂	王土泾自然村东首民营工业区内	各式男女羊毛衫、针织品等	1980	1992
昆山市淀东永勤木器厂	王土泾自然村东首民营工业区内	办公桌椅、衣橱、床等	1982	1986
昆山市淀东生物化学试剂厂	王土泾自然村东首民营工业区内	各种防疫试剂	1984	1986
昆山市淀东永勤拉丝厂	新乐路南侧和曙光路东侧	来料加工、各类水泥预制件等	1983	1989
昆山市淀东永勤助剂厂	新乐路南侧和曙光路东侧往南20米	各类助剂	1988	1993
昆山市淀东永勤钣金厂	原东梅路、现曙光路西侧	各种规格箱柜	1991	1994
昆山市淀东永勤饲料加工厂	王土泾上代溇底	原料加工	1979	1988

三、民营企业

改革开放后,杨湘村3组沈金泉、9组郁亚光买了小型碾米机装在船上,流动为村民碾米。村民要碾米打个电话,随叫随到,颇受欢迎。杨湘村13组周伟其在自己家里办了木器厂,招收工人4名,生产家具、办公用具,产品销往苏州。杨湘村16组盛文兴与6组顾国栋合办木器厂,生产抽花板、家具,产品大多销往上海。

20世纪80年代,越来越多的集体性质企业开始向民营企业转制,产权和经营方式发生巨大变化。20世纪90年代,民营企业如雨后春笋般崛起。杨湘泾村民营企业也正好赶上这个迅速发展的时代潮流,各行各业的民营企业逐步壮大。

表 6-1-2　　　　　　　　　　杨湘泾村民营企业基本情况一览表

企业名称	企业地址	法人	经营范围	开业时间
鹏达金属制品有限公司,后改为腾达金属制品有限公司	杨湘农贸市场原址	沈建明	月饼、各类食品包装铁盒等	1993
昆山新东湖服装有限公司	淀山湖镇区	陆雪元	服装服饰及皮革制造	1999.09.24
昆山市欣鑫物资贸易有限公司	镇杨湘泾村	蒋凤英	建筑材料、煤炭、五金销售	1999.03.09
昆山市淀山湖华林印染助剂厂	杨湘泾村(原永勤村)	彭培林	加工、制造合成洗涤剂	1998.03
昆山市淀山湖海旺五金电器厂	杨湘泾村(原永勤村)	柴兵留	加工制造五金、钣金、铝合金	1998.02
昆山市淀山湖永勤助剂厂	杨湘泾村(原永勤村)	王惠清	制造加工合成洗涤剂	1998.08
昆山市淀山湖塑料五金厂	镇中市北路	范　光	塑料制品、五金加工	1999.09.13
昆山惠丰纺织化工有限公司	镇杨湘村	王惠清	洗洁精制造、纺织化工原料	2001.11.01
昆山市淀山湖镇新叶塑料五金厂	镇杨湘村	李奎林	塑料袋、吹塑来料加工	2001.04.09
昆山市严氏助剂厂	杨湘泾村(原永勤村)	严德俭	工业洗涤剂加工制造	2000.07.11
昆山市飞龙精密陶瓷针织厂	镇中市南路	李向阳	针织服装加工、瓷棒等销售	2001.10.18
昆山森欣木制品厂	杨湘泾村	姚建明	木制品制造	2003.07.02
昆山东鑫办公自动化有限公司	杨湘泾村	许峰屏	电脑、办公用品销售	2003.08.15
昆山东湖物业管理有限公司	镇中市路301号	陈连虎	物业管理、修理	2004.02.12
昆山惠特包装有限公司	淀山湖商城	冯　新	各类箱包、建材销售	2004.03.18
昆山华航航空快递有限公司	镇淀兴路	万　乐	快递业务代理	2004.04.24
昆山市淀山湖汇隆粮食有限公司	镇健安路40号	唐为龙	粮油食品、饲料购销	2004.06.29
昆山杰辉化工原料有限公司	镇中市路	范　光	化工原料、颜料销售	2004.08.13
昆山市淀山湖葆元机模厂	镇健安路40号	姚葆元	木质、金属模具制造	2004.03.05
昆山市天叶印刷厂	镇香石路南侧	张国兴	纸制品印刷	2004.04.07
昆山雪明服装辅料有限公司	镇中市路258号	陆雪元	服装辅料制造	2004.04.13
昆山华林印染助剂有限公司	杨湘泾村(原永勤村)	彭培林	合成洗涤剂加工、制造、销售	2004.05.24
昆山大华金属涂装有限公司	镇南苑路北侧	王祥初	彩钻板涂装、加工、销售	2005.06.14
昆山裕泰餐饮有限公司	镇东大街85~86号	章志宏	快餐加工、销售	2005.03.03
昆山市淀山湖东湖宾馆	镇淀兴路	周继荣	其他住宿服务	2005.03.16

续表

企业名称	企业地址	法人	经营范围	开业时间
昆山市淀山湖明月清峰娱乐中心	镇中市北路	高振巍	其他娱乐活动	2005.03.16
昆山惠邦纸制品有限公司	镇淀兴小区	张惠敏	纸制品、塑料制品、销售	2005.09.01
昆山森豪金属制品有限公司	镇健安路40号	吴林弟	金属加工、机械设备、配件销售	2005.09.01
昆山信杰电脑有限公司	镇杨湘泾商住楼	钱永均	电脑及相关配件经营	2005.09.06
昆山市淀山湖镇日兴电炉五金厂	镇杨湘村	童鹏	金属工具制造	2005.01.07
昆山市海升塑料制品有限公司	镇香石路东侧	熊尚发	塑料包装制品制造、加工、销售	2005.07.12
昆山辰杰网络有限公司	镇中心北路东侧	孟威辰	网络工程、防盗报警设计等	2006.06.02
昆山明辉达化工有限公司	镇中市路	沈菊明	化工原料销售	2006.06.20
昆山三奔塑化制品有限公司	镇淀兴路	徐文进	塑料包装、橡胶制品销售	2006.07.19
昆山信谊会计咨询服务有限公司	镇淀兴路812号	吴雄	代理记账、财务、投资、理财	2006.07.27
昆山宇华工贸有限公司	镇杨湘泾村	施雪春	食盐、添加剂分装、销售	2006.03.28
苏州君泰置业有限公司	振淀路东侧	王正军	房地产开发、销售、物业管理	2007.03.23
昆山晟霞贸易有限公司	镇中市北路	沙建霞	小五金、劳保用品、床上用品等	2007.01.11
昆山逸威金属制品有限公司	杨湘泾村东梅路西侧	邓联超	金属加工、机械设备、配件销售	2007.05.18
淀山湖镇杨湘富民职业合作社	杨湘泾村村委会	彭瑞良	商铺、厂房租赁投资	2003.05.16
昆山百茂机械配件厂	镇南苑路180号	周青森	机械加工、制造等	2010.04.06

杨湘泾村的集体性质企业在民营企业崛起中，转制或者关闭淘汰，发展新型经济。

其中较为突出的有昆山鹏达金属制品有限公司，厂址在杨湘农贸市场。昆山鹏达金属制品有限公司于1993年开办，至1998年由沈建明承包经营，后转制为民营企业，转制后更名为昆山市腾达金属制品有限公司。2004年，昆山腾达金属制品有限公司批租土地，建厂房，厂址迁至杨湘泾村港东自然村北面，曙光路西侧。2005年，新厂房建成，职工70人左右。该厂主要生产设备有5－120吨冲床20台。主要产品是月饼、各类食品包装铁盒等。工厂按订单生产，产品大部分销售给上海食品厂。

昆山市腾达金属制品有限公司总经理沈建明,杨湘泾村10组东溇村民。1991年12月,担任杨湘泾村党支部书记,兼任昆山市腾达金属制品有限公司(与香港鹏达金属制品有限公司合资)总经理。1993年,自力更生办了鹏达金属制品有限公司,由村统一管理,年收益50万元,在全镇村级企业中列为第二名。1998年2月,公司转制,更名为昆山市腾达金属制品有限公司,沈建明任总经理。他在杨湘泾村任职期间,将村里资产由100多万元增加到三四千万元。杨湘泾村先后获"江苏省文明村""江苏省社会主义新农村建设先进村"和"苏州市文明村"等荣誉称号。

四、租地入驻企业

1992年邓小平南方谈话后,改革开放深入发展,杨湘泾村引进了第一家外资企业——昆山富田服装有限公司。该企业由日本投资,从事服装行业,投资348万元,占地27亩。杨湘泾村外资企业中,多数为日企,大多从事服装行业。

表6-1-3　　　　　　　　杨湘泾村入驻"三资"企业基本情况一览表

企业名称	国别、区	经营范围	投资总额(万元)	企业地址	占地(亩)	法人
昆山富田服装有限公司	日本	服装	348	镇中市路	27	富田博
昆山贤莲针织服装有限公司	中国香港	针织服装	35	振淀路南段	12	唐燕平
昆山振奔制衣有限公司	日本	服装	59	镇中市路	14.3	植本捷典
昆山沙托制衣有限公司	日本	服装	70	镇中市路	15	陆雪元
昆山三爱司有限公司	日本	服装	220	镇中市路	22	佐藤优
花臣香精(昆山)有限公司	以色列	香精、香料	100	镇香石路	22.73	ORI YEHUDAI
淀山湖休闲度假中心	中国香港	休闲	42	振淀路	10.08	钟泽荣
昆山阿兹威尔服装有限公司	日本	服装	48.08	镇中市路	11	富田博

表6-1-4　　　　　　　　2012年杨湘泾村经济收入统计表　　　　　　　单位:万元

各类企业营业收入	10 764
全村经济总收入	1 476.8
农民人均纯收入	2.149
全年村集体收入	332
年末村集体资产总额	2 506
村级可支配收入	330

第二节 商 业

清朝年间,杨湘泾村已成为本地区的商业中心。民国时期,杨湘泾百米长的石板街两侧,从东到西,一家挨着一家,开设了各种商店。虽然规模不大,但商品门类齐全,市场比较兴盛。多数商店为前店后坊、店家合一的小本经营户,俗称夫妻老婆店。此外,亦有摆摊设柜、肩挑手提的小商贩、货郎担走村串户。

1951年,城乡群众出资入股兴办了供销合作社。1956年,个体商业分行业组织合作商店。1958年,淀东商业实行大合并,集体商业设有王土泾、周家泾下伸店。20世纪70年代,村域内开设王土泾双代店。1992年,双代店转为私人经营。2012年,村域内共有个体商店30家。

一、新中国成立初期的私营商店

1951年,杨湘泾的私营商业中有米店3家:周世祥、徐仁泰、周祥林;肉庄2家:陆进杰、翁炳生;渔行3家:顾焕新、钱家福、钱光中;豆腐店3家:张祥正、沈和尚、孙德发;洋货店2家:徐伯正、潘洪坤;绸布店2家:顾宏元、周顺昌;桐油店1家:翁炳生;药材店3家:陆建忠、殷桂生、谈建兵;地货水果店2家:王瑞元、谢二毛;篮汰店1家:顾焕新;南北杂货店14家:徐志军、陆伯言、张之元、姚继仁、夏喜春、汪品生、蒋仲康、顾建高、陆仁葵、周生泰、童宝华、邵洪生、殷阿七、钱文明;文具店1家:夏志真;扎纸作2家:宋镜新、朱福生;理发店8家:姚正其、徐阿全、周广才、王宝其、徐玉山、张同生、陈雨高、梳头妈;酒饭店6家:姚继仁、童东生、陆阿根、童子康、王乾华、王老板;点心店9家:童金生、张振华、张五宝、柯阿金、徐阿宝、殷巧泉、童永林、张宝堂、吴三妈;茶馆店16家:高老太、周阿三、邵三旺、徐福生、朱桂宝、周世令、殷三林、周长生、周邦才、张兆荣、朱德富、小阿姐、殷阿七、三妈妈、田忠明、张进福。

二、供销合作社

新中国成立后,人民政府为了恢复经济,贯彻"城乡互助、发展经济、公私兼顾、劳资两利"的政策。1951年,城乡群众出资入股兴办了供销合作社。每股1.3

元,后增加到每股 3 元,集股金 7 884 元。首任供销社主任蔡德中,会计翁昌生,营业员张伯荣、张永伯、谈瑛。经营商品有食盐、食糖、酱油、毛巾、肥皂、火柴、火油等。1953 年,供销社搬至善堂弄口西侧,经营商品扩大到粮、棉、油、猪、禽、蛋等。供销社书记周梦飞,副主任方智来。

1955 年,淀东供销社分设生活资料和生产资料供应组,童海元任组长,高贵庆、韩月华任副组长。生活资料部开设南货、酒醋、百货、肉庄、渔行等门市部;生产资料部经营农具、化肥、桐油等,并成立采购站,建立草料场,开设竹、木门市部,铁业社。

竹材部位于朝南江南寿桥东桥逸下,经理高贵庆、倪宝珊。1966 年后主任张伯荣、陆雪林,外勤采购员池金林、李国兴,职工谢其荣、詹小牛。经营毛竹、木椽、芦席、竹扫帚等。

肥药部位于竹材部南面,会计沈惠英。经营农药、化肥、柴油等。

淀东采购站位于杨湘市河南岸。经理倪宝珊、倪振家,会计薛莉芳,职工周世龙、叶永元、商秋方、王金弟。收购生猪、禽畜毛皮、废金属、草绳等。

1954 年 12 月,倪振家任供销社歇马站站长,1959 年调任杨湘供销社饲养场场长,1961 年 6 月任采购站经理,1976 年任供销社副主任,1978 年 4 月起任供销社主任,1985 年退居二线任主任助理,1990 年 10 月退休留用 1 年半,1993 年退休。

三、手工业联社

淀东手工业联社 1956 年由铁业社、木业社、竹业社联合组成。手工业联社主任先后由顾宝兴、钱永明、朱仁林担任。

1. **铁业社**

淀东铁业社第一任主任顾宝兴,第二任陈兴忠,第三任周元顺,打造铁制农具铲、镰刀等。20 世纪 60 年代,铁业社试制成插秧机,20 世纪 70 年代起生产脱粒机、大包机。殷祖林发明牛角铲,可开深沟 1.5 尺。20 世纪 80 年代,铁业社解体后,由陈建荣在原址开设粉末厂。

2. **竹木业社**

淀东木业社,位于电力站住宅区,建筑面积 500 平方米,职工 30 人,第一任书记盛林生兼负责人,第二任吴雪荣,第三任顾郁兴,第四任吴全荣。打造木船,做犁、木头棺材等。圆作车间做马桶、脚桶等。20 世纪 70 年代,设备更新,添置锯床、轨道电动锯板机等。竹业社做竹篮、竹汰、竹筛、栈条等。20 世纪 70 年代并入木业社。

四、合作总店（包括下伸店）

1956年，在农业合作化高潮中，对私营商业加快了社会主义改造的步伐。个体商业分行业组织合作商店、合作小组。合作商店有4个单位：国药业合作商店6户，从业人员8人；豆腐业合作商店3户，从业人员7人；南什货业合作商店7户，从业人员8人；理发业合作小组5户，从业人员19人；联购分销小组7户，从业人员7人。

1960年3月，淀东公社合作商店、合作小组成立了"合作总店管理委员会"，建立财会组，按店、组建账目，按月结算，按部门自负盈亏，多劳多得，进行工资分配。

20世纪60年代，淀东合作商店在永勤大队开设下伸店，店址设在王土泾村彭兴林家，营业员周思生，主要经营商品有油、盐、酱醋、糖、卫生纸等。周家泾村顾文明家也开设下伸店，由陈光汉经营。陈光汉退休后，由陆美娟、蒋菊珍经营。

五、双代店

20世纪70年代，永勤大队在王土泾东首建造店面房四间，开办双代店，内设小百货部、肥药部。小百货部先后由陈宝祥、盛才堂、郁召周、吴志松负责经营，肥药部由彭光明负责经营。

六、个私商店

党的十一届三中全会后，贯彻"对外开放，对内搞活"的政策，积极扶持个体经济。在市场竞争中，淀山湖供销社调整结构，灵活经营。新建门面房，连同闲置仓库对外租赁。将棉布、小农具、液化气站等交由部门抽资承包，盘活了存量资产。淀山湖供销社通过转制改制，全社有5个部门抽资承包，有14名职工参加了承包。

杨湘泾村境内的私营便利店如雨后春笋般纷纷开张。王土泾村彭伟明、郁召周、沈彩英，王泥泾村高柏青，周家泾村陈宝祥、彭家发、顾海元、詹小金，杨湘村王祥生、周玉珍、朱小龙、郭惠菊、顾小明都开办了超市、便利店、家具店等。

周玉珍的家具沙发店经营得比较出色。

周玉珍，原籍苏北通州，1981年，嫁至杨湘泾村13组，夫家经济条件欠佳。

周玉珍善待公婆，她的勤劳和贤惠博得了村民的好评。1986年被村民一致推选为村妇女主任。1993年，她辞去妇女主任职务，向从部队沙发厂退伍的哥哥学习制作沙发、席梦思床垫，自己创业，两年后创办了一个小作坊。2001年，在淀兴路上租了一间40平方米的店面,开了家具店,专门销售沙发、席梦思床垫及各类窗帘。2004年,她租下村里建造的商住楼底层开设了品种多样的家具店,还聘用了帮工和临时工。2009年家具店搬迁至中市路的店面房内营业。周玉珍服务周到,生意越做越红火。

七、杨湘农贸市场

21世纪初,杨湘泾村采用村集体投资的方式,建设店面房,租给外地人开店营业,加快了村境内商业发展的步伐。

2004年,杨湘泾村投资建成了醉仙楼大酒店。2007年建成杨湘大酒店及周边四间店面,全部出租,年收租金35万余元。

2008年,淀山湖镇小城镇建设,动迁周边几个乡村,在淀山湖镇香石路以西建设居民小区——香馨佳园。2009年,杨湘泾村抓住机遇,结合新杨村扶贫项目,与新杨村一起投资建设杨湘菜场。菜场位于淀山湖镇西部,香石路东侧。由新杨村投资200万元,杨湘泾村投资180万元,加上村原有部分资产,建成超市1 000平方米,菜场1 400平方米,小商品市场336平方米,楼房店面13间,平房店面12间,配送中心250平方米,冷库2个,全部出租,年收租金68万元。入驻商铺50余家,经营范围有餐饮、肉类、水产、蔬菜、服装、塑料制品、日用百货等,形成了一个繁华的商业区。

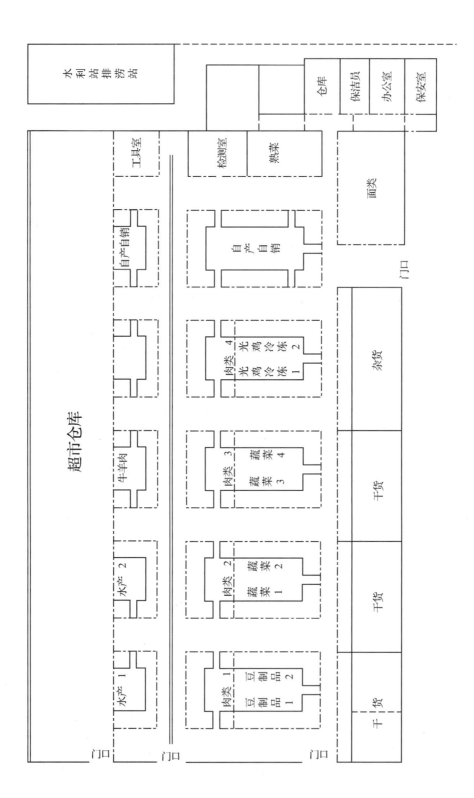

杨湘农贸市场摊位分布图

表6-2-1　　　　　　　2012年年底杨湘泾村个私商店基本情况一览表

序号	名称	经营者姓名	地址
1	海信电脑	张影	曙光路18－31号
2	建培修理部	王建培	淀兴路1103号
3	食味快餐	郁兵	淀兴路623号
4	淀兴房屋中介	陆建兵	淀兴路650号
5	上海大摩电动车	田正操	淀兴路655号
6	百达五金	蒋小明	淀兴路656号
7	淀东香烛店	张惠青	淀兴路656－5号
8	尚美服饰	张惠青	淀兴路656－6号
9	格力电器	蒋小明	淀兴路658号
10	琴琴理发店	周琴	淀兴路673号
11	郁金香照相馆	郁文红	淀兴路718号
12	川福火锅	龙在权	淀兴路736号
13	华顺便利点	汤善中	淀兴路752号
14	沈浅礼品	沈浅	淀兴路767－2号
15	大宝漆	郁菊红	中市北路4－2号
16	海兴装潢经营部	彭海兴	中市北路4－7号
17	玉珍家具	周东辉	中市北路5－3号
18	盛欢蜜饯炒货	朱建忠	中市路364号
19	金莎发型中心	蒋建峰	中市路362号
20	时空网吧	段向东	中市路334号
21	召周商店	郁召周	杨湘泾村王土泾66号
22	永勤杂货店	顾海元	杨湘泾村周家泾84号
23	沈氏建材商行	沈菊林	杨湘泾村15组
24	彩英商店	沈彩英	杨湘泾村王土泾44号
25	杨湘惠贤食堂菜配送中心	孙惠贤	杨湘泾村农贸市场
26	淀山湖镇路口商店	谢忠义	杨湘泾村周家泾24号
27	淀山湖镇歆逸粮油摊	彭燕	杨湘泾村农贸市场
28	淀山湖镇江南水产摊	赵淑平	杨湘泾村农贸市场
29	淀山湖镇更成建材经营部	邵伟明	杨湘泾村堆场
30	淀山湖家具店	彭耀兴	中市南路

第七章 村落文化

杨湘泾村历史悠久，明洪武年间（1368～1398年），杨湘泾文物古迹已被载入史册，至2012年，已有600多年的历史。本章中收录的有明清老街、消失的古迹玉池潭、众多的古庙观、咏（詠）风桥（大鸦桥）等古迹古桥。

第一节 古潭古庙

杨湘泾村老街在明代就跻身于江南古镇行列，康熙九年（1670年），盛符生、叶奕苞编的《昆山县志》中的杨及泾镇就是杨湘泾老街。杨湘泾村古迹颇多，有明清老街，众多的古庙，有民间传说中的玉池潭。

一、玉池潭

杨湘泾村周家泾自然村，村北岸公路东侧有一直径近50米的池潭，世代相传，唤作玉池潭。传说，周家泾村古名"周泾城"，玉池潭即是周泾城内的后花园。周泾城是一个姓周的财主兴建的。他在榭麓古镇西侧兴建庄园，四周院墙墙端可行人，外墙砌有城垛。周泾城的庄门在东泾湾附近，出庄门的车道与通榭麓镇的大道衔接。从东泾湾向西，横穿周泾城有一条小河，为周家所有。周家败落后，庄院毁了，围墙拆了，这条穿城而过的小河就叫作周家泾。河两边聚居农家成村，称为周家泾村。这条小河把周泾城分成南北两块，河南大小房屋众多，河上有一座石板桥，河北是庄主的内宅，有楼房、小姐的绣楼，园里亭台榭阁，错落有致，四季花开,香飘满园。花园的一角,庄主用汉白玉石砌有一个池潭,供庄主的几个女儿和小妾们嬉水洗澡,此潭称作玉池潭。

二、庙宇

新中国成立初,由于历史文化及思想观念等因素影响,杨湘泾村存有较多寺庙、神堂等旧文化遗址,如明王庙、城隍庙、猛将庙、关帝庙、金家神堂、三官堂等。"文化大革命"时期,破"四旧"运动如潮水般席卷全国,寺庙、神堂等旧文化遗迹遭到严重破坏。到"文化大革命"结束,杨湘泾村内所有的寺庙、神堂都已消失。

庙宇简介

(1) 金家神堂

金家神堂,位于周家泾自然村西,后人称"金家坟"。《淞南志》第774页记载"金烈士庙邑志载在县东南七十里,时至正六年裔孙士瞻建,烈士逸其名"。祠内供奉金元六总管、七总管、金宅历代神像。每月农历的十九日为烧香日,如二月十九日、三月十九日……

(2) 西庵庙

西庵,位于全福桥东堍南面,庙内供奉观音菩萨像。每逢农历初一、十五,村民成群(女性居多)到庙里烧香拜佛,祈求菩萨保佑,全家平安,五谷丰登。

(3) 西城隍庙

西城隍庙,位于全福桥东堍北面,在西庵庙北50米处。庙门朝北,门前有一片广场,约900平方米。村民常常到庙里烧香。每年夏收夏种后,秋天农闲,农历年底年初时要举行庙会。除烧香拜佛、企盼丰收外,还要在庙场上举办各种体育比赛,如举石担、甩石锁、竖帆杆、拗手劲等活动。

(4) 水仙庙

水仙庙,位于杨湘泾村东市梢,咏风桥西堍南面,杨湘泾市河与道褐浦交汇处,突兀于江中的一块地上。庙中供奉水龙王爷等佛像。村民中有人落水得救,就要到庙中烧香,一来叩谢龙王爷恩典,二来祈求龙王爷保佑平安。水仙庙毁于1956年。

表 7-1-1　　　　　　　　新中国成立初杨湘泾古庙遗址一览表

名称	地址	名称	地址
西庵	全福桥南、陆泥浦东	西城隍庙	全福桥南、陆泥浦江东
佛阁	杨湘泾西市梢	猛将庙	南寿巷中、朝南江西
三官堂	朝南江东、南寿巷北	关帝庙	东溇弄底
水仙庙	杨湘泾东、咏风桥南	明王庙	道褐浦西
金家神堂	周家泾南		

第二节　古　桥

一、保存完好的古桥

1. 太平桥(又名浜桥)

位于杨湘西市金家溇口，原是有踏步台阶的小石桥，便于农民稻船通行，20世纪70年代改为石板平桥。

2. 南寿桥

在朝南港口，东西走向，该桥于民国十三年(1924年)由里人童步清发起建造。

3. 善堂桥

民国二十一年(1932年)由里人周正贤发起建造。石桥未建时原是一座小木桥，为学生上学安全起见，才改建成石桥。

善堂桥

二、新中国成立后拆除的古石桥

1. 中市桥

中市桥是杨湘泾较早建成的阶梯石板桥。石桥南北走向,横卧在市河上,桥墩由花岗岩砌成,桥面用 3 米多长的花岗岩石条铺成,桥的两旁用石条做护栏,建造比较考究牢固,于 1996 年拆除,改建成水泥公路桥。

2. 栅桥

位于王土泾自然村栅桥江上,三孔石板桥,由里人汪启竹于康熙四十三年(1704 年)捐资建造,后因建造中市路,于 1990 年拆除。

3. 三家村桥

位于三家村江上,阶梯石板桥,建于嘉庆十七年(1812 年),后因建造曙光路,于 1993 年拆除。

4. 永安桥

位于永勤村朝南江上,阶梯石板桥,建于宣统二年(1910 年),后因建造中市路,于 1990 年拆除。

5. 全福桥

在杨湘泾西市梢,横跨陆泥浦,建于乾隆十二年(1747 年),到新中国成立初已属危桥。20 世纪 60 年代初,政府、交通局出资改建,桥墩改为砖石砌成,上铺碎石,桥面用水泥预制板铺成。几十年之后,由于长期未进行修理,已成危桥,1999 年拆除。2010 年,向北移位 30 米处建人民桥。

6. 咏风桥(大鸦桥)

咏风桥是东西走向的石拱桥,桥长约 40 米,宽 4 米,清嘉庆十七年里人建,清嘉庆二十五年重建。在杨湘泾东市梢,横跨道褐浦。1993 年,因有碍过往船只通行,经批准而拆除。

咏风桥来历原文

咏风桥原貌

第三节 明清老街

杨湘泾有一条近900米的明清老街,东起道褐浦,西至陆泥浦,具体位置在杨湘市河以北。老街的繁华地段,西起浜桥童秉忠家宅,东至大弄堂,长约300余米。1924年,里人童步清发起并出资在此繁华地段铺上花岗岩条石石板街。据传,童步清亲自入名山选购1 069块上等花岗石,并请来能工巧匠,花了近两年时间修筑了高标准的下水道和高质量的石板路。至2012年,石板街完好如初,下水道排水通畅。

杨湘泾明清老街

一、老街主要街、弄

杨湘泾老街,早在明清时期就已形成。人们在长期的生产劳动中,营造家园,建筑住房,铺设石板街道,逐步形成了商业街、弄。

表 7-3-1　　　　　　　　杨湘泾明清老街主要街、弄一览表　　　　　　单位:米

序号	名称	起止点	长	宽	结构
1	东大街	东起上洪路、西至中市路	400	3	石板路
2	西大街	东起中市路,西至陆泥浦	700	3	水泥石板路
3	大弄堂	南起东大街,北至东溇	200	2	石板路
4	东溇弄堂	大弄堂西 40 米,南起东大街至东溇	100	1	石板路
5	善堂弄	南起善堂桥,北至老年活动室	50	1	石板路
6	西弄堂 (蒋家弄堂)	南起原镇政府西侧,北至居民宅	150	1	石板路
7	长大华弄	南起原供应店,北至长大华	50	1.5	石板路
8	曲弄堂	东起双溇闸桥,向西北弯弯曲曲至市河	120	1.5	水泥路

二、老街商铺

杨湘泾明清老街的繁华有数百年历史,到新中国成立前后,已有一些店坊在同行中脱颖而出,成为杨湘地区百姓心目中的名店。老街商铺林立,有南北杂货店、糖果食品店、小吃饭店、中药铺、农具店、典当、茶馆店和渔行等店坊 111 家。其中有吴三妈粽子店、童家豆腐花店、周四林茶馆、王乾华饭店、钱选忠渔行、孙德

发豆腐店、殷桂生药店和吴永发竹器店等名店。

以善堂桥为界,老街下滩从东至西有救火会水龙间及下列店铺(含住宅等):池福新酒店,周祥林米店,张五宝茶馆,童永林馄饨店,殷巧泉大饼店,童子康饭店,吴永发竹器店,吴大丰百货店,潘荣坤香烟店、陆雪林住宅,陆福泰烟纸香烛店、陆保德住宅,宏泰杂货店,殷三林茶馆店,沈和尚豆腐店,周四林茶馆店,裕升茶食糖果店,裕升茶馆店,大新杂货店,翁炳生肉庄,童锦生摇面店,朱桂宝茶馆,陈墓人农具店(工场),李永飞小屋,李文斌看风水店和住宅。

西木桥江南向东有:张杏福木匠店,张杏福磨坊。

以善堂弄为界,老街上滩从东至西有:易世才钟表修理店,钱文明烟纸店,袁小姐诊所,姚玉英酒店,张志义烟纸杂货店,张家振豆腐店,邹邦才理发店,杏花村饭店,陆世杰鲜肉店,王根元圆作店,陆阿火漆匠店,千灯李小姐诊所,益寿堂国药店(殷桂生),张阿大圆作店,徐阿泉理发店,顾洪元布店,朱培林住宅,蒋家弄堂,蒋忡芳杂货店,姚洪琪理发店,陆永顺杂货店,三秀堂药店(陆建中),三恩娘粽子店,陆小妹杂货店,翁炳生桐油店,童冬生饭店,童金生面店,周太昌烟杂店。

小浜桥向西有:沈和尚豆腐坊,陆师傅农具店,周岳希茶馆店,张引林车锭子店,张卫松横料店(棺材),杜老太鸦片烟馆,鸦片烟馆(厕所东)。

以善堂桥为界,老街下滩由西向东有:张丹阳茶馆店,徐四梅摇面店,张玉堂大饼店,周其昌布店,钱家福渔行,周大昌布店,王健华饭店,王泉元水果店,吴亭观酒店,朱阿火茶馆,小恩娘茶馆,钱选忠渔行、中市桥,周世祥典当,童大观糕饼店,吕康泰染坊,殷小毛糕饼店,邵洪生香烛店,沈德昌豆腐店,席祖岐诊所,吴三妈粽子店,田忠明茶馆店,周正贤屋,沈海林农具工场,蒋家小屋。

以善堂弄为界,老街上滩由西向东有:柯家点心店,久大昌杂货店附设邮政代办,徐老太代客纺纱工场,陈维梅银匠店,照相馆(外地人开),张玉山理发店,周世祥米店,徐家绒线加工店,王玉龙铁匠店,夏希春烟纸店,高家茶馆店,周寿堂药店(谈建炳),周君若杂货店,汪炳生南货店,张炳高酱菜店,张同生理发店,邵三妈茶馆店,吕康泰染坊,朱锦清纸作店,曹家梳头妈妈,夏志真文具店,蒋仲康胭脂店,徐福生渔行,朱双泉纸作店,沈德昌豆腐店,周文哉诊所,周阿三茶馆店、周正贤住宅,王家木匠店,施德其中医诊所,沈家横料店,沈品元米厂,罗寿涛米厂,周世祥米厂,榭麓人米厂。

第七章 村落文化

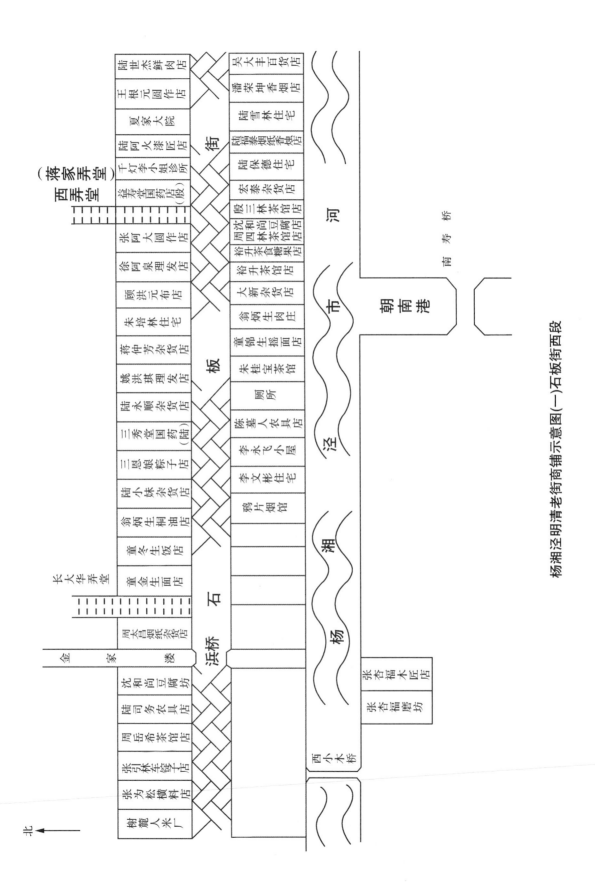

杨湘泾明清老街商铺示意图(一)石板街西段

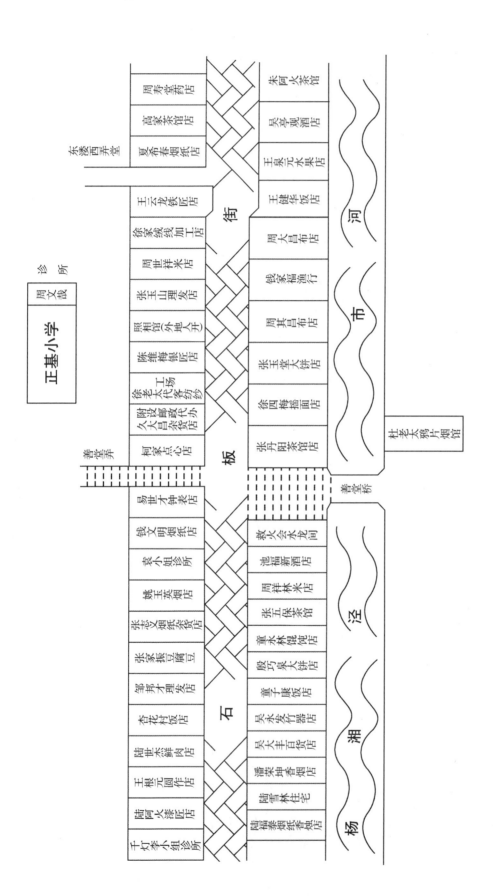

杨湘泾明清老街商铺示意图（二）石板街中段

第七章 村落文化

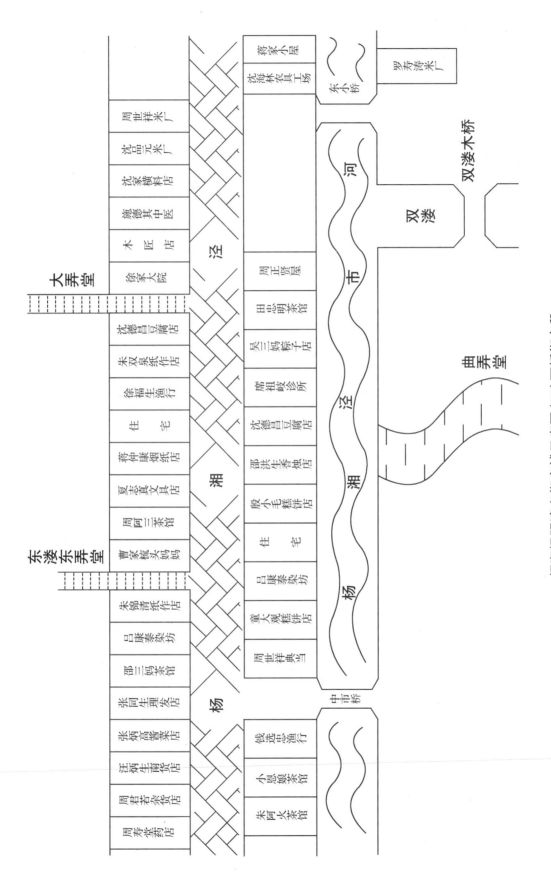

杨湘泾明清老街商铺示意图（三）石板街东段

1. 吴三妈粽子店

吴三妈粽子店位于杨湘泾东市,名医席祖岐家东隔壁。两间房子北面临街,南面枕河,东面一间是客堂兼厨房,西面一间一隔为二,南面卧室,北面放杂物。吴三妈孤身一人,以卖粽子维持生计。她热情善良,得到了人们的尊敬,年长的叫她"三妈妈",年轻人叫她"三阿婆"。身高不到一米六的她,做事勤快。每天吃过晚饭,她把肉切成小块,拌上酱油、味精等佐料,把赤豆烧得半熟,然后包成肉粽和赤豆粽。肉粽包成长条形,俗称"枕头粽";赤豆粽包成三角形,俗称"三角粽"。夏天天气热,她怕粽子隔夜变质,常常五更天起来包粽子,烧熟再卖。肉粽3分钱一个,赤豆粽5分钱两个。由于各式各样粽子味道好,又价廉物美,早晨一个多小时,40多个粽子全部卖完。

周围几个村庄的农民上街,都要到吴三妈家歇歇脚,喝口热茶,或寄存东西,有些人在她家烧饭吃。那时候,乡下的孩子到杨湘中心校读书,上学路途远,雨天路滑难行,过木桥更是危险。吴三妈就让几个乡下孩子雨天住宿她家,从来不收住宿费,孩子还得到吴三妈的关怀和照顾。吴三妈人缘好,也使她的粽子店生意兴隆。

吴三妈于1967年过世,她的粽子店和为人永留在人们的记忆中。

2. 童家店

明清老街西横段,有爿童家店,是杨湘泾村9组村民童炳兴的祖辈开的,童家祖籍为浙江绍兴。童炳兴祖父于民国初年只身逃荒流落至杨湘泾,在老街边租一间房子,以卖水豆腐花为生。童炳兴祖父与杨湘泾村长大华张家一位姑娘结婚,生有童东生、童金生两个儿子。夫妻俩苦心经营豆腐花生意,赚了一些钱,生活渐渐有了起色,后来在老乡政府西面72号处,买下了两间房屋。1937年,日军侵占杨湘泾,烧杀抢掠,老街遭到严重破坏,商业大受影响。不久,祖父病死。小儿子童金生自谋生路,开起了点心店,又购买了一台摇面机,为街上居民加工面条、馄饨皮子等,维持生计。哥哥童东生在原来的店面里,开起了饭店。饭店规模不大,只摆两张八仙桌。顾客吃饭,赊欠很多。童东生不识字,不会记账,有些欠款讨不回来,生意难做。1948年,童东生在外出讨账途中,在七娘桥边摆渡过江,不慎跌落江中淹死。当时童东生家庭经济困难,丧事全靠亲戚帮忙办理。童东生妻只好关店停业,领着三个孩子投靠乡下亲戚,艰难生活。

3. "杏花村"饭店的名菜——红烧鳗鲡

"杏花村"饭店位于杨湘老街的善堂弄西上滩38号。饭店老板阿根,有一手烹饪绝技,是老街上的名厨师。经他烹饪的菜肴色、香、味俱全,尤其以红烧鳗鲡最为突出,因此饭店顾客盈门,生意兴隆。

鳗鲡是水产中的珍品,以鳗鲡为食材可以烹调出多样色、香、味俱全的系列美味佳肴。经过"杏花村"饭店老板阿根多年的摸索、传承、提高,从单一的红烧鳗鲡演变成水晶鳗鲡、滑烧鳗片、酱爆鳗片、剔骨鱼香鳗片、双龙戏珠(清蒸河鳗)等系列菜肴。

以名菜水晶鳗鲡为例,经过厨师的悉心探索,"杏花村"饭店已摸索出一套独特的烹调秘籍。那就是一挑、二清、三火。一挑:要挑青背白肚、白肚要略带金黄色的鳗鲡,又以1千克左右重的为最佳。二清:在鳗鲡颈、脐各剪一刀,用竹筷卷出内脏,温水清洗黏膜,去头尾,切段,漂清沥干,铺锅底猪网油上,鳗鲡段块上再敷上一层网油,并放上蒜瓣、姜片、葱结。三火:中火煸煮,先用中火煸煮一两分钟,待香味四溢,加料酒、清水。大火烧开,小火焖30分钟左右。待肉质酥烂,加海鲜酱油,中火烧10分钟,加入适量冰糖,急火稠浓,此时须一边不断晃动烧锅,一边沿锅边淋油,直至香味四溢,再撒上味精、胡椒粉少许,即可出锅装盘,端上餐桌。

经过如此精烹细调后的成品,肥而不腻、咸中带甜、酥而不烂,大受食客称道,成为"杏花村"饭店款待贵宾的一道名菜。

4. 王健华饭店

王健华饭店在杨湘泾老街下滩23号,是一爿夫妻店。王健华负责掌勺,妻子(老板娘)负责洗刷、招待顾客。两间门面,六张餐桌,其中三张餐桌安置在靠市河的店堂南面。靠市河一排三张桌子的坐凳是长板凳,临河傍水的凳子上装有护栏,专供吃客背靠之用。坐在此处喝酒用餐,可欣赏市河里过往船只的美景,又便于关心停泊在市河边的自己家船只的安全,一举两得。所以王健华饭店顾客络绎不绝。

王健华饭店的名菜是"炒蟮丝",最受顾客欢迎,来店的吃客少不了要点上这份菜。王健华烧的"炒蟮丝",都选择条条鲜活幼蟮,大小一致。幼蟮经沸水浸泡,待其微热时,老板娘动作利落,用竹签(划蟮刀)划开,将幼蟮骨肉分离。整齐划一的蟮丝摆放桌台上,用纱布遮盖,以防蝇叮、灰尘。依据顾客需要,王健华将蟮丝精烹细调,炒出的蟮丝香味四溢,又价廉物美,因此王健华饭店顾客盈门,生意兴隆。

5. 殷三林茶馆

殷三林茶馆店开办于民国中后期,殷家是潭西村西北的何墅里村人,因村庄败落,才搬迁至杨湘泾镇上经商,租借老街下滩两间门面,开茶馆店。茶馆进深12

米,东间屋靠北边是烧水的老虎灶。店堂内共摆放18张茶桌。

殷三林茶馆,上午生意最忙,店堂里人头攒动,茶客满堂,有的茶客只能坐在临街处的长凳上喝茶。

茶客谈笑风生,大到国家大事,小到民间新闻、家庭琐事,聊热热闹闹。民间所说:听"百鸟声"到茶馆店,这话一点不假。茶客有的自带茶叶,单泡水。大多数茶客都用茶馆店的茶叶、茶壶、茶杯。茶壶全是清一色紫砂壶,茶杯都是罗全花纹青色陶瓷杯。

殷三林茶馆,经常有说书先生来说书,有大书、小书、评弹等。说书内容大多是《水浒传》《三国演义》《隋唐演义》《杨家将》等故事。茶客听书喝茶,一举两得,因此茶馆生意兴隆。

殷三林茶馆店

6. 徐阿泉理发店

杨湘泾老街上滩62号是徐阿泉理发店。徐阿泉理发店门面进深较深。店里放5把理发椅,理发椅一律朝西,每把理发椅对面墙壁上挂着一面大镜子。店的东墙边,放有4条长凳,专供等候理发的客人坐。由于理发店进深较深,店堂采光不足,所以在店堂屋顶上开有一个很大的天窗。店堂北面,是一间不大的烧水间。

徐阿泉是常熟人,民国初年迁居杨湘泾,学做理发生意。徐阿泉做事专心致志,理发考究,待人和气,男女老少理发,一视同仁,深得顾客信赖,生意越做越好。民国二十一年(1932年),他在老街上滩62号开了一爿理发店。

新中国成立前后,徐阿泉理发店雇用三位理发师:一位是常熟市何市镇的徐炳生(小名叫小炳),一位是常熟市任阳的钱阿高和太仓市归庄的阿宝。再有两位学徒,学徒要学三年帮三年,开始专门负责烧水、扫地等活。学徒在学习理发前,专心看师傅理发。到晚上,吃过夜饭后,点上一支香,在烧着的香头上练习理发刀功,每次要练一支香的功夫,不分春夏秋冬,天天如此,只有这样,才能练成真正的理发刀功。

夏天炎热,顾客理发、刮胡子修面时要用热水,但理发时要求凉爽,怎么办?当时没有电风扇,徐阿泉想出一个好办法,在理发店堂上方挂一块两米长、一米宽的帆布,帆布下方结一根绳子,通过钉在墙壁柱子上的滑溜,由学徒将绳子牵拉,使帆布扇动,扇出凉风,让理发顾客凉风阵阵,十分舒服。

徐阿泉理发店,理发费一般一次付清,也有赊欠理发费,到年终一并结算,所以徐阿泉理发店一年到头生意忙碌。逢婚丧喜事,徐阿泉不但做理发生意,还兼做点汽油灯生意(当时没有电灯用汽油灯代替),徐阿泉家共有12盏汽油灯(每盏汽油灯亮度相当于100支光电灯)。徐阿泉白天黑夜,店内店外,忙忙碌碌,但收入较高。

徐阿泉理发店

7. 吴永发竹器店

吴永发竹器店位于杨湘泾西市老街下滩,前店后坊,南面靠河是作坊。河边停着一条船,船上装载着采购来的竹子。

吴永发是竹匠师傅,常常带着徒弟在作坊里忙碌着。妻子负责接待顾客,收购和销售产品。

北面临街是店堂,里面摆放着各种各样的竹器。梁上挂着各种竹篮、竹篓、饭箩;两边的墙上挂着各种竹匾、竹筛;门边竖放着扁担、竹柄;地上放着栲栳、山笆、箩筐等。

竹子在杨湘泾地区普遍种植。村民利用竹子搭屋,做成竹篙、扁担,编织生产生活用具,有些人专门拜师学艺,成为竹匠。他们把编织的部分竹器拿到镇上的吴永发竹器店代销。

吴永发竹器店获利不多,但促进了竹器的流通,方便了群众的生活。

制作竹器工序主要有：选料、截料、劈篾、刮篾、编织等。

竹器与村民的生产生活息息相关。直到20世纪90年代，普遍使用塑料制品，竹器才渐渐少用。

吴永发竹器店

三、老街名宅

老街商铺林立，民居粉墙黛瓦，具有明清、民国建筑特色。下滩店铺傍水而建，临河开窗，石驳岸迤逦，石河埠错落有致。石板街上下滩，商店作坊鳞次栉比。清末民初的民居，既有平屋也有砖木结构的楼宇。上下滩的楼宇近在咫尺，形成"一线天"景观。

老街东段

近2里的石板老街，成了全乡的商贸中心。老街上还有民国时期的区乡政府和小学，成为淀东地区的政治文化中心。中市桥北塊老街下滩13号是中国工程院院士、少将钱七虎旧居。大弄堂东边，老街上滩76号是徐旭臣豪宅。新中国成立初,将徐旭臣豪宅改为淀东地区卫生所。老街上滩 58 号夏家大院成为淀东地区的政府所在地。以后随着时间的推移,老街民宅经历风雨洗刷,发生巨大变化。特别是改革开放后,镇区已成为全国小城镇建设示范镇,古朴的石板街、平直的小桥、幽幽的小巷,无不激起人们对老街往日繁华的回忆。

老街"一线天"景观

1. 夏家大院

新中国成立前,淀山湖镇称作杨湘泾镇。杨湘泾镇西大街 58 号,是夏祥洲(原籍上海市青浦县大盈乡金家桥人)的豪宅大院。因为金家桥村较小,人口少,作为该村首富的夏家怕遭强盗抢劫,夏祥洲决定在岳父姚仲珍家居地——杨湘泾镇上买地造房。于是请人看风水、算卦、烧香求签后,在杨湘泾镇上筹建大院。

民国三十九年(1940 年),夏祥洲经过一番准备,在杨湘泾市河北岸西大街动工造房。聘请张保和(1906—1983 年,生于上海嘉定黄渡,后迁居杨湘泾)当作头师傅。

张师傅组织人马,挑选人才,开工后处处关注,工程质量上乘。主楼客厅地面,水磨方砖一躺平,油灰嵌缝细密。为确保防潮、通风,还将方砖四角搁在钵头上,下面搁空,穿皮鞋走上去有共鸣声。

夏家大院整体建筑布局如下:

(1) 沿街三间老房屋稍作修整,把中间一间当作通道,东西两间作为店铺。

进门后是天井,东西各两间厢房,厢房前有走廊,走廊中间有一亭柱。亭柱立在精致的花岗岩石鼓礅上,天井地坪是有花纹的"水门汀"(水泥地)。

(2)东西厢房北面连着石库门高围墙,上方面北有砖雕图案花纹。大门闩在墙洞里能伸能缩,一旦关门天衣无缝。石库门里面是80平方米的天井,东西两厢房落地花窗,外面走廊连着正屋走廊。

(3)正屋四楼四底,下面客厅占三间,东面房间铺有地搁板。东次间一条过道北通楼梯间,过道、楼梯间、客厅均铺有水磨方砖。客厅东西面对称各有一扇门,开门便见天。客厅后面有两根大亭柱,支撑上面的承重梁。两柱之间封隔可挂中堂壁画。

(4)客厅后面又是石库门,两扇直拼大黑门按在上下条石的"门印子"内。

(5)楼上楼板、天花板统一用美国花旗松,阴面起线,上面绝平,天花板上面还有楼顶空隔。

(6)沿河下滩,西邻陆家,东连童家,中间一间门面是夏家的滩渡间。上面有小楼,下面是石驳岸滩渡,中间平台上有石头雕花。石驳岸上有带船锚缆绳的"夜壶攀"。

整幢建筑豪华气派,是当时杨湘泾镇的第一民宅。

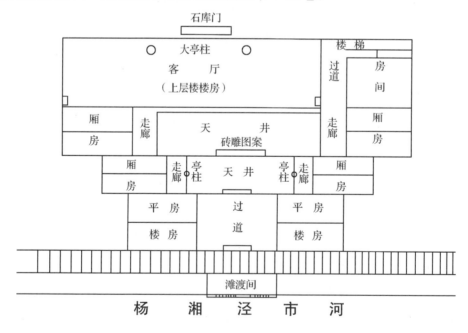

夏家大院建筑平面示意图

新中国成立后,夏家成分划为地主。该宅成为淀东乡政府驻地,作为政府办公用房30余年,直到20世纪80年代,淀山湖镇在振淀路北侧建造了新的政府办公大楼,政府机关才搬出,成为居民住宅区。

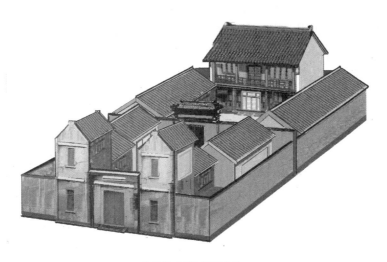

夏家大院复原图

2. 钱七虎故居

钱七虎是杨湘泾老街上的名人,1937年10月生于杨湘泾。钱七虎故居位于中市桥北塊老街13号,三楼三底,北面临街,与街对面的楼房形成"一线天"景观。住宅南侧枕河,市河边立有六根石柱,上搁横梁,搭成宽1米的"后水阁"。其父亲钱选忠以老街下滩3间门面开设渔行,卖鱼为生。平时在"后水阁"上吊着五至六个大竹篓,竹篓一半没入水中,篓里养着各种鲜鱼,专供买鱼顾客挑选。钱选忠渔行,鱼货鲜活,价格公道,生意红火。

钱七虎家兄弟姐妹多,他排行第七,故起名叫七虎,他哥哥叫钱五狗,她姐姐叫钱六鹰(钱世英)等。钱家人老实俭朴,生儿育女后,给孩子取名按当时习俗,都与飞禽走兽、家畜家禽有关,一般生男取名大多为猫(毛)、狗(苟)、虎、牛之类,生女则取名与鹅(娥)、凤凰(凤)、鹰(英)等之类有关,也有按生育胎数排列为序,取名阿大、阿二……据说这种土里土气的名字,小囡易养育,不夭折,又聪明伶俐。钱选忠家教很严,要求子女认真读书,长大后为社会多做贡献。

钱七虎曾任中国人民解放军南京工程兵学院教授、院长,是中国工程院院士。我国著名的防护工程专家(具体事迹参见本书第十一章人物第二节人物简介)。

钱七虎姐姐钱世英,师范学校毕业后,在杨湘中心校等地任教直至退休。

3. 徐家大院

(1) 建筑概况

杨湘泾东大街76号,是徐旭臣父亲徐逸清于清末民初建造的一栋石库门建筑。徐旭臣,1905年生,杨湘泾人,抗日战争爆发前,曾经担任小学教师,后来通过考试被录用,任国民政府淀东区区长。日军占领昆山期间,他到昆山任日伪昆山县政府县长杨玉清的秘书。徐宅大院由他母亲和两个外甥盛裕昆、盛玉龙居住。

其中盛玉龙参加了国民党军队,在抗日战争中牺牲。

徐宅大院沿街有高大的石库门,里面是偌大的庭院。庭院的地面铺着刻有花纹的条石,种着各色盆栽花木。庭院两边是两排厢房,后面的走廊连着客厅的走廊,走廊中间的亭柱立在精致的花岗岩石鼓礅上。正房上下两层,两边的墙高出房屋顶两尺。

正房下面三间是客厅,里面立有四根漆着广漆的大亭柱。地面铺着水磨方砖,方砖与方砖之间拼合严密。楼上三间下铺美国花旗松地板,上有花旗松天花板,地板和天花板都漆成黄色,发出光亮,能映出人的影子。天花板与屋顶之间留有空隙,能隔热防潮。

整幢建筑面积313平方米,结构精巧,布局严整,显得豪华气派。

(2) 建筑布局

沿街是石库门,石库门里面东西两边是两排厢房。

进第二道石库门是天井,天井东西两边各有厢房,厢房北面有走廊,与正房走廊相连接。

正房三楼三底,下面一层是客厅,方砖铺地。客厅里立有四根大亭柱,支撑着上面的承重架,客厅中间一间靠北面东西有两扇门,进西边门就是楼梯,进东边门可入楼梯间和天井。

客厅中间向北凸出一间,作为楼梯间,沿楼梯向上直通上层。上层三间,地面铺木地板。

北面是围墙,楼梯间东西两侧空档为两个天井。

(3) 房产更迭

徐旭臣建成的豪宅,抗日战争期间由他的两个外甥居住。抗日战争胜利后,徐旭臣迁居上海。杨湘泾镇上的豪宅被国民政府接收,作为当时杨湘乡乡公所的办公用房。

新中国成立后,该宅被人民政府没收作为公房。1956年6月29日,昆山县淀东区卫生所成立,所址设在徐家大院。1958年,淀东区卫生所与杨湘联合诊所合并,成立淀东卫生院,规模扩大,医务人员增多,原有的医务用房不够。院长沈雪龙等人设法对原有的房屋扩建改造,把厢房后面的走廊改建成医务用房。

1974年10月,新建的淀东卫生院在镇西部落成,老卫生院搬入新址,原址成为居民住宅。

第七章 村落文化

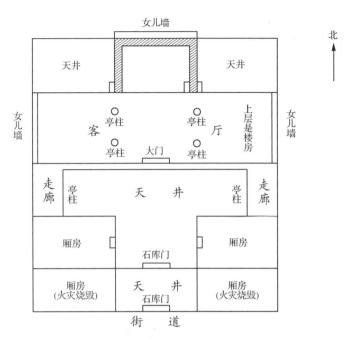

徐家大院建筑平面示意图

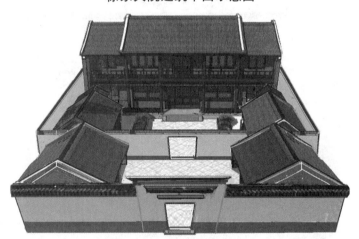

徐家大院复原图

徐家大院旧貌

四、市河上的桥

老街傍河而建,具有"水陆并行,河街相邻"的特色。老街南侧为杨湘泾市河,河上有多座桥梁,从东到西有东木桥、中市桥、善堂桥、南寿桥、小浜桥、西小木桥、西木桥等多座。

善堂桥

老街南边的市河

南寿桥(一)

南寿桥(二)

第四节　杨湘泾老街汪氏大族

汪盛乾,民国期间在杨湘泾老街上滩第78号开设南货店,经营糖果、糕点、烟酒、桂圆、枣子等,生意做得很红火,成为老街名店。汪盛乾(小名炳生)是汪氏始祖第88代孙。说起汪盛乾的上代人,有着源远流长的家族史。

一、汪氏家族史

汪氏家族世居安徽徽州新安,其始祖在西汉时期被封为越国公,并赐姓汪。家族中有一位祖先被封为大汉龙骧将军。汪氏后裔汪思聪于清朝康熙年间随父亲迁居江南。以后,汪家在淀山湖镇地区繁衍生息,逐渐形成杨湘泾村的一个大家族。

1. 徽商奇才汪思聪

汪思聪,字德达,号启竹,自幼随父亲迁居淀山湖镇白米泾村,12岁开始跟父亲学做文房四宝生意,15岁独自改行做茶叶生意,20岁与榭麓姑娘何秀英成亲,定居榭麓镇。

婚后,汪思聪在榭麓镇上开了一爿茶庄,由妻子照看,自己常常起早摸黑,徒步来往于朱家角、枫泾一带经商。他吃苦耐劳,聪明诚信,短短两年,小夫妻俩生意做得红红火火,已成为榭麓镇上小有名气的富裕之家。

一天,何秀英试探着对汪思聪说:"你常跑角里、枫泾一带,我听说那里有很多布庄,你能否带些我织的布去卖卖看,如果能行的话,我们何不再做点棉布生意。一来我们可以多一点生意路子,二来榭麓姐妹们织的布又多又好,将这里的布推销出去,也为榭麓人做一件好事,让邻居们慢慢富裕起来。"

汪思聪一口答应,第二天一早带着一捆布料,来到枫泾镇上,走进一家名号为"锦帛"的布庄。庄主展开汪思聪递给他的棉布,只见一龙一凤栩栩如生,大为震惊地说:"如此佳布,你何处得来?"汪思聪说:"乃我家娘子亲手所织。"

庄主急忙把汪思聪引入厅内,与其品茶聊天,并介绍说:"自元代,松江黄道婆从海南引进种植棉花与纺纱织布的技术后,受到江南地区农民的欢迎。由于棉布较麻布细结,比丝绸便宜,为一般百姓所乐用,有广阔的市场前景。你榭麓盛产佳布,开拓棉布市场定当前景看好啊!"

自此以后,汪思聪在做茶叶生意的同时,兼做棉布生意,把榭麓出产的棉布源源不断地运往枫泾、朱家角。他还带着妻子和两位榭麓姑娘到华亭县东门外双庙桥拜师学艺,学习松江贡布的纺织技术,使榭麓布的质量更上一个层次。纺纱织布成了榭麓妇女农闲时的主要活计。榭麓镇呈现出空前繁华的景象。

康熙二十八年(1689年),苏州、青浦、松江一带风调雨顺,春熟喜获丰收,而徽州新安一带粮油作物歉收,汪思聪积极筹划,把产自江南的粮油源源不断地运往安徽销售。

汪思聪生意越做越大,成为榭麓镇上的有名富户。清人陈元模《淞南志》载:汪思聪一生慕义乐善以济贫扶弱为乐,给乡里穷苦百姓夏施予帷(蚊帐),冬施予絮(棉被),疾者施予药,死者施予棺材。给贫困人家以钱粮救济,并坚持始终。丁亥、戊子两年(1707年、1708年)吴淞江以南相继发生水旱灾害,百姓饥馑相望。朝廷官船送粮赈灾,而官粟不及,汪思聪开仓济粮,使无数灾民得救。详尽地描述了汪思聪乐善好施的慈善义举。

汪思聪广做善事,建造桥梁,方便百姓。康熙四十年(1701年)建栅桥于王土泾村西,康熙四十三年(1704年)建双护桥于沈安泾与升罗潭之间,康熙四十七年(1708年)建远猷桥于金家堂前,康熙五十年(1711年)建龙凤桥于沈安泾,康熙五十八年(1719年)建通济桥于三家村。汪思聪在榭麓建文昌阁,内设紫阳书院义塾,使当时榭麓读书之风蔚然而生。正如《淞南志》所载:"一时文风聿振,众人无不赞颂其功德。"

2. 汪思聪的后裔

汪思聪后裔在榭麓镇繁衍生息一百多年。汪氏始祖第83代孙汪章成(苍竹公,汪思聪的重孙)生有5个儿子,其中一子官至淮安知府。

1862年,太平军以汪家不肯交钱粮为由进攻榭麓镇,镇上房屋大多被烧毁。汪章成率子女迁居杨湘泾,在镇上买地造房5套。太平军在败退前,到杨湘泾拆毁汪家新造房子一套。后来汪家又在原宅基地上填高后重新建房,所以这宅基地特别高。汪家在市河上建造石桥一座(中市桥)。

1905年,汪氏始祖第87代孙汪之镰与有识之士童锡、李世琛、顾焕章,在杨湘泾镇发起捐资办新学堂的宣传活动,得到镇上居民的广泛支持。以杨湘泾善堂庙后埭4间房屋为教室,办起了镇上第一所小学——正基学堂。创办的经费由汪、童、李、顾四人捐资。

汪氏始祖第87代孙汪之岳民国时期在朱家角开设"旧天宝"银楼,加工金银。日军侵占朱家角期间,该店一度迁至练塘镇,一直到新中国成立。

汪氏始祖第88代孙汪盛世、汪盛典以经商为生,新中国成立前迁居台湾。

据昆山县志记载,汪氏第88代孙汪盛年(1917—1947年),民国二十二年(1933年)以全省第一届高中毕业生会考第一名的优异成绩进入南京中央大学化学系。民国二十八年考取留英公费生,后改派到加拿大麦基尔大学,专攻化学反应动力学。民国三十一年获博士学位,转至美国加州理工大学化学实验室,从事X射线与晶体构造的研究。民国三十四年在美国接受国民政府航空工业局之聘,任该局工程师。民国三十六年3月怀着满腔报国热情归国,未竟其用。他目睹国民政府腐败无能,深感报国无望,愤而自尽。

汪氏始祖第88代孙汪盛乾(炳生),民国期间在杨湘老街上滩开设南货店,经营糖果、糕点、烟酒、桂圆、枣子等,生意做得很红火,成为杨湘老街名店。新中国成立后公私合营,汪盛乾作为供销社职工,到供销社开设在榭麓、新星大队的下伸店工作,直至退休。

汪氏始祖第88代孙汪盛斌(宝兴),13岁到朱家角南货店当学徒、帮工。新中国成立后成为杨湘供销社职工,一直工作到退休,1992年去世。

第88代孙汪盛松、汪盛庠迁居上海。

新中国成立之后,汪氏后辈繁衍生息,都过上了幸福的生活。

二、汪氏家谱

西汉时期,汪氏始祖被封为越国公,赐姓汪,世居徽州新安。清朝康熙年间,汪氏后裔汪思聪随父亲迁居江南,定居榭麓镇。自汪氏始祖第82代起,汪氏家族名字的辈分排序为:文章鸣国家之盛,贤哲应时运而兴。

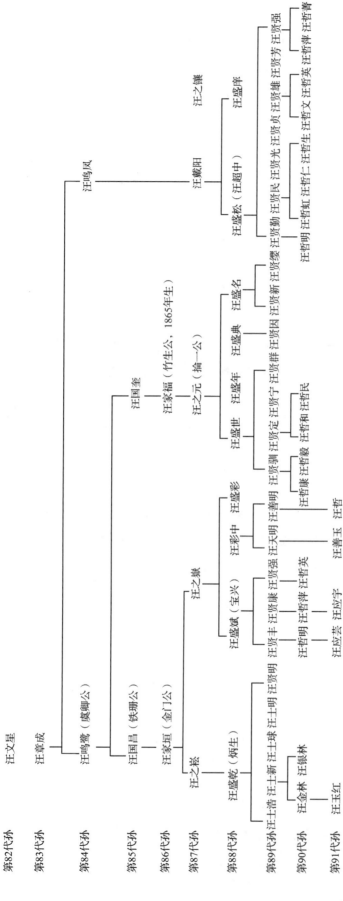

汪氏家谱图

第五节　乡风民俗

乡风民俗是大到一个县、乡,小到几个村庄,千百年来自然而然形成的风俗习惯的简称,是民俗文化的重要组成部分之一。杨湘泾村村民习俗具有鲜明的个性和特色。杨湘泾村风俗、方言土语、农谚、歇后语、民谣等反映了当地老百姓勤劳、淳朴、互敬、互爱、祈福、企盼好收成,过幸福美满好日子的美好愿望与虔诚之心,是历史渊源和文化底蕴的象征,是先人留给后代的宝贵文化遗产。

一、节庆习俗

1. 春节

春节,农历正月初一,俗称大年初一,是一年中最为重要的节日。家家户户在大年初一早晨开门放爆竹(俗称高升),寓意新年开门迎来好运,事事节节高升。同时家人要把自家大门槛用拖把水洗一遍,而且要在不让别人家看见的情况下拖洗。据说拖洗以后家人跨门槛会保健康,家里鸡、鸭过这门槛后会多生蛋。

正月初一,早上各家门口摆一张桌子或小方台,台上放上年糕、橘子、甘蔗等物品,还放有一碗事先泡好的"糖水",寓意新年里甜甜蜜蜜、诸事顺当。

正月初一早饭,吃年糕、长寿面,寓意高兴和健康长寿。这一天全家人都穿上新衣裳、新鞋子,寓意一身(生)新。

在正月初一这一天里有几个不允许:不允许家人出门;不允许讨债;不允许骂人、打人;不允许碰扫帚;不允许扫地;不允许中饭吃酒糟腌制的小虾"虾糟";不允许吃饭时喝汤,寓意这一年里办事不会糟糕,出门不会遇雨;不允许在自己家里说"老鼠"两字,避免家里招来更多的老鼠。

大年初一早上,晚辈面向长辈鞠躬,叫应一声,给长辈拜年。邻居之间见面时,拱手相贺,道一声新年好、种田收成高、恭喜发财等吉祥语。

大年初一,早上当家人起得早,种田老人认为,初一起得早,种田人身体好,田里不长草。早上每家每户第一件事到村庙里"烧头香"。

初一清早老人要搓草绳一段,放置床头顶上,称之为"起绳头"。

大年初一至十二日,人们认定代表新年十二个月,要知十二个月的气象情况。种田老人清晨起床后到自家河埠(河滩渡)观看石级水位的高低,连续观察十二天

(初一起每天代表每个月份),以预测新的一年里各月的水情。有的看每天的水气轻重,有的观风向风力的大小,也有的初一早上观察自家牛棚里耕牛站着还是卧着(耕牛站着表示新的一年里干旱,耕牛卧着表示新的一年里潮湿)。

正月初二至初七、初八,迟的至正月十五,各家出门走亲戚"拜年"。一般先拜至亲,后拜远亲。少拜长、婿拜翁、甥拜舅、侄拜姑等,互敬互爱,被拜方设酒席款待,俗称"拜年酒"。

2. 正月初五财神日

正月初五,家家户户第一件事都要把自家水缸拎满水,表示有财水。"请财神",也称"接财神",经商人家企盼新的一年里财运亨通,更为隆重,不仅要放鞭炮、百响,还要请财神酒、焚香点烛等。这些习俗仍流传至今。

3. 正月初七

正月初七,农村里盛行走七座桥,并且走路过桥不回头(寓意不走回头路)。

4. 正月初八

正月初八,农家上午到村庙里烧香,晚上在自家场地上扫场,俗称"扫夜场",一边扫,一边默默念"手拿金丝帚(竹丝扫帚),场上扫一扫,扫到东,自家屋里有青龙,青龙盘米囤,白米吃不尽。扫到南,自家屋里显黄龙,黄龙盘水缸,大小元宝两人扛……"寓意盼望新的一年里自家种田经商发财致富。新中国成立后这些习俗已消失。

5. 元宵节

农历正月十五,人们称"正月半"或"元宵节"。农民人家入夜放"高升",吃"烊粉粥"。烊粉粥是用米粉、青菜、豆制品、慈姑、荸荠、香菇、枣子、腊肉丝等和盐、糖、味精调料做成的什锦羹。烊粉粥可口鲜美,别有风味。

元宵之夜,农村里活动多样。晚上家家户户到自家田头里去"炭田角落"。村民手拿焚烧的稻草火把,在田岸上边跑边大声喊道"炭炭田角落,今年收成三石六",也有势利的人叫道"炭炭田角落,自家田里长好稻,别人家田里长稗草",等等。

"炭田角落"回来,有的人家聚在一起玩扛"缸三姑娘",三人中两人手拿小筛或淘箩,小筛和淘箩边沿上插一支扣住女人发结的簪子(俗称一粒簪),蹲在粪坑缸边,其中一人口念邀请缸三姑娘的咒语,咒语念完后,另两人用中指勾着小筛或淘箩,小心翼翼地抬(俗称扛)回家。家里的桌子面上均匀地撒上一层米糠,他俩用手指勾的小筛或淘箩让簪戳在台上,如有人提出要它(缸三姑娘)画啥样图画,它会在米糠上画出来给你看,如有人要它猜自己的年龄,这发簪在桌台戳几下,表示你几岁。玩得大家笑逐颜开,十分有趣。活动结束,还由他三人把"缸三姑娘"送回原地(粪坑)。据说,如不送回,明天那粪坑缸一定会臭气熏天,遭人痛骂,以后再也请不到"缸三姑娘"了。

元宵节"接灶君",午后家家户户都要接灶君,在灶台上放些酒菜,焚香烧黄纸钱。祭祀后,再请上一尊灶君公公(纸佛像)登座于灶头上的供龛"灶君宫",俗称接灶君。有民间俗曲曰:"年年有个家家忙,正月十五接灶王。炉内焚上一炷香,祝愿灶王降吉祥。"接灶君后,家庭主妇每逢农历"六"的日期(如农历初六、十六、二十六)要"刮镬子"(铲除锅底烟灰),寓意:六发六发,六六大发。

6. 农历二月二

二月二,农家做米糕,名曰"撑腰糕",俗称:吃了撑腰糕,种秧有力道。

7. 农历二月十二

农历二月十二,相传为"百花生日"。此日,农家用红色纸条、布条或红绒线系结于果树枝上,称谓"赏红",据说"赏红"后果树上果多果大。

8. 清明节

清明节是祭祖扫墓的节日,又称"踏青节",时间为清明节到谷雨节之间,都可以祭祀祖先坟墓。

清明节前,各家各户先要去修坟墓,在坟墓上去草壅土,增添新泥土,然后在新修好的坟墓顶按上三块圆形的泥块,一块朝下,两块朝上,摆放在墓顶中央,修坟后等待家人清明来上坟祭祀。

清明节前,每家先要"过清明"(祭祀祖宗),在自家客堂间,放上几张八仙桌子或长条、方台,八仙桌上的"台缝",必须东西向,只有这样,才能成为祭台。平时用来招待贵宾时,八仙桌的台缝南北向,成为餐台。主人在祭台上放上十多碗荤、素菜,台边放上数十只小酒盅和筷子,点燃香烛,祭祀在庄严、肃穆的气氛中进行。祭祀毕,主人在祭台前地上焚烧锡箔纸钱,家人叩拜,祷告祭祀祖宗"过清明"。"过清明"后,家人和亲眷再去上坟扫墓(俗称祭坟)。一般上坟前要做青、白米团子,折锡箔,买长铜钱形的红、绿、白纸条,俗称"长路钱"。上坟时带上酒菜到墓前祭祀,直系亲属要放声痛哭,待锡箔纸焚烧殆尽后,上坟人下跪叩头,让"长路钱"挂在坟墓顶上随风飘扬。有古诗曰:"桃花粉红杏花白,雨打花枝树树开,行人面上悄悄下,几家坟头哭声哀。"这是对清明时节物候、人文的真实写照。上坟回家,家人一定要带一把红花草回家,以表示上坟结束。

青团子是清明时节特有的美食。每年临近清明,绿油油、甜糯糯的清香甜美的青团子,特别勾人食欲。在农村家家户户都要蒸青团子。青团子也是祭祀祖先、上坟扫墓的必备物品。

蒸做青团子,先将野生的青嫩草"将军头"摘回家洗干净,有的用石灰水焯,也有的用"小苏打粉"水焯,再将焯后的"将军头"叶打烂成青绿色泥状后放入糯米粉使劲拌搓。青团子馅用芝麻、赤豆、糖拌成。这种自制青团子味道好,是老少皆宜的时令美食。

青团子

清明节那天忌讳办婚嫁喜庆之事;忌讳庆生、祝寿,即使清明那天出生的人,过生日也要提前或推迟;忌讳探望朋友亲戚;忌讳穿着大红大紫的衣服,应改穿素色服饰为宜;忌讳买鞋子("鞋"与"邪"同音);忌讳死者灵柩下葬(习惯上一般青草旺盛时节,死者棺材不落葬,免得死者在"阴间受苦")。

新中国成立后,移风易俗,人死后实行火化,死者骨灰盒存放在公墓,清明节亲人们就到公墓扫墓。学校里组织学生清明节祭扫烈士陵园,瞻仰淀山湖南巷战斗纪念碑,缅怀先烈,进行革命传统教育。

9. 立夏节

立夏节,农村里时兴吃金花菜"摊面衣"、酒酿、咸鸭蛋、青蚕豆、螺蛳等。午后"称人",在村口的大树上挂一杆大秤,方便村里人"称人"。也有的在自家梁上吊一杆大秤和"土大"(畚箕),便于大人、小孩"称人"。

10. 端午节

农历五月初五,俗称端午节,家家户户裹粽子。闭门关窗后把苍术、白芷(中草药)放在脚炉或缸、甏等器皿里点燃,用烟熏法驱除蛇、虫、百脚(蜈蚣)等五毒,以减少疾病。

家门口用艾叶、菖蒲扎成宝剑形挂在大门梁边上。小孩子胸前挂上装大黄等物的香袋。也有人将"雄黄"涂抹在孩子脸、额角上避邪。

端午当天,各家大门外墙壁上"贴"一块砖石,刻上"石敢当"三个字,也有的只刻"当"一个字,将其描红,用来驱邪。

端午节后,新婚妇女抽空回娘家省视父母,并要带上粽子、桃子、糕团等食品,分送娘家的左邻右舍,俗称"望田青"。

11. 七月七

农历七月初七,传说是牛郎织女"鹊桥相会"之日。那天,天空布满云彩,霞光十色,多样巧变,十分壮观。民间流传说:七月七,看巧云,交好运。

七月初七,孩子要吃童子鸡,长辈们都要给孩子杀一只童子鸡,煮了吃。据说小孩吃了童子鸡,健康又聪明。

七月初七,时兴吃西瓜。俗话说:七月七,买只西瓜切一切。据说吃后可以少生痱子。

12. 中元节

农历七月十五,传说是地官的生日,所以又称"鬼节"。以前农民家都要"过七月半",在自家客堂里摆上几桌酒菜,点烛焚香,烧锡箔纸钱,祭拜祖先。

七月半,在村庄的村头搭戏台,请戏班子做戏(俗称抬社打醮),祈求年内风调雨顺,五谷丰登。

当年死人的人家,有"某某人(死者)新七月半"的说法。

13. 中秋节

农历八月十五,因是居秋季之中,故名"中秋",又称"团圆节",一家人一起吃团圆饭。八月半有吃糖烧芋艿、月饼的习俗,中秋夜全家人赏月欢叙至深夜。

八月半夜,家家门口放一张八仙桌,并把八仙桌搭架在长凳上,成祭桌。桌台上摆满各种水果和酒菜,点蜡烛,焚烧檀香木,也称烧夜香。一家人守望供桌,吃月饼赏月,俗称"守夜香"。

八月半前一段时间里,亲朋挚友皆以月饼馈赠。八月半节日后,不作兴送月饼了。

14. 重阳节

农历九月初九,俗称重阳节,每家都要蒸重阳糕,吃重阳糕。重阳节除了吃糕,还要登高。俗称:有山登高,呒山吃糕。也有的称:有山登高,呒山上高桥。寓意高兴,稻田收成高。

20世纪90年代,国家将重阳节定为老年节,提倡敬老爱老,传承中华民族优良传统,形成尊老社会新风尚。

15. 冬至节

农村民众视冬至节甚重,俗话说"冬至大于年夜"。已婚而在娘家的妇女,必须回夫家团聚吃"冬至夜饭"。节日前后须祭祀祖先,宴请亲友,俗称"过冬至"。有祭祀新丧不满周年者,称"过新冬至"。死者的祭台,一般都会在冬至日拿掉,俗称"端坐台"。还有人家选择墓地后,冬至时节"落葬"。

16. 腊八节

农历十二月初八为腊八。是日,农家要煮"什锦粥"喝,称"腊八粥"。

17. 腊月二十四

农历十二月二十四,俗称腊月二十四,民间也称"送灶君"日。那天家家户户掸檐尘(大扫除),淘米磨粉,开始蒸年糕,做米团子,为喜迎新年做准备。吃过晚饭,送灶君。先在灶台上放些年糕、团子、米饭(或米粉羹)等祭品,烧香点烛,以敬灶君神,行善保平安。之后,把灶君公公从"灶君宫"里请下来与黄纸钱一起焚烧,寓意送灶君神上天去,明年正月半再来掌管自家灶台,让自家烟火兴旺,家人健康。

如有人家新打灶头,灶墙上面必须写上"火烛小心",其中"火"字倒写,寓意不会引发火灾。农村里还流传说"三年一打灶,胜过祭回祖"的说法,其实也反映出农村里烧了三年的灶头不卫生了,该重起炉灶了。

旧社会里,腊月二十四,长工在东家干了一年农活,替东家送走灶君后,夜里要吃东家 24 个团子,二十五日饭后,领取工钱,回家过年。民间流传说"苦长工,长工苦,廿四团子廿五饭,卷了铺盖就滚蛋"。腊月廿四夜,农村风俗盛行烧地香。

18. 除夕

农历十二月三十(小年十二月二十九),俗称大年夜,是年终的重大节日。

大年夜,一家人不管在外地工作、经商,都要回家来过年,全家人一起吃年夜饭,也叫"团聚饭"。

吃年夜饭是一年里全家人的大事,家家户户十分重视,也十分讲究。

年夜饭的菜肴是一年里最为丰盛的一顿。在之前一段时间,家人十分忙碌,杀猪宰羊,杀鸡杀鸭。农村人家,家家户户在年前养好"过年猪",到过年时宰杀,也有两家合杀一只猪。猪腿和部分猪肉,用作腌腊肉。杀羊后红烧羊肉,也有白烧,也有烧羊膏冻。家人再要上街买酒买菜,为准备一顿丰盛的年夜饭,辛苦地忙碌。

大年夜全家人欢乐聚餐,尽情畅饮,又说又笑,其乐融融。吃过年饭后,长辈给小辈发"压岁钱"。

除夕夜,每家门上贴春联,入夜后家家都要守夜,也称守岁。老人小孩都要洗脚,一起吃炒蚕豆、瓜子、炒糖米花等。等到半夜子时,家家都要放"高升百响",寓意送走旧的一年,迎来新的一年。

在旧社会里,流传着"富人盼过年,穷人怕过年"的民谣。穷人欠债,年三十夜,债主上门讨债,穷人无法还债,只能年三十夜逃出去,受饥挨饿。所以又流传着"过年过年,有钱人家吃一夜,呒钱人家冻一夜"等说法。

改革开放后,人们都在电视机前观看"春晚",再也不用外出躲债了。

二、喜庆习俗

1. 定亲

先由男方家长央请媒人(俗称媒婆、介绍人)物色对象,对象物色到后,媒人向女方家长要来姑娘的庚帖。庚帖写明姑娘的出生年月日时辰,用毛笔书写于红纸上,也称为"时辰八字"。媒人将姑娘的时辰八字送至男方。男方接到后将时辰八字供在灶公龛前,再请算命先生推算合字,俗称"论八字"或"合八字"。如有冲克、不合,男方将女方的八字退还,若没冲克,即由媒人告知女方,经女方父母同意后,商定聘礼。男方择定吉日,备礼金。新中国成立前,农村备礼以大米为主,附金银首饰;之后,聘礼以钱、物为主,由媒人带领送往女方,俗称"担小盘",也称"攀亲""定亲"。

定亲当日,男方需备"求允"帖子,女方收礼后换上"允吉"帖子,表示双方同意定亲。

定亲后,男方选定黄道吉日结婚,结婚之前男方还要送重礼,俗称"担大盘"。女方收下后,同意男方选定的结婚之日,俗称"话着实"。也有女方嫌聘礼少,主要嫌"六礼""捏金钱"少,还须讨价还价。"六礼"是赠送女方母亲生育抚养女儿辛苦的报酬礼。新中国成立前,以大米为礼,送六石六斗、六十六石六斗不等。新中国成立后,以人民币为礼,送六元六角、六十六元六角、六百六十六元六角至六万六千、十六万六千不等,寓意六发,六六大发。"捏金钱"是赠送新娘子购买金银装饰品之类的费用,这习俗沿袭至今。当女方收礼后,女方父母忙着给女儿准备嫁妆。

2. 迎亲　结婚

女方按男方选择的良辰吉日结婚。成婚之日,男女双方各自宴请自家亲朋好友。农村结婚一般需要三天排场,第一天称为"开厨",第二天称为"正日",第三天称为"荡厨"。

"开厨"那天,女方将嫁妆送往男方家中,俗称"行嫁",其中必备嫁女的新被头、枕头要成双成对,被头内放红蛋、糖。嫁女新马桶、脚桶俗称"子孙桶",内放五个红蛋、米、赤豆、红枣等物。嫁女新淘箩、饭箩俗称"金饭箩",内有一身新衣服、一双新鞋并用红颜色方巾包扎,俗称"子孙包"。在"子孙包"上面放一棵用红纸包住根的万年青,俗称"运"。

男方送上"上头盘"至女方,俗称"肚里痛盘",盘内装有一桌酒菜和一腿猪

肉、一条活鲤鱼（表示鲤鱼跳龙门）等。女方收礼后将空碗、空盆里放上几根咸菜（农村风俗不可以空碗盆回男方），其中一条活鲤鱼仍送回男方，俗称"游（有）来，游（有）去"。

办喜事的男女双方都要请"账房先生"记录人情账。

20世纪80年代之前，农村盛行人情账簿（俗称喜簿），都用大红纸自制装订而成，并用毛笔书写。

人情账簿开页，先记娘舅、姑父，后写直系至亲。第一号为娘舅（娘舅诸多从大到小依次排序）。第一号改写为"元号"，第七号改写为"巧号"，第十号改写为"全号"。

男方发"正媒帖子"邀请正媒（女方姑娘的娘舅或姑父）当晚到男方家吃晚饭，俗称"载娘舅"。娘舅一到，男方先放"高升"（鞭炮）再请茶（陪伴娘舅喝茶吃果品），然后备酒席，娘舅酒席安排在男方家客堂的东北角（据农村风俗"东北角"是第一位，最尊贵）。娘舅一人朝南独坐，其左右各两人陪吃，称为"请娘舅"。饭后娘舅要送喜钱给厨师、茶担师。男方在送女方娘舅回家时又要放"高升"（鞭炮）欢送。

"正日"那天，男方备花轿，摇娶亲船去女方。娶亲船要扎彩，船上彩旗飘扬，请丝竹班吹拉弹唱，船艄配备双橹，装好"开出跳"。挑选村上身强力壮的小伙子摇船和抬轿，船头配备两名撑篙能手，船舱里停放花轿和丝竹班子人员座位。一切安排妥当，在鞭炮、丝竹声中出发，去女方村庄"载新娘子"。

此时男方家中布置新房，整理婚床，俗称"铺床"。婚床是新婚夫妇关系公认、许可的见证物，也是传宗接代的重要场所，其意义的重要性不言而喻。"铺床"，需挑选一对已婚已生育男孩的夫妇和一对男女小孩（俗称仙童仙女）担任。

"铺床"要求新被头里放上五个红蛋，床上放两蒸米糕、两根挑稻扁担、两根甘蔗、一杆秤。"铺床"开始，外面放鞭炮，男女小孩面对喜床叩头，"铺床"习俗流传至今。

娶亲船摇至女方村庄，放鞭炮，船上丝竹声响起。亲船在村头至村尾的河道里摇四五个来回，俗称"打出势"。村上男女老少站在河边观看娶亲船表演，十分热闹。之后，女方家河滩头竖两竿竹，竹上用红纸包扎（以示停泊亲船处）。旧社会规矩，娶亲船不准停在非办亲事人家的河滩上。待娶亲船停稳后，轿夫抬轿上岸，丝竹班跟随吹拉喜庆乐曲。花轿停至女方家门口。新娘在上花轿前，蒙上红盖（是一块两尺见方的红色绣花布），上轿要哭，俗称"哭嫁"（新娘哭，娘家福）。如不哭，人家会说新娘子傻，没教养，没人情味，婚后也不好过日子。新娘不哭，嫂辈们会劝哭："哭两声吧,嘴里哭,心里愿,不哭两声不好看。"再不哭,母亲就会打哭、逼哭。之后,由新娘的哥哥或堂兄抱新娘子送上停放在门口的花轿,乐队、亲友伴送,在鞭炮、丝竹声中花轿抬至娶亲船,俗称"下亲船"。娶亲船离开时,只能由女方新娘的长辈来推开,或用已备好的船篙撑开(其目的是不让娶亲船离开时,撑篙带走女方的泥土),娶亲船必须在女方村庄的河道上又要来回摇几次,方可离村回男方家。

娶亲船一路上十分畅通,所有船只都会避让,如有其他娶亲船相遇,各放鞭炮,相互谦让而过。民间传说:天下娶亲船最大,甚至遇上大官船,大官船也会让路。

娶亲船摇至男方村庄时,在鞭炮声、丝竹声中在河里摇上几个回合,此时,男方新郎母亲要用拎水提桶上河滩头舀水,提到厨房间内放入水缸里,这一举动寓意顺风顺水。娶亲船停稳后,花轿抬至新郎家大门外等候,由新郎的妈妈首先迎接"子孙桶",然后新娘子在喜妈的搀扶下下花轿。新娘第一声要叫新郎的妈妈,俗称"开金口"。新娘下花轿跨入男方家大门坎(槛)后,双脚踩在麻袋上,两只麻袋有人不断拾起、铺下交替移动,让新娘在麻袋上缓慢行走(寓意新娘来传宗接代)。其身后安排两名童男童女,拉着新娘衣带,在新郎妈妈的引领下,步入她自己的老房间,等候拜堂成亲。同时,邀请有生育男孩的妇女几人做"结亲团",准备成亲拜堂之后,煮熟了供大家分享。午后举行婚礼仪式,婚礼一般都在大客堂内举行,客堂中央摆一张用红布罩着的香案台,台上放置大红烛、香炉,俗称结亲台。台前后安放椅子、凳子,亲朋好友欢聚大客堂两旁。先由持婚人高声宣告新郎新娘拜堂成亲开始,同时场外放鞭炮,堂内奏乐,持婚人宣喊:请"迎光员"入席,点燃香烛。"迎光员"由两位父母双亲健在并与新郎同辈的男青年担任。入席后站立在香案台两旁。接着请主婚人(男方家长)、证婚人(有名望的人)、介绍人入席,他们就坐在香案台前后的椅凳上。

再请新娘新郎入席。此时,新娘在喜娘和新郎的搀扶下,踏着红地毯,从新郎妈妈的房间里走出,入席后站在香案台前的红地毯上。此时,红烛高烧,乐声不断。

然后请证婚人、主婚人、介绍人讲话。

接着持婚人宣读:新郎新娘拜堂,一拜天地、二拜高堂、夫妻对拜,此时为婚礼的高潮,大家尽可与新郎新娘嬉戏玩乐。

接着新郎新娘送入洞房,新郎新娘手拉红绿"鸳鸯巾",在手持红烛的迎光员引领下,踏着红地毯进入新房。

拜堂后,祭祀祖宗,俗称"祭祖拜家堂"。接下来会亲,开宴,向亲朋好友敬酒。新娘子在喜娘和婆妈的伴同下,逐一向长辈行礼叫应。之后新娘回新房。晚上闹新房至深夜,俗称"三朝呒老小,太公太婆闹一闹"。反映闹新房不分男女老幼,都可闹一会,为了图个热闹、快乐。

"荡厨"那天,新郎陪新娘备礼回望女方父母,俗称"回门",直至晚饭后才回男家。此礼节流行至现在。

喜事的第四天,农村里还盛行新郎在父亲的陪同下,肩挑一桌酒菜,上娘舅家去祭祀祖宗,俗称"祭外祖"。

新中国成立后,提倡自由恋爱,婚事简办,移风易俗。有的举行集体婚礼。到20世纪90年代,随着改革开放后人民生活条件的逐步改善,婚礼渐趋讲究,女方要求越来越高,男方必备婚房、轿车,婚房内电器设备要齐全,装潢须新颖。娶亲婚车成队,婚宴酒席越办越丰盛。为操办儿女婚事,男女双方家庭倾其财力。但也有青年人要求节俭办婚事,提倡旅游结婚,甚至有的"裸婚"。

3. 招女婿

招女婿,又称"倒插门",是男方落户女方成立家庭。男方肯"倒插"的原因诸多,或因家庭经济困难,娶不起媳妇而到女方家做女婿;或因弟兄多,其中一个出门做女婿。女方家是因为无儿,为继承香火而招女婿。男方到女方家入赘后,有的改姓女方的姓,有的保留原姓,但生育的儿女都得姓女方的姓,为的是替女方传宗接代。

招女婿,婚事由女方主办,其婚前手续和婚礼仪式,与嫁女基本相同。此项风俗延续至今,但生育的儿女姓谁的姓,无规定,由男女双方商定。

4. 钻火洞

丈夫死后,妻子成了寡妇。旧社会里寡妇再嫁被视为耻辱,不但无嫁妆,各式礼仪也没有。寡妇人家最苦,一个女人要供养老人、抚养子女,正如耘稻山歌《寡妇泪》所述:"天上乌云薄绡绡,地上寡妇哭唠叨,阿大阿二呒不亲爷叫,千斤担子啥人挑……"寡妇家生活过得如同火坑一般。男人入赘寡妇家在农村俗称"钻火洞"。

5. 兑换亲

旧社会,农村里如有两方穷苦人家都无力娶亲,但孩子已长大到男大当婚、女大当嫁时,经中间人牵线搭桥,经双方父母同意,将双方的兄妹或姐弟互换成亲,婚礼也比较简单,俗称"兑换亲"。

6. 童养媳

旧社会里,有的贫苦人家无力把女儿抚养成人,就把女儿从小送给人家,长大后当媳妇。也有的贫苦人家生怕儿子长大后无力娶亲成婚,就从别人家领养小女孩,也有的男家到育婴堂去领养女童,将来当媳妇。这种未成年就入门的媳妇俗称童养媳。成年后,由父母做主,给儿子成婚。在农村,一直流传着这样一句歇后语:"养媳妇做媒人,自身难保。"这也反映出童养媳在婚姻大事上是不可能自由选择的。新中国成立后,童养媳已经绝迹。

7. "顺风囡"

旧社会,农民家贫困,娶媳妇嫁女有一定困难,只能在至亲之间通过友好协商,将哥、弟家的女儿,嫁给姐、妹家的儿子,因侄女随着姑妈嫁给同一人家,如同风吹向同一方向,所以俗称"顺风囡",又称"亲上加亲"。

8. "返乡囡"

旧社会,农村里贫苦人家儿女成婚,有的将姐、妹家的女儿,回嫁到娘家做哥、弟家的儿媳妇,俗称"返乡囡",也称"亲上加亲"。

新中国成立后,贯彻实施新《婚姻法》,已废止"顺风囡""返乡囡"等亲上加亲、近亲结婚这些旧习俗。

9. 叔接嫂

旧社会,兄长已经过世,弟娶兄嫂为妻,经长辈撮合即可同居,俗称叔接嫂。也有兄长接娶守寡的弟媳为妻。新中国成立后,这种现象极少,如果有,必须双方自愿,并进行婚姻登记,才能成为合法夫妻。

10. 抢亲

旧社会里抢亲有两种情况:一是男女双方已订婚,因男方经济贫困,无力办酒席行聘,而女方又不同意简单成婚,于是男方带领一帮小弟兄,事先谋划伺机而动,趁姑娘家不防备突然袭击,新郎拉住未婚妻后,小弟兄们帮忙,放鞭炮、吹喇叭,乐声一响,表示成亲,既成事实,左邻右舍不得干涉,如姑娘反抗不从,由公婆央人说服。

二是公婆阻止守寡儿媳妇再嫁,儿媳妇私自约新丈夫抢亲。也有个别利用庙会、节庆场合或上坟机会,男方突如其来拉扯住女方,其他人一拥而上,放鞭炮、吹喇叭,算已成亲了,旁人不予干涉,又能得到大家认可。抢亲一般都不办酒席。此俗新中国成立后已绝迹。

三、生育、攀亲、祝寿习俗

1. 催生

新婚妇女怀孕后,在临产前一月左右,女方父母有催生的习俗。孕妇娘家要准备婴儿所需的衣服、鞋帽、尿布以及产妇所需的营养品,外加一只公鸡,送至婿家。娘家还要准备粽子、团子等分赠给乡邻,即为"催生"。

2. 献三朝

产妇俗称"舍姆娘",婴儿诞生后数天,男家要办"三朝酒"。男女双方的至亲朋友都要去男家贺喜饮酒,送糖糕钱。

"献三朝",娘家送上红蛋、米糕、团子等礼物。饭后将红蛋、糕团等物品分赠给亲戚、邻里。也有婴儿满月请酒,称"做满月"。

3. 搭纪

新生儿到周岁时,男家办酒席请客,称"过周岁",俗称"搭纪"。亲朋好友赠送喜面、衣服、压岁钱等。"搭纪"之日,一般在婴儿面前放些书、笔、算盘、钱币、小玩具之类物品,任婴儿去抓拿,以预测其将来的前途与命运,俗称"抓周"。周岁婴儿脚上穿绣有老虎头的鞋子,寓意可避邪。

4. 过房亲

这是一种特殊的认亲方式,在农村里盛行。据说孩子认了"过房亲"以后,可以减少疾病困扰、免除灾难。大多数孩子攀过房亲,在"过房爹娘"新婚时,孩子随父母带上面、鞭炮等礼物,在"过房爹娘"婚礼时,举行简单仪式就认可。也有些双方协商好,举行"过房"仪式就算认"过房亲"了。

5. 立嗣

旧社会,若有子女未成家而死亡,或夫妇未生育的人家,为延续香火,继承家业,便找近房近亲的男儿作为该户人家之后嗣,也有外姓人做后嗣,俗称"立嗣"。

6. 做寿

一般于男女60岁、70岁、80岁做寿,在农村里大多会提前一年做寿为吉利。旧时,大户人家至花甲诞辰,有儿孙辈摆酒庆贺。做寿前一日,女儿、女婿送上寿桃、寿糕、寿面、寿星纸马、寿香寿烛、寿酒等,俗称"暖寿",亲朋好友也送寿幛、寿礼。

做寿之日,寿堂里红烛高烧,寿幛高挂,寿礼纷呈。放鞭炮百响,由儿孙们向寿翁拜寿,一般亲友拱手作揖为礼。宴后向邻里分赠寿面。

还有老人至66岁时称"逢关",由女儿烧肉饭,送红衣服。据说,老人吃穿之后可顺利闯关,以达长寿,俗称"担饭"。

四、丧葬习俗

旧时候,凡人亡故,其家属即将此噩耗讣告亲戚,俗称"报死"。只限报给死亡者的亲戚,不报朋友,但朋友间可通过互传信息前来吊唁。

亡故后,有人替死者净身,并将换下的衣服立即火焚,死者睡的床席、蚊帐丢抛至屋顶上。然后在客堂中央置一门板,将死者从房中移出至客堂,俗称"转尸"。死者躺在门板上,头南脚北,用清洁被单(面)盖上,脚上穿鞋,将一笆斗套住双脚,也有将笆斗套单脚的;头前挂白被单(或白篷单),称为孝幕;前面放一张八仙桌,称孝台。死者头旁点一盏油灯,一碗盆中放一个荷包蛋,油灯昼夜不息,点燃香烛,放些祭品。孝台前放一铁锅,内焚化锡箔纸或黄纸钱。死者的子女、家属和直系亲属都穿白衣,女的加穿白布罩裙,脚穿白鞋,腰扎白带,头上披麻,其他亲属朋友扎白腰带,称"戴孝"。亲属昼夜守灵恸哭,称"守夜",朋友称"伴夜"。恸哭者中,与死者是夫妻关系称"哭亲人",与死者是子女关系称"哭爷娘"、媳妇称"哭大人"。

丧事里请道士、佛婆念经,称"做道场"。死后3天,尸体放入棺材(入殓)。入殓前死者穿新衣服、新裤、新鞋子、新帽,死者一般要穿七件衣,称"七个领头"。入殓棺材里放石灰包、黄纸及死者生前喜爱的生活用品,俗称"陪葬"。出殡前办丧事人家请人专门记录亲朋好友的吊唁钱额,俗称"吊孝钱",记录簿称"丧簿"。

出殡前子女、亲友在死者棺材前挨次跪拜作揖,子女重孝披麻着白,扶着棺材抬出客堂,相帮人立即摔碗盏,道士吹哀乐,待死者棺材出客堂后,客堂间马上用大扫帚扫地。如巧遇死者是81岁,杨湘泾境内还有风俗习惯,相帮人在客堂里除了摔碗盏,还要摔一把算盘,意思是"81岁死,九九八十一,财运被算尽"。摔算盘、碗盏表示怨恨被算尽、算完("碗"与"完"同音)。丧事过后,死者子女在农村里讨百家饭,示意财运算完,要重新开始过苦难生活(最穷苦、困难的就是讨饭人)。讨饭如讨到"万""范""樊"之姓人家,算讨到了万家饭,表示苦尽甘来。这一习俗至今尚存。

死者出殡一路上撒锡箔钱或黄纸钱。子女、亲友蜂拥着送棺木至坟地。死者的棺木送至墓地,在当时有两种情况:一是将棺木放置于墓地上,用稻草遮掩,等后选择吉日,再入土埋葬。也有棺木四周用砖砌,上面用土瓦遮盖。二是死者的棺木送至墓地,直接入土深葬,俗称"热落葬"。送殡的子女、亲友回来,须在死者

家场角处的火堆上,用脚甩一下,寓意焚晦气。

回丧后,在客堂一角设灵台,白布台毯,台上点香、点白烛、立牌位,俗称"坐台"。当晚宴请亲友,俗称"吃回丧夜饭"。自死者去世之日起,子女、直系亲属每日早晚在灵台前哀哭。每逢七日为"一七",直祭到"七七"为止。至第七个为断七。在农村以死者的"五七"为主七,家属须请酒、做道场、烧纸房子、过七仙桥等,十分隆重,俗称"做五七"。

新中国成立后,移风易俗。丧事简办,披麻改为臂戴黑纱、小白花,亲友吊唁送花圈、挽联、挽幛,有的开遗体告别会,寄托哀思,土葬改为火化,骨灰盒送进公墓安葬。

五、建房习俗

在新中国成立前,农村里建造新房,必须请阴阳先生看风水,定地点,择黄道吉日,备请泥水木匠的作头师傅,喝开工酒。到上梁那天备"上梁酒",之后进宅备"竖屋酒"或"进宅酒"等。

建造新房开工之后,东家每天以鱼、肉、酒、菜招待泥木工师傅,每次用餐时的座位,泥木工"作头师傅"的位子是固定不变的,寓意:让所造的房屋牢固。

1. 上梁

先在正梁上贴红纸横幅,左右正柱上贴红对联,俗称"赏红"。上梁时,放鞭炮,从梁上抛下喜糖、铜钿、馒头,说吉利话。围观群众和造房帮工们争着相接,同时观看木匠"作头师傅"行走于正梁上,边走边唱"上梁歌"的表演。这时从正梁两头各放6个鞭炮,之后,东家将馒头、糕点分送给泥木工匠、亲朋好友当点心,并分送给邻居,当天东家设宴招待,俗称"吃上梁酒"。

2. 进宅

新房建造好,东家择良辰吉日,再宴请亲朋好友,娘舅家馈赠一篮团圆、八蒸糕、两根甘蔗、两根青竹(留有竹叶)、淘箩、竹篮、碗、盆、筷子等物品,并把娘舅家送的部分糕团等礼品分赠给乡邻、亲戚,东家备酒席,俗称"竖屋酒"。这一习俗延续至今。

六、农民"阄会"

"阄会"行事方便,可操作性强,一直被广大农民认可,相沿到新中国成立初。"阄会"最早由度城一带开创,度城是民间"阄会"的发祥地。追本溯源要到唐朝乾符年间,黄巢起义军在度城筑城驻守,起义军在黄巢的带领下,军纪严明,爱民如爱子,不拿老百姓一米一柴、一针一线,在农忙时季还帮助老百姓耕种收割,农闲时候帮助老百姓盖房修屋,平时防匪防盗,为老百姓看家护园。起义军是老百姓的保护神,深受度城一带老百姓爱戴。老百姓为了表达对起义军的感激,每逢大年之夜,各村百姓纷纷自发送粮送物,慰问起义军。有些贫苦百姓家虽然困难,但为了了却这桩心事,穷人穷办法,想法子组合几家亲戚朋友,协助帮忙,去支援起义军。这样年复一年轮番合作,逐步形成了一种民间互帮互助变相借贷的合作形式,后来,逐渐推行至四乡八邻。

自古以来,杨湘泾地区村民都是以种田为生的个体经济,一旦遇到天灾人祸,或者为了添置耕牛、农船等大型农具,或者为了改善居住条件,造房修屋,或者为了儿女谈婚论嫁办喜事,长辈们没有相应的经济实力,怎么办?当地村民首先想到的是以"阄会"来解决困难,渡过难关。

"阄会"首先由"头会"发起人召集"阄会"人家聚在一起商讨,因为发起户往往有大事要办,急需经济来源。于是由他邀集亲戚朋友少则十几家,多则几十家,经多次接触联系后,选定具体日期,才一起相约在召集人家里,并由他家设宴款待大家之后,再才共同商量"阄会"事项。首先确定"会米"数量(当时都以大米为定价标准),缴"会米"的时间。为了郑重其事,防止口说无凭,当场立下"阄会"协议书,并由"入会"户主盖章画押、揿手印为证据。一般发起人为"头会"(第一年首先收"会米"),谁来拿"二会"(第二年收"会米")、"三会"(第三年收"会米")……"末会"(最后一年收"会米")呢?这要以"着骰子"形式来安排顺序。这"着骰子"的过程叫"摇会"。那时有民谣说:"阄会好,阄会好,头会跑得脚底泡(苦),二会现成饭吃饱(甜)。"意思说"阄会"起头人常常走这家亲眷,跑那家朋友,横请竖邀,表述己见,好话说尽,最后约定好日期,才把亲朋好友请到家,总算把"会"阄合起来,而"二会"坐享其成凑现成,一转眼第二年马上就能获得回报。

这期间,如果有入会人家发生意外事故有困难,可以缓交"会米",但诚实守信的农民会员宁愿自家苦,也不会拖"会米",都能按时交付。假如其中某户一旦遭遇天灾人祸,困难深重,"阄会"众家一起协商,表示怜悯之心,一家有难众家帮,都会同意让他家提前收取"会米",及时帮助他家渡过难关。这些内容尽管在"阄会"协议书上没有写那么多的明文细节,但老实诚信的农民兄弟一旦成为"阄会"成员,大家情同手足,互相尊重,互相关心,不失约,不失信。古往今来,这种民间借贷互助合作的经济文化,能让广大贫苦农民顺利渡过难关,阄会的作用功不可没。正因为如此,农民"阄会"才源远流长。

第六节 方言土语

一、时间类

半夜三更(深夜)　　　　　个日子(前天)

昨日(昨天)　　　　　　　今朝(今天)

明朝(明天)　　　　　　　后日点(后天)

猛生头里(突然)　　　　　陪夜(守夜)

寒长里(冬天)　　　　　　啥辰光(什么时候)

早起里(早晨)　　　　　　大伏里(大暑天)

热天色(夏天)　　　　　　冷天色(冬天)

上昼(上午)　　　　　　　下昼(下午)

垂夜快(傍晚)　　　　　　年夜快(快到年底)

年夜煞脚(年底)　　　　　腊月里(农历十二月)

秋长里(秋天)　　　　　　三春朗(农历三月)

早排头里(以前、过去)　　该抢世里(此时此刻)

老底子(过去)　　　　　　开排头(开始时)

姜会(刚才)　　　　　　　等一歇(等一会)

夹梦头里(突然、没想到)　煞生头里(突然)

后首来(后来)　　　　　　先起头(开头)

盖歇(现在)　　　　　　　浩稍快点(赶快)

轮更半夜(从黄昏到半夜)　大青老早(清早)

老底辰光(古时候)　　　　日早(每天)

小辰光(小时候)　　　　　上趟(上次)

该趟(这次)　　　　　　　啊里趟(哪一次)

黄昏头(傍晚后)　　　　　半夜三更(半夜里)

通串夜(一整夜)　　　　　有常时(有时候)

老法头里(很久以前)　　　吃朝烟(休息会儿)

歇歇脚(休息会儿)　　　　积积力(稍事休息)

186

一直(经常性)　　　　　　　　一来兴(很短时间)
老里老早(很早以前)　　　　　后首来(后来)
挨模样(等段时间)　　　　　　勒浪模样(差不多)
旧年(去年)　　　　　　　　　开年(明年)
一歇歇(时间很短)　　　　　　开夜车(晚上工作)
一日到夜(整天)　　　　　　　一年到头(全年)
一生一世(一辈子)　　　　　　小年夜(农历腊月廿九或廿八)
大年夜(农历腊月三十或廿九)　日长夜短(白天时候长,夜里时间短)
成日成夜(白天连着夜晚)　　　该枪世里(这段时期)
一个突头呆(一时间来不及做出反应)　一个勃乱花(一会儿、一瞬间)
黄梅天(梅雨季节)

二、气象类

冷来(很冷)　　　　　　　　　热来(很热)
发西风(吹西风)　　　　　　　作冷头(天寒)
雷响(雷声)　　　　　　　　　阵头雨(雷阵雨)
霍显(闪电)　　　　　　　　　天打(雷击)
野日头吃家日头(日食)　　　　野月亮吃家月亮(月食)
劈风斜雨(狂风暴雨)　　　　　迷露(雾)
阵头风(雷雨前的风)　　　　　上阴天(多云转阴)
吼思热(闷热天)　　　　　　　还潮天(湿度很高的天气)
天好(晴天)　　　　　　　　　落雨(雨天)
空阵头(光打雷不下雨)　　　　作冷头(寒潮来临)
还暖(寒潮过后升温)　　　　　风干日燥(风大干燥的晴天)
秋拉洒(秋雨绵绵)　　　　　　热天色(夏天)
冷天色(冬天)　　　　　　　　日架(日晕)
月架(月晕)　　　　　　　　　吼(彩虹)
扫帚星(彗星)　　　　　　　　星搬场(流星)
炀日头(阳光灿烂)　　　　　　阴私天(阴天)
缸爿头云(小块状云)　　　　　麻花雨(很小的雨)
长太雨(连续不停下雨)　　　　吊西风雨(冷空气来临前夕下雨)
拗春冷(倒春寒)　　　　　　　落雪(下雪)

雪珠(霰)　　　　　　　　热天色(夏天)
冷势势(寒冷的感觉)　　　热透热透(很热)
冷透冷透(很冷)　　　　　雨湿迷迷(烟雨朦胧的样子)
热天热色(天气很热)

三、方位类

灶暗头(灶头烧火地方)　　滩渡头(河滩边)
下场头(正屋的对面)　　　上街朗(到镇上)
啥场化(什么地方)　　　　村窠(自然村落)
街上(镇上)　　　　　　　浜斗(一头不通的河道)
溇潭(小池塘)　　　　　　田横头(田间)
坟墩头(坟墓)　　　　　　弄堂(两座房屋间的狭道)
客堂间(客厅)　　　　　　朝天(面向上)
页扑(面向下)　　　　　　里厢(里面)
外头(外面)　　　　　　　东横头(东边)
西横头(西边)　　　　　　南横头(南边)
北横头(北边)　　　　　　两横头(两端)
隔界头里(交界处)　　　　顺手里(右边)
祭面、祭手里(左边)　　　对对过(对面)
近段(附近)　　　　　　　塘塘搭搭(到处)
格面(那边)　　　　　　　啊里答(哪里)
对屁股(背靠背)　　　　　隔厢头里(空间狭窄)
歪都里(侧面、旁边)　　　角落头(空间很小的地方)

四、人体类

身坯(人身躯总体形态)　　条干(身材)
块头(个头)　　　　　　　卖相(外貌)
骷榔头(头颅)　　　　　　头爿骨(头骨)
头顶心(头顶部位)　　　　箩(手指头罗纹成圆形)
粪箕(手指头罗纹不成圆形)　额骨头(前额)
山尖(前额最高处两侧发际部位)　面孔(脸)

面架子(脸型)　　　　　　　　　酒潭(脸上酒窝)
眼膛(眼窝)　　　　　　　　　　水泡眼(眼皮肿)
眼乌珠(眼睛)　　　　　　　　　眼白(结膜)
眼仙人(瞳孔)　　　　　　　　　耳朵管(耳道)
耳末(耳朵分泌物)　　　　　　　盘牙(白齿)
尽头牙(智齿)　　　　　　　　　馋吐水(唾液)
胡子(胡须)　　　　　　　　　　甲子斑(雀斑)
胡咙(喉咙)　　　　　　　　　　头颈骨(头颈部分)
肩胛(两侧肩部)　　　　　　　　琵琶骨(锁骨)
胸口头(前胸部)　　　　　　　　肋棚骨(肋骨)
背梁脊骨(脊椎骨)　　　　　　　膈拉卓(腋窝)
肚皮(腹部)　　　　　　　　　　肚皮眼(脐带孔)
背心(背部)　　　　　　　　　　腰子(肾脏)
腰眼里(腰部脊椎两侧的地方)　　膀哈裆(胯下)
尾巴桩骨(尾骨)　　　　　　　　臂撑子(肘部)
手骱子(腕关节)　　　　　　　　小节头(小手指)
大节头(大拇指)　　　　　　　　节掐子(指甲)
脚节头(脚趾)　　　　　　　　　大膀、小膀(大、小腿)
脚馒头(膝盖)　　　　　　　　　臀宫、屁眼(肛门)

五、农器具类

风打车(风车)　　　　　　　　　牛盘车(牛车)
牵车(手牵引水)　　　　　　　　踏水车(脚踏戽水)
轧稻机(脱粒机)　　　　　　　　机帆船(挂桨机船)
电风扇(吹净稻谷)　　　　　　　山杷
栳栳　　　　　　　　　　　　　栈条匾
锄头　　　　　　　　　　　　　开沟铲
畚箕　　　　　　　　　　　　　竹扁担、挑稻扁担、翘龙扁担(挑河泥)
粪桶　　　　　　　　　　　　　粪料
稻钩绳(收稻用)　　　　　　　　稻床(掼稻用)
牵砻(碾米)　　　　　　　　　　罱网
欠部(捞泥工具)　　　　　　　　挑草泥(肥料)

犁(耕田用具)	耙(平整田面农具)
斜田(平整田块高低)	铁搭
镢子(镰刀)	甩车(风车)

六、动植物类

肉猪罗(猪)	老母猪
水牛	黄牛
湖羊	山羊
雄鸡、雌鸡、白蜡克鸡	绍鸭、山鸭
白乌鸡(鹅)	簿盖(鸽子)
喔泸刁(鸬鹚)	曲蟮(蚯蚓)
财积(蟋蟀)	老虫(老鼠)
百脚(蜈蚣)	知了(蝉)
麻将(麻雀)	小白兔、长毛兔
青菜、白菜	胡萝卜、白萝卜
菠菜、芹菜、空心菜	芝麻
茭白	蓬花菜(蓬蒿菜)
豇豆、扁豆、毛豆(黄豆)	豆(蚕豆)
赤豆、绿豆、触天豇(豇豆)	辣茄
绿苏(茄子)	莴苣笋
丝瓜、黄瓜、冬瓜、西瓜、香甜瓜	天竹子(天竹)
木樨花(桂花)	番麦(玉米)
洋芋艿(马铃薯)	长生果(花生果)

七、生活用品、动作、特定称谓类

老布袄(旧棉衣)	梳妆(梳洗、打扮)
勾厉(虐待)	孵日旺(晒太阳)
歇热(避暑)	做舍姆(孕妇产后)
拖油瓶(娘带小孩改嫁)	寡婆(寡妇)
天生(本来)	勒浪(在)
惯常(习惯)	

八、待人接物、文化娱乐类

戴高帽子(说好听话)　　　　　　　白看戏(免费看戏)
讲究(讲故事)　　　　　　　　　　拆烂污(不负责任)
东说汪洋西说海(瞎讲)　　　　　　媒人(婚姻介绍人)
做媒人(当婚姻介绍人)　　　　　　明早会(明天再见)

九、商贸类

做生意(经商)　　　　　　　　　　油水足(利润多)
揩油(贪小便宜)　　　　　　　　　跑单帮(一个人做生意)
走江湖跑码头(出门经商)

十、治家、社会万象类

长病床前无孝子　　　　　　　　　攀亲不要攀高亲,落雨走路不要走
吃喝嫖赌,吭收作　　　　　　　　　　高墩
寡婆门前是非多　　　　　　　　　一日夫妻百日恩,百日夫妻恩海深
六十(岁)勿借债,七十(岁)不住夜　　一只碗不响,两只碗叮当
秀才碰着兵,有理说勿清　　　　　棒头上出孝子,筷头上出孽子
乖人不吃眼前亏　　　　　　　　　娘娘相公,自家屋里叫出去
村上出个好嫂嫂,姑娘阿嫂全学好　秧好稻好,娘好囡好
上场搬到下场,吃完三年饭粮　　　药对方吃口汤,药勿对方用船装
好吃懒做不做活,坐吃三年海要空　新三年、旧三年,缝缝补补着三年
三朝媳妇婆引坏

十一、育人、人际交往类

托人托个黄伯伯　　　　　　　　　打人莫伤脸,骂人不揭短
白费心思一场空　　　　　　　　　害人之心不可有,防人之心不可无
十人见仔九摇头,阎罗王见仔跶　　大人不计小人过
　　舌头　　　　　　　　　　　　宰相肚里好撑船
一人肚里出不出两人智　　　　　　勿要一桨扳足
人老珠黄勿值钱　　　　　　　　　忙乱多错事,酒后吐真情

万恶淫为首,百善孝为先
知人知面不知心
画虎画皮难画骨,知人知脸难知心
一个篱笆三个桩,一个好汉三个帮
好死不如恶活
人争一口气,佛争一炷香
人要脸,树要皮
金乡邻,银亲眷
好事做不起,恶事勿要做
多吃饭少开口
不听老人言,吃亏在眼前

吃一堑长一智
阿大着新,阿二着旧,阿三着筋
三岁打爷哈哈笑,廿岁打爷双脚跳
死要人活要人,吭事可干要啥人
身正不怕影子歪
舌头滚一滚,叫人不蚀本
只有懒人没有懒地
人情薄薄行,亲眷勿冷场
做人勿要死触客
寻吼水、寻事(找短处与人吵架)

十二、其他

四龙骨跑得转(能干)
吃得开、响当当(有名气)
嘎门相(不大欢喜)
败家精(拆人家)
贼骨头(小偷)
触霉头、倒霉(运道不好)
阁计商当(做圈套)
恶装、困死(无凭据)
匠人(手艺人)
黑贴墨脱(黑暗)
捉贼捉赃,捉奸捉双
擒贼先擒王
打蛇不死害人精
螺蛳壳里做道场
烂污撒在门角落里,不图天亮
娘子别人家的好,小囡自家的好
养个小囡撒尿朝外跑(男孩)
养个小囡撒尿朝里跑(女孩)
债多勿愁,蚤多勿痒

长衫马墩子,走路摆架子
田里是长工,岸上像相公
男想女隔座山,女想男隔层纸
譬死吃河豚
只合日头,不合灶头
人不可貌相,海水不可斗量
吃得苦中苦,方为人上人
聪明一世,糊涂一时
好汉不吃眼前亏
死马当作活马医
当你和头,吃你苦头
人心齐,泰山移
三个臭皮匠,胜过诸葛亮
恶人先告状
金窝银窝不如屋里狗窝
在家靠父母,出门靠朋友
出门一里不如屋里
狗不咬空
耶稣自有道理

行得春风有夏雨

千错万错,马屁不错

爱得要死,恨得要命

先小人,后君子

君子动口不动手

破枪篱野狗钻

枪篱扎得紧,野狗钻不进

只有千夜做贼,没有千夜防贼

日防夜防,家贼难防

做贼不天打

吃人家嘴软,拿人家手短

人在做,天在看

好有好报,恶有恶报

打狗还要看主人面

好人一生平安

到啥山捉啥柴

车到山前必有路,船到桥门自会直

不到黄河心不死

多一事不如少一事

人怕出名猪怕壮

树大招风

吃一夜不及困一夜

多吃一个半夜饭,少吃一个年夜饭

鸭蛋生了种田,鸡蛋生了过年

木匠一工,不如铁匠一烘

牛无夜草不壮,人无横财不富

六月里吃粥,郎中先生看见哭

鹅食盆里鸭插嘴

狗捉老鼠多管闲事

好唱戏不及破说书

大衣捧了捧,日朝十分工

要吃当厨师,要着当戏子

种田人穷来铁搭撑,开店人穷来一笃酱

好曲子不唱三遍

六月里芥菜早生心

龙养龙、凤养凤,贼骨头养个儿子掘壁洞

上半生世做了主证人,下半生世乱说也承认

三人行必有我师

不干不净,吃了没病

吃得邋遢,成得菩萨

猪头腮(傻瓜)

热昏(说瞎话)

搭浆(蹩脚)

软搭浆(马虎、过分迁就)

猫惹污狗做主(大家多想做主)

促狭(故意刁难别人)

穷做穷,屋里也有三担铜(再穷也有家当)

合船漏,合牛瘦(没有责任心)

蟹立冬,影无踪(立冬季节无蟹影踪)

赤脚地皮光(全部家当全败光)

合度性命(相依为命)

吃不饱、饿不死(生活过得去)

现吃现泻(当场用完)

月亮里点灯(白费蜡)

横竖横,拆牛棚(破罐子破碎)

花嘴媒人贼牛头(说假话)

落雨天,狗健(没有你的事)

落雪狗欢喜

一方曲鳝吃一方泥,一方水土养活一方人,一方人说一方话

豆腐水做,阎罗王鬼做
嘴话一声,杨湘跑到独场(庱城)
送佛送到西天,摆渡摆到江边
朋友妻,不可欺
吃仔好饭,忘记讨饭
毛头姑娘十八变,临时上轿变三变
情愿跟讨饭个娘,勿情愿跟做官个爷
破扫帚配额畚箕
皇帝不急急太监
逃走黄鳝臂膊粗
心急吃勿得热粥
好木头氽勿到张家湾
面黄昏、粥半夜,吃仔南瓜饿一夜
强盗碰着贼爷爷

虾有虾路,蟹有蟹路
胡子翘篷篷,勿做勿成工
七十八十,车库里一塞(现代拆迁房)
僧面不看看佛面
敬酒不吃吃罚酒
狗嘴里出不出象牙
死要面子活受累
三拳头打勿出一个闷屁
葫芦里卖啥个药
三十年河东,三十年河西
砖头瓦爿也有翻身日
生了性,订了秤,从小到老勿改性
小囡说大话

第七节　农谚农语

一寸麦不怕一尺水
一尺麦怕一寸水
排水沟一尺不通,万丈无用
人在岸上跳,稻在田里笑
秋里撩稗,籴米买柴
三莳三送,低田白种
风调雨顺,五谷丰登
稻熟要养,麦熟要抢
麦熟过顶桥
白露白迷迷,秋分稻莠齐
寒露无青稻,霜降一齐倒
雨量中等,屋里等等;雨量中到大,
　　一日困到夜

春霜不隔夜,明早要落雨
乌云接日头,明早有天没日头
日晃晃,落满一船舱
上看初二三,下看十七八
小暑一声雷,颠倒做黄梅
有天吃日头,东家不适头
小满个日头,慢娘个拳头
六月初三起仔阵,上昼耘稻下昼困
夏雨隔田生,不落雨便风凉
腊雪一条被,春雪一把刀
重阳不落雨,百廿日不盖稻露顶
重阳落了雨,黄鳝稻铺上游三转
夏至东南第一风,不种低田骂老公

夏至西南风,没小桥(发大水)　　清明天落雨,一点雨一条鱼
夏至东北风,氽坑缸(发大水)　　六月里盖条被,十二月里呒不米
西天着夜烧,明早戴个大箬帽　　麦秀寒,冻杀看牛囝
惊蛰一声雷,蛇虫百脚全出来　　夜朝东南风,日都好天公
三朝雾露发西风　　　　　　　　东北风雨太公
日高三尺下露水　　　　　　　　木樨蒸,扇着扇子吃月饼
西风起,蟹脚痒　　　　　　　　干净冬至邋遢年,邋遢冬至干净年

第八节　民间歇后语

活勿来往,死不吊孝——断绝关系　　砻糠搓绳——起头难
钻进牛角尖——辨不清　　　　　　烂痔膀上踢一脚——雪上加霜
乱说西游记,瞎说封神榜——胡说　　癞蛤蟆想吃天鹅肉——空想
瞎三话四——无根据　　　　　　　水里放屁——泡头大
近到灶暗头,远到滩渡头——勿出　　脚锣盖当镜子——看穿
　　远门　　　　　　　　　　　　打肿脸——充胖子
天要落雨,娘要嫁人——没办法　　　猪八戒照镜子——里外不是人
慢娘个拳头——早晚一顿　　　　　小瘌子撑伞——无法无天
叫花子吃三鲜汤——要样呒样　　　山中无老虎——猴子称大王
叫花子撒烂污——穷祸一场　　　　藕断丝连——断不了
牛吃稻柴鸭吃谷——各人头上自有　烧香望和尚——一事两个档
　　各人福　　　　　　　　　　　日度三顿夜度一忽——没有心思
陌生人吊孝——死人肚里得知　　　和尚呒头发——乐得好推头
瞎子吃馄饨——心里有数　　　　　叫花子吃死蟹——只只鲜
哑子吃黄连——有苦说不出　　　　癞团跳在秤盘里——自秤为王
弄堂里拔木头——直来直去　　　　人心不足——蛇吞象
竹篮打水——一场空　　　　　　　拾着野鸡毛当令箭——得着风就
棺材里伸手——死要钱　　　　　　　　扯篷
肉馒头打狗——有去无回　　　　　狗咬吕洞宾——不识好人心
花好稻好——样样好　　　　　　　黄鼠狼给鸡拜年——不安好心

黄鼠狼踩在鸡棚上——不吃也是吃
天来落湿天来晒——勿要拿天来骂
癞团吃刺毛——一团混门
三百六十行——行行出状元
老母猪吃大麦——有嚼无嚼
斧头吃凿子——一木吃一木
额角头上搁扁担——头挑
蒲鞋肚里点灯——末等

吃仔粥看戏——啥个算计
死柴虾提汤——不鲜
爷有娘有不及自有,姑有嫂有不及旁有——自有自便当
三根扁担六翘起——不团结
肉骨头敲铜鼓——昏冬冬
恶讼师——两面三刀

第九节　民间民谣

1. 寡妇泪（耘稻山歌）

天上乌云薄绡绡,地上寡婆哭唠叨,阿大阿二呒不亲爷叫,千斤担子啥人挑?

2. 耘稻苦（耘稻山歌）

猪宗草兴来像毛竹行,鸭舌头多来像菱塘,前头耘来后头长,耘到哪天才耘光?

3. 长工泪（耘稻山歌）

东南风吹来暖洋洋,开心人家的小囡早成双,我仍苦庙旗杆独一根;隔壁婶娘要给我做媒人,我两手空空呒铜钿,婶娘说破嘴也呒人(肯)跟!

4. 扇子好

扇子扇凉风,扇夏不扇冬,若要问我借,请过八月中。

5. 生活山歌

白米饭好吃田难种,新衣裳好着布难织,鲜鲜鱼好吃网难张,肉味道好来猪难养。种田人穷来铁搭撑,开店人穷来一笃酱。

第八章 文体卫生

1905年,村境内创办第一所小学,校址设在善堂庙,校名为正基学堂,最后更名为淀山湖中心校。

1987年,周家泾小学和王土泾小学合并为永勤小学,1992年永勤小学并入淀山湖中心校。

1958年9月,创办王泥泾农中,校址设在王泥泾自然村张仁希民宅,1962年7月停办。

杨湘泾村境内自20世纪60年代开始,发动群众查灭钉螺,病人采取药物治病、切脾治疗等措施防治血吸虫病,20世纪70年代末,终于消灭了血吸虫病。

20世纪60年代,杨湘医疗站成立。20世纪六七十年代,原永勤村没有固定医疗站,村民看病大多到"赤脚医生"家里。1980年为创建合格医疗站,建立永勤医疗站(村办公室旁边)。1988年,永勤村医疗站更名为永勤村卫生室。1988年,杨湘医疗站更名为杨湘村卫生室,2001年9月,与永勤村卫生室合并为杨湘泾村卫生室。

杨湘泾村卫生室,医生有顾川娥、张祥妹、顾坚斌等。2003年并入安上社区卫生服务站。

杨湘泾村早在1937年就已成立足球队,由陆文浩带领足球队赴上海慰问抗日军队。新中国成立后,杨湘泾村成立篮球队,多次参加各地比赛。20世纪六七十年代,淀东公社利用大礼堂放电影,让村民享受电影的乐趣。20世纪80年代,中国象棋大师胡荣华来杨湘大礼堂表演"盲棋"友谊赛,让杨湘泾民众一饱眼福。杨湘泾村群众文化生活一直较为活跃,村文艺宣传队自编自演的小戏小品曾多次参加苏州、昆山等地区文娱会演。少年儿童校园内外的活动游戏多种多样,十分有趣。

21世纪初,杨湘泾村组建老年体操队、乒乓球、象棋队等,参与镇组织的各项竞赛活动,都获得好成绩。

第一节 学 校

新中国成立后,教育事业蓬勃发展,杨湘村域内建有小学、中学。周家泾和王土泾两个自然村内,也开办了幼儿园和小学。

一、幼儿园

(1) 1951年,杨湘幼儿园在淀东中心小校内开办。先开办一班幼儿园,学生30名,幼儿园教师季宝芬。之后,幼儿园由一个班逐渐增至三个班,教师员工由1人增至10多人,师资人员从小学教师里挑选。幼儿人数70~80人。杨湘村幼儿都进入杨湘幼儿园。

(2) 1978年,周家泾幼儿园开办,园址设在周家泾小农场内,幼儿教师顾桃英,学生23人,1987年与王土泾幼儿园合并为永勤幼儿园。

(3) 1978年,王土泾幼儿园开办,园址设在新联大队大礼堂内,幼儿教师黄红英,学生22人。1980年,王土泾幼儿园先后搬迁至黄承荣、盛和生家。幼儿教师先后由黄红英、黄祖琴担任,学生保持在20人左右。1987年与周家泾幼儿园合并为永勤幼儿园,学生人数达40人左右,教师顾桃英、黄祖琴。

20世纪70年代后,实行计划生育,学生人数减少,幼儿教师也相应减少,黄祖琴留任。2000年,永勤幼儿园并入淀山湖中心幼儿园。

二、小学

1. 淀山湖中心校

杨湘泾村域内的淀山湖中心校,其前身是正基学堂。早在光绪三十一年(1905年)八月,由邑人汪之镛、童锡、李世琛、顾焕章四人发起,以庙田、义塾田的租息,利用杨湘泾善堂庙后埭4间空房创办正基学堂。

1949年,新中国成立后,学校改称杨湘泾小学。

20世纪50年代初,杨湘村(大队)曾办过扫盲班,村民白天劳动,晚上学文化,扫盲教师由杨湘泾小学教师兼任。杨湘村（大队）的扫盲班很有成效，扫盲率位于淀东区之首。

1984年8月，杨湘泾中心校易地至杨湘泾村双溇江东岸。新建校舍占地10亩，建筑面积1 250平方米。1993年学校更名为淀山湖中心校。

1995年2月，第二次易地至杨湘泾村东，新建校舍占地49.08亩，建筑面积7 695平方米。

昆山市淀山湖小学

2. 周家泾初小校

1947年，周家泾初级小学校创办，为单班四复式（1～4年级），先后由张仁清、苏振华、许华栋任教。

新中国成立后，1950年由上级委派公办教师李志坚来任教。校舍设在周家泾村东，江北的庙宇里，后迁移至周家泾小农场内，学生30人左右。1987年合并到永勤小学。教师先后由李志坚、顾榭生、张孟荣、董根金、张觉耿、顾海泉、卫满祥、徐美珍等人担任。

3. 王土泾初小校

1952年，王土泾初级小学校开办，单班四复式（1～4年级），学生30～40人。教师先后由张毓泉、吴翠娥、吴彩琴、周美芳、张志芬、张觉耿、顾榭生、王玉泉、顾海泉等人担任。1987年合并到永勤小学成为一所完小，负责人顾榭生。

1992年，实施九年义务教育，学校布局进行第二次调整，永勤小学合并到淀山湖中心小学。

三、中学

淀东农业中学，1958年9月创办，校址设在杨湘泾村王泥泾自然村张仁希家宅。1962年7月停办，历时4年。王泥泾农中兴盛时期教师10名，老农师傅3

名,工友1名,学生毕业总人数为315名。淀东农中开设政治、数学、农基等课程,有学农田112亩(其中蔬菜地48亩)、养殖场1个,有耕牛1头、农船1条、风车1部、牛车1部等大小农具。学校采用轮流上课、轮流劳动的办学形式。

淀东农中校长先后为盛根福、郁召周等,教师中一部分由教育部门下派而来,一部分教师、老农师傅,由公社招聘而来。学生来自淀东公社各大队的小学毕业生。他们在淀东农中完成学业后,大多数回去当上了生产队的农技员,有的还当上了大队的农业技术员。

1959年9月,淀东农业中学被评为昆山县先进农业中学,曾出席江苏省先进农中代表会,获得省颁发的奖状。

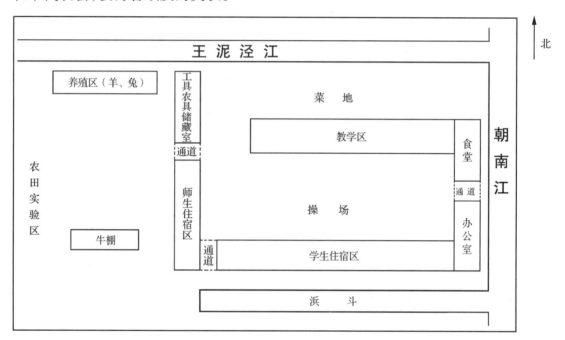

王泥泾农业中学平面示意图

杨湘泾村域内的中小学,培养出了一批批莘莘学子,他们中有中国工程院院士钱七虎;江苏著名中医主任医师顾奎兴;国家一级运动员王旬;商贸专家黄伟;江苏水利建设工程有限公司总工程师郭小弟;江苏南京体校游泳教练姚阿二;昆山公安局侦查科长张芝龙;革命军人王志民;北京部队副军级干部朱强国;江苏省新闻出版局副局长沈建国等。还有众多的教师、医师、学者、设计师、党政干部、企业家和工程师,他们在各自的工作岗位上辛勤工作,为国家和地方做出了贡献。

四、学制与课程

1. 小学学制

清宣统年间,小学实行癸卯学制,初等教育为9年,即初等小学5年,高等小学4年。民国元年(1912年),小学学制为7年,分初小4年,高小3年。民国十一年(1922年),颁布新学制,初小4年,高小2年。新中国成立后,小学学制沿用六年制。1953年沿用"四二"制。1968年,小学实行五年一贯制。1970年改为春季招生。1974年恢复秋季招生。1983年秋,小学由五年制向六年制过渡,于1986年过渡完毕。

2. 小学课程

清宣统年间,初等小学堂教授科目有修身、读经讲经、中国文字、算术、历史、地理、格致、体操8科,加设图画和手工2科为随意科,此为完全学科。乡民贫饥、师儒稀少的地方,科目从简,为修身读经合一,中国文字,历史、地理、格致合一,算术,体操5科,此为简易科。高等小学堂教授科目为修身、读经讲经、中国文字、算术、中国历史、地理、格致、图画、体操9科,加授手工、商业、农业等科目为随意科。民国元年(1912年),执行教育部颁布的《小学校令》,初等小学校教授科目为修身、国文、算术、手工、图画、唱歌、体操7科,女子增加缝纫课;高等小学校教授科目为修身、国文、算术、本国历史、地理、理科、手工、图画、唱歌、体操10科,男子增设农业(或商业),女子增设缝纫,并可加设英语或别种外语。民国十二年(1923年),初级小学设国语、算术、社会(公民、卫生、历史、地理四科合一)、自然(自然、园艺合一)、工用艺术、形象艺术、音乐、体育8个科目;高级小学设国语、算术、公民、卫生、历史、地理、自然、园艺、工用艺术、形象艺术、音乐、体育12个科目。民国二十五年(1936年),初级小学设公民训练、国语、算术、常识、劳作、美术、体育、音乐8科;高级小学设公民训练、国语、社会、自然、算术、劳作、美术、体育、音乐9科。自四年级起算术科加教珠算。其后,虽历经多次修订,但课程无重大变化。新中国成立后,取消公民训练,其余仍维持原状。1952年,执行华东军政委员会教育部颁布的教学计划,初小设语文(国语)、算术、体育、音乐、美工5科;高小设语文(国语)、算术(四年级起含珠算)、自然、历史、地理、体育、音乐、美工8科。此外,初、高级小学均有朝会(包括早操)、课间会(包括课间操)、周会、校内课外活动、校外社团活动。1957年秋小学增设每周1节周会,列入教学计划。1958年秋,小学增设劳动课,高年级开设农业生产知识课。1966年"文化大革命"开始,学校停课。1967年复课,实行"四自":自订方案,自定课程,自选教学内容,自编教材。多数学校设政治、语文、数学、唱歌、图画、军体、劳动。1972年开始,执行县颁布的教学计划。1977年秋,班队活动列入课程表。1982年秋,执行教育部颁《全日制五年制小学教学计划(修订草案)》。政治课改为思想品德课;语文课教时低年级略减,高年级酌增,安排写字指导,外语课停开;自然课提前一年开,增加总课时。1983年秋以后,由于学制过渡,同时执行江苏省颁《全日制六年制小学暂行教学计划》,六年制课程设置又进行相应调整,设思想品德、语文(阅读、作文、写字)、数学、体育、音乐、美术,四年级起设自然常识,五年级增设地理,六年级增设历史。三年级起开设劳动课。各年级均有自习、科技、文娱、体育活动和周班队活动。

五、学生校外(课外)游戏活动演变

1905年,邑人汪之镰等人创办正基学堂,后改称杨湘泾中心小学。然而,由于杨湘泾村地处水网区域,交通不便,再加上日寇入侵、社会动荡,大多数贫苦农民子女辍学回家,无力进学校读书,校外活动十分枯燥,活动多数以做家务、放牛、割草为主。

新中国成立之初,教育事业全面复苏,大部分学龄儿童进入学校读书。那时候,校舍简陋,活动器具缺乏。学生课外活动内容有老鹰抓小鸡、踢皮球、下象棋等。学生放学后还经常玩打弹子、打铜板,野外割草之余玩扔镰刀比赛,冰天雪地里玩打雪仗等游戏。

20世纪60年代,教育事业进一步发展,办学条件得到改善,活动设施增加,学生的校内课外活动有踢毽子、跳绳、打乒乓球、打篮球、踢足球等,逐步向体育竞赛发展。

改革开放后,经济建设快速发展,人民生活水平提高,教育设施逐步现代化,人的素质也不断提高。学生课外活动形式多样,逐渐向高雅艺术方向发展,学习弹钢琴、书法、绘画、围棋、轮滑等,在省级、国家级学生比赛中屡次获奖。2012年,淀山湖中心校曾获得全国少年速度轮滑锦标赛团体总分第四名。

表8-1-1　　　　　　　　　学生校外(课外)活动一览表

年代	活动内容(名称)
新中国成立前	摔跤,甩臂膊,捉迷藏(俗称捉野猫),大热天河里洗澡:比赛游泳、潜水(俗称钻水洞),挖马兰头,掘野菜,做家务(扫地、洗碗、煮饭),打烟纸片(俗称打尼娘片)等
新中国成立后	打弹子,打铜板,滚铜钿,放风筝,割草放牛,扔镰刀看输赢,老鹰捉小鸡,下象棋,踢皮球,捉"犯人",跳绳,踢毽子,打雪仗,削水片,飞竹蜻蜓,跳橡皮筋,挑绷绷,掼纸包等
20世纪六七十年代	打菱角,打弹子,叉铁箍,斗牛(单腿互撞),踢毽子,着(射)纸箭,翻纸扑,打乒乓,打篮球,踢足球等
21世纪初	兴趣组,学围棋,学钢琴,学二胡,学书法,学绘画(琴棋书画),玩轮滑,玩电脑,玩手机等

第二节 医疗、血防

新中国成立前,农民缺医少药,有病得不到及时治疗。新中国成立后,在党和政府的高度重视下,科学卫生知识深入人心,医疗卫生机构逐步健全。改革开放后,村民有医疗保险,逐步实现"小病不出村,大病不出镇"。

一、医疗站

20世纪60年代,杨湘泾村境内,各村成立医疗站,医务人员叫"赤脚医生"。"赤脚医生"是从群众中挑选的,分批到淀东卫生院培训之后,回到村(大队)里医疗站,为村民服务。医疗站缓解了村民就医难、看病贵的问题,也为农村医治常见病、多发病,宣传卫生知识,为农村普及卫生知识做出了贡献。

1969年,杨湘村成立医疗站,站址设在南寿巷吴士荣家宅,赤脚医生由顾川娥、程月妹、张祥妹等人担任。1988年,杨湘村医疗站改为杨湘村卫生室。1993年,卫生室搬到大队办公室楼下。1994年年末,经昆山市卫生局验收达到合格标准,村卫生室成为甲级村卫生室,由苏州市卫生局颁发验收合格证。2001年9月,与永勤村合并成立杨湘泾村卫生室。

1972年淀东公社第二期"赤脚医生"培训班全体人员合影

20世纪六七十年代,永勤村没有固定医疗站,村民看病大多到"赤脚医生"家里。永勤村"赤脚医生"有盛金凤、陆海珍、陆美娟、唐林素、黄裕祥(已故)、彭永明、顾坚斌等人。1980年,永勤村建立医疗站,站址位于村办公室旁边。1988年永勤村医疗站改为永勤村卫生室。1994年,经昆山市卫生局验收,达到合格标准,永勤村卫生室被评为甲级村卫生室,并由苏州市卫生局颁发验收合格证。2001年9月与杨湘村合并成立杨湘泾村卫生室。村医生由顾川娥、张祥妹、顾坚斌等人担任。

2003年,杨湘泾村卫生室并入安上村社区卫生服务站。社区卫生服务站有候诊室、全科诊疗室、药房、注射室、观察室、资料室、世代服务室等,有先进的医疗器材和持证乡村医生。

二、血吸虫病防治

1966年淀东公社各大队保健员合影

杨湘泾地区河湖交叉,水域面积广,是血吸虫病的重灾区。人们一旦染上血吸虫病,人体消瘦,丧失劳动能力。晚期血吸虫病人的基本特征:脸如香瓜,臂如黄瓜,肚如冬瓜,腿如丝瓜。

钉螺是血吸虫赖以生存的温床,消灭血吸虫病,从灭钉螺开始。河边、沟渠、农田都是钉螺的滋生地。为了消灭血吸虫病,1957年下半年开始,杨湘泾村村民开展查灭钉螺、加强粪便管理、血吸虫病人治疗等"血防"工作。

1966年起,配备了血防大队长,全面组织发动群众,开展在本大队(村)辖区内的查螺、灭螺工作。在河道边上高出水面的地方修筑宽约50厘米的灭螺带,铲除杂草,形成"三面光";茭白塘、竹园滩、低洼积水处,为重点查螺地方,发现钉螺,立即用"五六"粉药物灭螺,形成群众性查灭钉螺运动。

同时每个生产队落实一名保健员,收集每个社员的粪便,送到大队指定的点,集中进行化验鉴别。如有血吸虫病的患者,集中大队部治疗室,统一治疗。

村民集体灭钉螺

村民在大华桥边灭钉螺(一)　　　村民在大华桥边灭钉螺(二)

血防治疗先后采用血防-846合并人丹型锑钾丸治疗、血防-846、呋喃丙胺、人丹型锑钾丸等几种药物联合治疗和锑-58肌注治疗。1970年,用枫杨叶小茴香、川椒等中药治疗,以后改口服-237为主,部分病人用酒石酸锑钾治疗。1973～1980年,采用为期10天的呋喃丙胺与敌百虫肛检合并治疗法。境内治疗病人达70%以上。一些晚期血吸虫病患者进行切脾治疗,其中有李秋泉、周密珍、陈阿妹、金阿玉、高金宝、盛银宝、张雪英、徐引娟、姚林英、庄根宝、彭定英、顾巧金、彭秀金、彭小茂、张明宝、顾根宝、邱根福等人,经过切脾治疗后身体都痊愈康复。

20世纪70年代末,虽然没有新增血吸虫病患者,但卫生防疫站依然每年开展一次全民防疫活动,血吸虫病老患者要求治疗的,直接前往昆山市第三人民医院进行康复治疗。村民经过30年的努力,终于送走了"瘟神"。

第三节 文化体育

民国时期，逢年过节或者庙会时，主要有划龙船、舞龙灯等文体活动。说书先生经常到杨湘老街上的茶馆里说书，如白米泾小石浦说书先生，在殷三林、周四林茶馆店里边打铜锣边说书，让民众边喝茶边听书，深受听众欢迎。

民国二十六年（1937年），杨湘泾青年陆文浩等人自发组织一支足球队，专程赴上海慰问抗日军队。

新中国成立后，体育运动在村民中蓬勃开展，村组建了篮球队、象棋队等，积极参加镇运动会比赛。村成立了文娱宣传队、丝竹队等。文娱爱好者自编自演节目。在文娱活动中涌现出了一批文娱骨干。

一、村民文化

1. 文娱活动

民国期间，杨湘泾村的群众文娱活动很活跃，逢年过节的划龙船、舞龙灯、荡湖船等民间传统文娱以及每年的春台戏，让四乡八村的男女村民看得欢天喜地。杨湘泾西大街、市河北有一个老式的简易剧场，曾热闹过一段时间，可惜在日军入侵时被炸毁，后称为"火烧场"。兼作书场的茶馆也很热闹，当时苏州评话、弹词，松江敲钹子的农民书（旧时称太保书），很吸引人。陆省三、吴俊明等艺人很有名。

新中国成立后，各种文娱活动又兴起。20世纪50年代初，由青年村民张毓泉等，以土改时期在村内发生的故事为题材编写的大型沪剧《农家女》，在上海沪剧艺人的帮助下演出成功，并轰动一时，也受到了昆山县委的表彰。

文娱团体由郑秀英、周林泉、邵小荣、周其昌、周雪元、潘佩芳、邹凤仙、陆仁元、张雅娟等文艺骨干组成。

上海沪剧团体的艺人们与杨湘泾的关系很密切，经常对杨湘泾文艺团体进行辅导。后来演出队又吸收了童麟、金国荣、王美玉、程月妹等人。1964年，在文化站胡华兴站长的支持下，杨湘大队单独成立演出队，并先后吸收了沈巧英、陆志云、殷惠琴、王美琴、钱银元、姚雪琴、殷惠康（后考入昆山京剧团）、周仲英等人。当年演出了沪剧小戏《墙的秘密》《毛竹扁担》等节目。

1965年"社教"运动期间，江苏省锡剧团下基层辅导。杨湘大队安排到一个四人辅导小组。四位中一位是乐队老师、一位舞美设计、两位青年女演员,其中一位就是后来电影《双珠凤》中霍定金的扮演者徐洪芳老师。经她们教唱和导演的锡剧《夸媳妇》使观众大开眼界,在当年昆山县文艺会演中获得好评。

昆山县每年一届文艺会演,都由杨湘业余演出队代表公社参加,年年获得好评。杨湘业余演出队经常去各大队巡回演出,深受群众欢迎,还多次参加八县市在苏州地区的会演。1975年1月,由金国荣自编自演的浦东说书《饲养员张阿虎》随昆山代表队去江阴参加演出。1976年由童麟、沈巧英演出的沪剧小戏《砍竹》去苏州开明剧场参加苏州地区的文艺会演。

1980年,公社文化站开办小工厂,当时称文艺工厂,旨在以工养文、亦工亦艺。第一批仅8人,全是杨湘泾人。

2003~2005年,镇连续编演三部沪剧,金国荣是主创人员之一。其中2003年的《走出浅水湾》曾在苏州电视台播放。2004年编演的《重返浅水湾》荣获苏州市"五个一工程"奖。

杨湘泾还有一位重量级的文艺人才,他就是国家一级演员周雪峰。他于20世纪末考入苏州昆剧院,2008年拜著名昆曲小生蔡正仁为师。近年来,他多次成功演出,获得荣誉颇多。

2012年,童品兴的孙女童慧洁、张胤的女儿师越,考上了上海锡剧学院,曾参与常州市锡剧研究会和淀山湖文体站的文艺会演交流,她俩的演技出色,得到观众的好评。

20世纪六七十年代,村民在公社大礼堂观看由昆山县第四放映队放映的电影。在放电影前一周或半月,先贴广告通知,俗称"好消息"或"电影消息",告知电影名称、放电影场所、时间和注意事项等,让大家早做准备。

20世纪90年代,杨湘泾村一批热爱文艺的男女青年纷纷加入村文艺宣传队,文艺宣传活动十分活跃。杨湘村文艺宣传队为淀山湖镇荣获中国民间文化艺术(戏曲)之乡称号做出了贡献。

村建有老年活动室,村民可以在老年活动室看电视、看戏曲录像、戏剧碟片。村建立图书阅览室"农家书屋",藏书2 200多册,供村民借阅。

2008~2012年,杨湘泾村先后建立少年之家、未成年人活动中心、校外教育辅导站、科普站、道德讲堂、健康促进学校、法制学校等。昆山乐仁学院教学点设在杨湘泾村(社区),下设家长学校、市民学校、老年学校、道德评议室、百姓讲坛等一批学习娱乐场所,满足村民精神文化的需求。

杨湘泾村先后荣获"双文明建设先进村""五有五好先进单位""富民强村先

进单位"等称号。

2. 文娱骨干

（1）金国荣

金国荣，男，杨湘泾村6组人，曾担任淀山湖镇文化站站长多年。

学生时代的金国荣就是文艺爱好者。1975年1月，金国荣自编自演的浦东说书《饲养员张阿虎》参加苏州地区业余文艺会演，获得好评。1976年，他导演的沪剧小戏《砍竹》参加苏州地区会演。1983年，被聘为苏州戏院沪剧培训班讲师。1985年，他排演的大型沪剧《家庭公案》获得了苏州市公安局法制宣传贡献奖。

2003年，金国荣等人编演的《重返浅水湾》获苏州市"五个一工程"奖。

（2）童麟

童麟，男，初中文化，杨湘泾村7组人，从小爱好戏曲。

1964年春，参加大型沪剧《丰收之后》演出，受到广大观众的好评。

2006年，参演了《家庭公案》《深秋的泪痕》《碧落黄泉》等大型传统沪剧。他演的《一只猪蹄》《原来如此》获得银穗杯奖。2008年，荣获淀山湖镇文体站颁发的"第四届戏曲周，村级业余演出表演"一等奖。2010年，沪剧《一只猪蹄》荣获苏州市文化广电新闻出版局、苏州市文学艺术界联合会颁发的表演奖。2012年，苏州市第七届小戏小品大赛，他参演的沪剧《请客》获得苏州市文化广电新闻出版局、苏州市文学艺术界联合会颁发的优秀表演奖。

（3）王美华

王美华，女，中学文化程度，淀山湖镇杨湘泾村10组村民。

王美华从小热爱演戏，20世纪70年代，积极参与村文艺宣传队，20世纪80年代，参加乡镇文化站工作，具有扎实的艺术表演能力。数十年来，她在镇级多次会演中得奖，为淀山湖镇创建"戏曲之乡"做出了成绩。她退休后，在小戏会演中，参演的沪剧《深秋的泪痕》获得一等奖。

二、村民体育

1. 杨湘泾村足球队

民国二十六年（1937年），"七七"卢沟桥事变后，8月9日，日军制造虹桥机场事件，"八一三"淞沪抗战爆发，中国军队奋起抗战，他们的英勇精神鼓舞人心，也赢得了杨湘镇人民的崇敬。杨湘泾青年陆文浩、徐仲一、万先生、小辣子（小名）、俊福、顾司务、梁勇敢等人自发组织一支足球队，专程赴上海慰问上海驻军，并与上海驻军进行友谊赛。

杨湘泾村足球队合影（1937年摄）
后排左起：小辣子、俊福、顾司务、梁勇敢
前排左起：陆文浩、徐仲一、万先生

回来之后，陆文浩、王福生等青年迫切要求成立一支像样的足球队，就跟时任乡长的沈德昌（体育爱好者）协商，建议成立一支足球队。不久由杨湘泾的童秉忠出资向姚崇贞购买3亩土地（杨湘泾老中心小学校后面），在周边打上篱笆，按足球场的规格整平、铺沙，成为较标准的足球场地。足球队员分工明确，队长沈德昌，中锋陆文浩，右锋王福生，左锋吴宝海，后卫朱培林、沈宝昌、罗厚涛，守门员沈金龙、余海民等。这支足球队还常与朱家角足球队、金家庄足球队进行友谊赛，切磋球技。后因战乱，局势动荡，社会混乱，球队活动被迫停止。

2. 杨湘泾村篮球队

新中国成立后，群众体育活动得到党和政府的大力支持，村民遵照毛主席"发展体育运动，增强人民体质"的指示，建立了篮球队。队员有王福生、夏兴邦、王祥生、张旭光、周雪生、小刘、胡和生、沈金龙、沈海根、王雪保、周林泉等人。在乡政府东边专设一片篮球场，利用农闲时间经常进行训练和比赛。

20世纪60年代初，镇上的篮球运动基本处于停止状态。1965年社会主义教育运动（"四清"运动）开始，工作队进驻大小队，又掀起了一阵篮球热。1966年，杨湘大队第4小队社员因地制宜，自发建成了一片篮球场，将三四户人家的门前场地连起来，统一做平，铺上黄泥，做成一块球场。4队社员用石条、杨树自己动手制造篮球架，把家里的旧铁、废铁收集起来锻造成篮球架上的铁篮圈。球场虽然简陋，但利用率却很高，也吸引了很多篮球运动爱好者。场地上除了农忙及雨天外，基本上天天都有打篮球村民的身影。杨湘4队单独组成一支篮球队，篮球队员由殷阿大、殷阿二、段小宝、陈金荣、沈小苟、沈阿大、沈阿二、项立英、谈济华等

人组成,俗称"杨四篮球队"。他们常在这片球场上活动,提高篮球技能。在这片球场上,曾多次举办过村级友谊赛。镇上的老运动员担任教练和裁判,特别是镇文化站站长胡华兴,常常出谋划策,组织球赛。在篮球赛期间,人气极旺,看篮球赛的人挤满了场地周围,连柴垛上、树上、房顶上都有看客。篮球体育运动开展得好,也离不开老队长周林泉支持建造篮球场;老木匠夏友根不计报酬做篮球架;沈小苟每逢球赛免费供应茶水。

"文化大革命"时期,群众体育一度停顿,直到1978年,群众体育运动才逐步恢复。改革开放后,镇党委和政府对群众体育更加关心和重视,每年开展一次规模较大的全民体育活动,活动项目多、内容丰富。杨湘泾村能在篮球等多项运动中获奖。

3. 杨湘泾村"盲棋赛"

1984年10月,杨湘镇邀请到曾多次荣获全国象棋大赛冠军、中国象棋大师胡荣华,来杨湘镇表演"盲棋赛"。地点设在镇大礼堂内,参与比赛的人员大多为杨湘镇上象棋高手,如王八苟、小王大、章阿怪、吴铁、季白头、顾郁兴等人,分别以六盘象棋同时跟胡荣华对下,但象棋大师胡荣华背对着他们,全凭他回想记忆,与他们六人对棋,结果将六人一个一个击败,赢得了全场观众的热烈掌声。从此在杨湘泾随处都能看到象棋比赛,掀起了一股着(下)象棋热潮。在以后的岁月里,杨湘泾村涌现出一批象棋新手,如胡菊林、沈阿二等人。

4. 杨湘泾村老年球操队等

2006年,杨湘泾村成立老年球操队,参与淀山湖镇"一村一品"第八套健身操比赛,获银杏杯团体赛第二名。2011年参加镇"一村一品"二十四式太极拳赛,获桂花杯团体第三名。在个人赛中表现也很出色,如村民胡菊林和沈阿二,分别在淀山湖镇全民健身节比赛中,获得象棋比赛第一名和第二名,张美芳获得女子组跳绳比赛第一名等荣誉。

2012年,淀山湖第九届体育运动会上,杨湘泾村荣获男子乒乓球团体赛农村组第三名,老年组象棋赛第一名。

5. 游戏活动

传统的校园内外游戏活动种类十分丰富,有的游戏活动历史悠久,代代传承。这些活动通常器具简单,方法简易好学,场地要求不高,很受孩童们的欢迎。随着社会的发展与人类的进步,有些活动已逐渐淡化,甚至消亡。这里选择几种做简单的介绍。

(1) 叉铁箍

叉铁箍,几乎是每个乡下男孩都会玩的一项活动。先找一个木桶或木盆上废弃的铁箍,然后用粗铁丝弯成一个一头直一头弯的回形针似的铁钩。直的一头插入细竹竿当手柄,弯的一头勾住铁箍,借助铁钩推着铁箍往前滚。熟练的孩子能在高高低低的乡间小路上叉,技术高超的甚至能自如地上下台阶。孩子们叉着铁箍飞奔,发出"哐啷啷"的响声,十分有趣。

(2) 打菱角

用一块硬质木块,做成一个直径5厘米、高5厘米左右的圆锥形菱角,主体成橄榄形,上部比下部略长,上端留有倒凸形端子,便于绕绳,不易滑落。然后用一根细绳沿菱角端子有规则地绕入,倒捏菱角于手中,手指用力抽绳并将菱角丢在地上,菱角自然正立,很快在地上旋转,煞时好玩。有时还可以比赛,两个转动的菱角互相对撞,哪个被撞停,谁就输了。

(3) 打弹子

所谓弹子,就是带花心的玻璃球。打弹子是男孩们最常玩的一种游戏。一般用大拇指和食指弹球,才能容易掌握力度和打中目标。玩法通常是"打老虎洞",在地上挖出比弹子稍大的6个坑,谁的玻璃球先打进6个洞,就变成"老虎",可以先打谁的球,打着了就算赢。

弹子

(4) 飞竹蜻蜓

竹蜻蜓是中国古老的玩具。早在公元前500年,我们的祖先就从大自然中蜻蜓飞翔的观察中受到启示而制成了竹蜻蜓。竹蜻蜓的外形呈T字形,横的一片像螺旋桨,当中有一个小孔,孔中插一根笔直的竹棍子,用两手搓转这根竹棍子,竹蜻蜓便会旋转着飞向天空。当升力减弱时,它才落到地面。

(5) 踢毽子

踢毽子,相传起源于汉代,盛行于南北朝和隋唐,至今已有两千多年的历史。这是杨湘地区民间体育娱乐的项目之一,深受青少年儿童的喜爱,尤其是青少年的女子。毽子一般用公鸡的长羽毛和圆形方孔的铜钱做成。踢毽子比赛有单人赛与集体赛。单人赛以每人踢毽的次数多少来判定胜负;集体赛按个人技术的高低分组,以总踢次数多少来判定输赢。技艺高超者可连踢数千次而毽不落地。还

有一种团踢,即一群人共踢一毽,当毽落到谁面前,谁就可任意选择踢法把毽复踢给别人,接毽者也以自己的踢法把毽踢给别人,毽掉在谁的面前谁为输。踢毽子以下肢肌肉的协调运动为主,功夫在脚上。髋关节、膝关节、踝关节、脊椎各关节、腿部肌肉、肩背部肌肉都能得到有效的锻炼,可促进人的身体健康。

(6) 削水片

平时或散步,或劳动歇息,一时性起,便在河边、墙角取一块碎瓦片、碎缸片、碎碗片之类,朝河面飞去。随着一阵"嗒嗒嗒——"的声音,水面上便会出现漂亮的水花,这就叫"削水片"。削水片看似简单,却很有讲究,也有一定的技巧。一是要有力,二是要使缸片、瓦片紧贴水面,掠水而行,出没跳跃,能在水面上激起一串串的涟漪。飞出的涟漪由近及远,由小而大,在水面上画出一朵朵美丽的"白莲花",给人以无穷的乐趣。

(7) 跳橡皮筋

跳橡皮筋也叫跳牛皮筋,是女孩子们特别喜欢玩的一项活动。不少街头巷尾、弄堂院落经常可以看到女孩子们哼着童谣,和着节奏在跳橡皮筋。人多的时候,总会由两个高手分别率领两支队伍比赛;人少的时候,一根牛皮筋(橡皮筋)加两个小板凳,一个人也可以玩得热火朝天。

(8) 扇"洋片"

"洋片",又叫娱人片,是一种彩色的卡片。早年装在烟盒里,叫"纸烟画片",也有人称为"香烟牌子"。画面都为三国、水浒等故事中的人物,还有各类兵器,全套攒齐很不容易。小摊、货郎担上常有整版或分条出售,买回将其剪成单张,用橡皮筋绷住,藏好。每当放学后,一帮顽童蹲在墙脚边的空地上,或庭院、马路旁,将自己的"洋片"按单张、多张,正面朝下摞起。先猜拳决出先后,然后用手掌扇洋片。所谓扇,就是将洋片的正面翻出,翻出即赢。扇时,根据各人掌握的技巧与力度,利用手掌扇动时产生的风力将洋片扇翻。有时一扇能扇翻一两张,甚至好几张。当然,也有可能连一张也扇不翻,看似简单却魅力无穷。

(9) 滚铜钿

滚铜钿,是一项适宜少年儿童玩的竞技性很高的民间游戏活动。滚铜钿是用铜钿滚,也有的用铜板滚。铜板跟铜钿有区别,铜钿也叫铜钱,它跟铜板不同,中间有一个方孔,体量轻而薄,不好滚。

滚铜钿的方法是这样的:先在地上斜支一块砖,在前面五六米开外设一障碍物。然后用大拇指和食指扣着铜钿或铜板,在砖面上用力一磕,铜钿(板)就叮的一声落在砖上并弹离砖面,顺着地面一路往前滚,谁滚得远,就是胜利者。如果用力过猛,铜钿(板)从障碍物上弹回来,反而距离近了,谁的铜钿(板)能正好靠着障碍物上停下,那就是优胜者。如果几个人滚就能决出第一名、第二名、第三名……然后,由第一名先出手用自己的铜钿(板)打别人的铜钿(板),打中一个就吃掉一个。打不中则由第二名出手打,这样依次类推。

铜钿

（10）打铜板

打铜板是两个人以上玩的一项活动,以男孩居多。先在场地上平放一块砖,参与者每人将一个或数个铜板叠放在砖面上。然后,通过猜拳形式决出出场名次。胜者第一个出场,用自己手中的铜板瞄准砖面上的铜板用力击打。打掉几个就赢取几个。然后由第二个出手击打,依次类推。击打时,既要眼力好,打得准;又要力度巧,打得多。技艺高的人可以一记一锅端,叫"端庄";技艺差的可能连一个也打不着,叫"太烂光"。

后来铜板成了奢侈品,一般的孩子拿不出几个铜板。于是用硬纸板剪成一个个铜板状的圆圈来打,叫作"打圆圈"。有时用瓦片敲成一个个圆的来打,叫作"打象脐",效果也不错。

铜板

（11）挑绷绷

挑绷绷,先取一根一米不到的"扎底线",把线的两头打结拴住。然后,你来我往,利用自己双手的十个指头,或钩,或挑,或叉,变换出许多不同的图形。有"大方砖""梭子块""大手巾""乱草把"等。变幻无穷,让人目不暇接。

（12）跳绳

跳绳,在我国历史悠久,盛行于清代,名谓"跳百索"。《松风阁诗抄》记载曰:

"白光如轮舞索童,一童舞索一童唱,一童跳入光轮中。"当时,这种跳绳加伴唱的游戏娱乐性很强,对促进少年儿童发展灵敏、速度、弹跳及耐力等身体素质都有好处,因此,跳绳运动一直流传至今。

跳绳器械简单,场地到处都是,随时可做,是一项适合大众的体育健身运动。跳绳花样繁多,可简可繁,无论在家庭、社区、机关、学校乃至各企事业单位都有这项活动。

(13) 掼纸包

掼纸包,也叫打四角,是由两个人玩的游戏。把书页撕下,取两张纸对折成长条形,然后把两张长条形的纸交叉相叠,折成一个四方形,一个纸包就做成了。然后,平放在地上,用自己手中的纸包击打别人的纸包。如果能把别人的纸包打得翻转身来,就算赢了。如果觉得自己的纸包太单薄,经不起打,容易被别人的纸包打翻,可以把三四张纸叠起来做,做得厚实就不容易输了。这是少年儿童,特别是男孩子们十分普遍又很爱玩的一种游戏和娱乐活动。

(14) 放风筝

风筝,是中华民族向西方国家传播的科学发明之一。它同我国古代的"四大发明"一样,曾为人类的科学事业做出重要贡献,已被英国学者李约瑟编入《中国科学技术史》。

放风筝

追寻风筝的起源,可上溯到两千多年前的春秋战国时期。由于战争的需要,古人以鸟为形,以木为料,制成可在空中飞行的"木鸢"。木鸢产生于战争之中,用于战争之时,并随着我国丝织和造纸的发明,不断演变,不断发展。相传,公元前203～公元前202年,在楚汉相争对峙的最后阶段,汉兵先包围楚营,汉将张良借大雾之机,从南山之阴放出丝制的大风鸢,并让吹箫童子伏于其上,吹奏楚歌,同时又命汉军在四面唱起楚歌,使楚营官兵思乡心切,不战而散,楚王项羽也自刎于乌江边。

以后,风筝逐步成为民间节日风俗中的娱乐活动。它也是社会生活的明镜,反映出国家民族及地区在一定历史时期的经济文化状况和生活习俗。因此,风筝往往出现在"太平盛世"的社会繁荣时期。每至清明时节,人们在春回大地、草木皆绿的大好时光,兴致勃勃地结伴出郊外踏青游玩放风筝。人们通过放风筝活动,呼吸了新鲜空气,锻炼了身体,陶冶了情操,增强了体质。

（15）扔镰刀（丢吉子）

农村孩童放学后,几个小伙伴割草后,选择一块土质松软地方,如农田横头干软的泥塘上,比赛丢吉子（镰刀）。一人丢一次,看谁的吉子造型好看又难成型,谁得分高为胜利者。有时还以所割青草为赌注,每人放同样大小的一堆草,得分多的为赢者,统吃（拿走）,见下图。

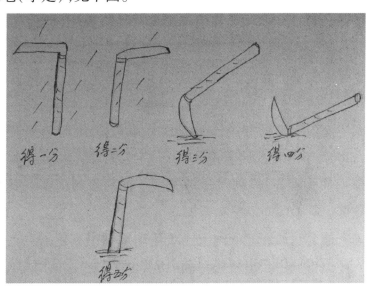

扔镰刀（丢吉子）看输赢（割草之余的娱乐活动）

（16）射纸箭

纸箭,用稍硬的纸折叠成尖三角状纸箭,是为了让纸箭着（射）得远。放学后几个孩童聚在一起,比赛射纸箭。为了让纸箭射得稳、射得远,他们都会在纸箭头上绕几圈铜丝或铁丝,增加重量,可以射得更远,最远为赢家。

（17）打雪仗

孩童到冬天下雪后,把雪团成球,互相投掷闹着玩,称为打雪仗,玩得特别开心。

6. 体育爱好者

(1) 姚阿二

姚阿二,男,杨湘泾村人。1958年12月,南京体育学院到昆山县淀东人民公社杨湘小学挑选有培养前途的体育尖子,14岁的姚阿二被选中去南京体育院学习,从事游泳项目的训练。在游泳的体训期间,他参加了江苏省体委在南京举行的全国运动会游泳比赛,荣获个人第六名。1974年,被江苏省体委聘为游泳教练。经姚阿二教练认真指导,在上海举行的全国运动会游泳比赛中,他的一名学生荣获第3名;在亚运会游泳比赛中,又有一名学生获得第3名。

(2) 胡菊林

胡菊林,男,杨湘泾村5组人,家住圆厅自然村31号。1970年初中毕业。胡菊林是一位象棋爱好者,多次组织杨湘泾村象棋组参加淀山湖镇级象棋赛,多次任镇象棋赛裁判长。他曾五次获得淀山湖镇象棋赛冠军,又多次代表淀山湖镇出席昆山市级象棋赛。2012年获昆山市老年体育协会象棋赛三等奖。

胡菊林十分孝敬老人。他父母去世后,把年迈的舅舅接到家中供养,村领导多次动员胡菊林舅舅到镇敬老院,由集体来供养,但都被胡菊林婉言谢绝。

(3) 王旬

王旬,女,家住淀山湖镇杨湘泾村14组,中共党员,大学本科学历,昆山市城中派出所特勤。2002年由海军部队选入"八一"体工大队水上运动中心(隶属海军中央总后勤部),成为赛艇、皮划艇运动选手。在每年的全国性赛艇、皮划艇的锦标赛中屡屡获奖。

王旬获得国家体育总局颁发的国家一级运动员证书和优秀共产党员称号,从部队转业后进入昆山市城中派出所任特勤一职。

三、百姓讲坛"今日山海经"

为了创建和谐社会,丰富村民的文化生活,2015年,杨湘泾村党总支书记李尧提议建立一个具有杨湘泾村特色的百姓讲坛。村两委会领导班子成员一致同意书记的想法,邀请金国荣、王忠林、柳根龙、倪才孚等老师为百姓讲坛取名,最后定名为"今日山海经"。

2015年8月15日,第一期"今日山海经"开讲,由王忠林老师担任讲课教师。活动开展后,群众反响良好。

百姓讲坛"今日山海经"

村委会及时总结经验,制定改进措施:活动每月开展一次,邀请6名老同志担任"今日山海经"讲课老师,并与讲课老师签订聘用协议,提前安排好上课时间,让教师们有充分的时间准备讲课内容。

"今日山海经"讲课内容力求贴近群众生活,以讲故事的形式,传递社会正能量,弘扬中华民族优秀的传统文化。讲课过程中穿插村民上台表演、讲身边人身边事。村民可以通过这一平台接受教育,也可以展示自己的才艺和风采。

百姓讲坛"今日山海经"深受村民欢迎,由于村委会精心组织安排好每次活动,加上群众自发宣传,所以每次参与听讲人数多、效果好。

百姓讲坛"今日山海经"是杨湘泾村社会主义精神文明建设的创举,成了杨湘泾村的文化品牌。

第四节 "文革"时的大队宣传队

"文化大革命"时,原杨湘大队宣传队员和乐队人员有姚雪琴、蔡采鸣、金国荣、金国兴、王美玉、王美华、殷惠娟、殷惠琴、程月妹、童林、沈巧英、陆志英、吴锡荣等人。他们宣传演出的节目如下:

1. 锡剧《双教子》

由沈巧英、陆志英、金国兴、殷惠琴4位宣传队员演出。《双教子》,剧情内容主要讲两个家长教育子女的方法不同。当时是麦收季节,一个家长教育子女把拾

到的麦穗交到生产队,做到颗粒归仓。另一个家长教育子女把拾到的麦穗带回家喂自家的鸡鸭。

2. 沪剧《开河之前》

剧情内容:河道规划,填老河、开新河时碰到只有面积3分3厘的小竹园,女主人舍不得小竹园,不许开河挖掉她家的小竹园,河要绕道过,她讲:水是软的,曲一曲、弯一弯不要紧。她家男主人讲:服从领导,执行规划。他和大队干部一起做女主人的思想工作,最后按规划实施开河。

3. 沪剧《一副保险带》

剧情内容:某农业社一个电工想要买一副牛皮保险带,因为牛皮保险带美观、耐用、安全。但老百姓和干部认为,用麻绳做的保险带同样牢固,用起来也方便,再讲那时农业社经济不富裕,能节约还是要节约,最后电工做到节省开支,勤俭办社。

"文化大革命"时,原永勤大队(当时叫新联大队)宣传队员和乐队人员有顾裕元、顾榭生、陆海珍、黄春华(知青)、谢忠明(已故)、陆爱珍、张美玉、张维芳、谈文炳、顾品根、彭岳云、吴逸明、张祥福等人。演出节目如下:

(1) 1968年自编自演沪剧大戏《血海深仇》。剧情内容,主要讲新中国成立前一位残疾姑娘的苦难身世。她被人贩子从太仓卖到王土泾村,是个跛脚女人,后来和一个从小就死了父母的男子结婚,生了一子一女,苦生活比较稳定。但好景不长,父子两人都得了重病,父亲不能劳动,儿子因脚有病也不能下田劳动,收成极低。地主上门逼租,全家人要吃饭,父子要医病等,无法生活下去。就在这时母亲轻信了媒婆的甜言蜜语,把13岁的女儿卖给人家做童养媳。不久父亲死了,母子两人沿村逐户讨饭,直到新中国成立后家人团聚,过上幸福日子。这是一个悲欢离合的故事。

(2) 表演唱《不忘阶级苦》《六样机》等节目。

(3) "文化大革命"后期宣传队有张觉耿(已故)、彭菊生(已故)、彭丽娟、王玉泉、蒋美英、陆海珍等人。演出了表演唱《看看农村新面貌》和其他革命歌曲等。

"文化大革命"时期,杨湘、新联大队宣传队演出的大戏,被邀请到淀东公社其他大队去巡回演出,受到村民的一致好评。

第九章 村民生活

新中国成立前,村民生活贫穷困苦。新中国成立后,特别是改革开放以后,党中央热切关注三农(农业、农村、农民)问题,破解了"三农难题",加快了社会主义新农村建设步伐。2000年后又实施了富民工程,成立富民强村公司等。村级经济因集体资产租赁和富民合作社的建立日益壮大。各类合作社的经营,拓宽了村民的致富道路。村民生活水平逐渐得到提升,衣食住行质量得到保障。村民住进了楼房,男女老少的穿着逐步趋向华丽、时尚。美味佳肴端上了桌面,逢年过节有的人家上饭店聚餐。村民原本喜爱的老三件(手表、缝纫机、自行车)演变为新三件(电视机、洗衣机、电话机)。

21世纪初,村民时尚三件为别墅、高档电器、轿车。现在村民们又开始购买电脑、4g手机、宽带网络等。村民的社会保障体系逐步完善,低保、基本养老、医疗服务等各类保障措施覆盖面扩大。征地补偿、拆迁补偿等政策也落实到位。村内公共设施逐步完善。

第一节 日常生活

新中国成立前,在帝国主义、封建主义和官僚资本主义三座大山的压迫下,杨湘泾村村民忍受着残酷的剥削和压迫,再加上盗匪出没频繁,几无宁日,农民们过着食不饱肚、衣不遮体的悲惨日子,如遇天灾人祸,更是苦不堪言。租米、高利贷和苛捐杂税,是架在农民头上的三把刀。当地流行的那句"租米重、利息高、苛捐

杂税如牛毛"的民谣,正是旧社会贫苦农民悲惨生活的真实写照。

新中国成立后,通过土地改革,对农业、工商业的社会主义改造等运动,农民成了土地真正的主人,社会主义的集体化道路使村民的生活有了保障。改革开放后,种田不用缴纳农业税,还得到购买农具、农资物品等方面的补贴。村民享受着农村基本养老保险。村民们住有所居、学有所教、业有所就、安有所保、老有所养、病有所医、贫有所济,私家轿车等高档物品已进入寻常百姓家。

改革开放后交通事业迅速发展,杨湘泾村与城市缩短了距离,实现了与大城市快速交通对接(15分钟可上高速公路,30分钟左右可到达上海或苏州),方便了村民出行。村里建有体育休闲设施、农家书屋、百姓戏台、百姓讲坛,社区文化搞得有声有色;城里人有的退休金、养老金、医疗卡等,村民不仅都有,还多了征地补偿、拆迁补偿两张卡;有的人家还建造了洋房、别墅。70%的农民住进了设施齐全、环境优美的新颖小区或别墅。楼上楼下、电灯电话、抽水马桶、天然气灶不足为奇。室内现代化装修,精雕细刻的家具木床、台凳、沙发等设施应有尽有,同改革开放前的村民住房相比,真有天壤之别。新型设计的多层房、电梯房,幢幢周围有绿化,户户有停车位。村里建有老年活动室、日间照料中心(为老年人送餐食),市民活动中心又设了便民服务室、医疗室、菜市场。杨湘泾村村民纷纷学知识、学技术、学经营,形成了产业富民、创业富民、就业富民、投资富民的新局面。农民不仅有股份合作社,还有富民置业合作社。大多数农民成为合作社的股民。

村里拥有百姓讲坛"今日山海经""百姓戏台""康乐园"等民生工程。村民的精神生活也十分丰富充实,看戏听戏曲,过足戏瘾。淀山湖镇社区组织"爱心大篷车"开进村里,为村民提供无偿、优质的服务。"爱心大篷车"主要提供的服务为血压测量、理发、修电器、法律咨询等与老百姓生活息息相关的项目,方便百姓的日常生活。

第二节　养老保险

实施村民的社会保障体系是解决城乡困难群体基本生活的有效途径。随着城乡一体化的推进,为村民设立了养老保险、医疗保险、工伤保险、失业保险和生育保险五项社会保障,让村民安居乐业。

"五险"按照职工工资标准缴纳,单位和个人的承担比例一般是养老保险,单位承担20%，个人承担8%；医疗保险，单位承担6%，个人承担2%；失业保险，单位承担1%，个人承担1%；生育保险和工伤保险，个人不承担。

一、农保

1998年，昆山全面建立城乡居民最低生活保障制度。2008年实施了最低生活保障城乡一体化标准，统一提高到每月每人发放250元，以后逐年提高。

2008年1月起，对男性60周岁以上、女性55周岁以上自愿参保的农村居民免予个人缴费，由市、镇两级财政承担，同步实施参保居民的医疗保险。

表9-2-1　　　2009~2012年杨湘泾村村民低保户发放最低生活保障费统计表　　单位：户、元

年份	户数	月平均数（元）	总数（元）	备注
2009	12	411	4 932	
2010	11	420	4 620	
2011	13	529	6 877	
2012	12	670	8 040	

表9-2-2　　　2003~2012年杨湘泾村历年农村基本养老金收发统计表　　单位：元、人

年份	缴费人数	缴费金额（元）				参保人数	发放人数	发放总额
		个人缴费	镇补助	市补助	合计缴纳			
2003	689	217 530	162 604	162 604	542 243	689	408	387 768
2004	727	315 000	244 687	344 687	804 375	727	521	716 796
2005	708	326 040	255 780	255 780	837 600	708	538	769 710
2006	598	295 259.5	232 490	232 490	760 240	598	531	848 912
2007	488	262 520.6	208 388	208 388	679 297	488	543	939 531
2008	344	194 250	160 875	160 875	516 000	344	576	1 474 684
2009	231	135 607.5	114 108	114 108	363 772	231	566	1 809 196
2010	70	42 840	41 850	41 580	126 000	70	269	1 083 504
2011	69	42 120	41 040	41 040	124 200	69	253	1 001 270
2012	53	31 140	32 130	32 130	95 400	53	243	1 125 672

从表9-2-2可知，杨湘泾村村民为了解决后顾之忧，缴费投保积极性十分高涨。发放人数之所以逐年减少，是因为一部分人购买社保和人口老龄化造成的自然减员。

二、社保

社保是通常说的"五险一金",具体地说是养老保险、医疗保险、失业保险、生育保险、工伤保险以及住房公积金。

住房公积金,单位和个人各承担50%,按照个人全年平均工资计算,国家规定住房公积金不低于工资的10%,效益好的单位可以适当提高。

表9-2-3　　　　　　　2009~2012年杨湘泾村村民社保统计表　　　　　单位:户、元

年份	户数	年平均缴费	备注
2009	45	3 380	
2010	50	3 380	
2011	44	4 220	
2012	33	4 984.4	

第三节　医疗保险

医疗保险涉及合作医疗、大病风险基金、农村居民医疗保险三个方面。

合作医疗于1969年3月建立。20世纪70年代初,杨湘泾村合作医疗基金由社员个人、生产队集体共同筹集,社员缴纳1~2元,集体提取2~4元。在大队医疗站就诊,医药费全免。转公社医院,报销50%,转县以上医院就诊,每次限报20%~30%。1975年1月,合作医疗由"队办队管"转为"队办社管",每人每年女缴2元,男缴3元,其余由集体公益金支付。1992年实行风险基金制度,以解决重病人的困难,一次性报销500~3 000元不等,一般疾病治疗,仍报销一定数额的医药费。1996年,农村合作医疗基金筹集由集体转向个人,每人每年缴纳6~8元、8~10元不等,在村就医全额报销;在镇医院就诊,医管会报70%;转市以上医院报50%(300元以内),每剂中药报0.5元。到2008年,杨湘泾村实施居民医疗保险。参保人数达2 215人,缴费总额297 640元,村补助22 380元,镇补助104 060元,市补助104 060元。杨湘泾居委参保人数336人,缴费总额98 560元,村补助6 720元,镇补助36 080元,市补助36 080元。2012年,杨湘泾村参保人数476人,个人缴费21 300元,村补助95 200元,镇补助109 830元,市补助121 150元。杨

湘泾居委参保人数 173 人,个人缴费 23 550 元,村补助 3 460 元,镇补助 31 365 元,市补助 36 775 元。见表 9-3-1、表 9-3-2。

表 9-3-1　　　　　　　　杨湘泾村历年村民医疗保险参保统计表　　　　　　单位:人、元

年份	缴费人数	缴费金额					参保人数
		个人缴费	村补助	镇补助	市补助	合计缴纳	
2008	1 084	67 140	22 380	104 060	104 060	297 640	1 119
2009	450	36 000	19 620	128 390	128 390	312 400	981
2010	233	18 640	12 340	82 670	83 790	197 440	617
2011	168	16 800	10 620	69 030	79 650	176 100	531
2012	142	21 300	9 520	109 830	121 150	261 800	476

表 9-3-2　　　　　　　　杨湘居委历年居民医疗保险参保统计表　　　　　　单位:人、元

年份	缴费人数	缴费金额					参保人数
		个人缴费	村补助	镇补助	市补助	合计缴纳	
2008	328	19 680	6 720	36 080	36 080	98 560	336
2009	266	21 280	5 600	30 800	30 800	88 480	280
2010	198	15 840	4 220	27 550	29 540	77 150	211
2011	177	17 700	3 540	24 570	28 350	74 160	189
2012	157	23 550	3 460	31 365	36 775	95 150	173

第四节　土地补偿

2000 年后,随着工业经济、社会公共事业的快速发展,镇政府征用了大量的土地,至 2007 年 12 月底,全镇共计 54 327 亩,征地比例为 52%。全镇共有失地农民 4 000 多户 17 802 人。政府对失地农民实行保障政策。

一、土地补偿金

(1) 2003 年 12 月 31 日之前征用的土地,每年按责任田 400 元/亩,自留地 800 元/亩,口粮田 1 200 元/亩补偿,享受到 2015 年终止。

(2) 2004 年 1 月 1 日起征用的土地,按 12 600 元/亩直接支付给被征地农民。

二、安置补助费

以村民小组为单位,按20 000元/人的标准记入失地农民个人账户,按120元/月保养金发放。从2007年开始,由政府补贴,将失地农民纳入城镇职工养老保险,失地安置补助费个人账户资金可抵算个人缴纳基金部分,转入养老保险基金。

三、失地农民待遇

对失地农民劳动力实行优先就业政策,同时享受失业保险、医疗保险等待遇,扶持失地农民向第三产业转移。

四、退休失地农民养老金

对已到退休年龄的失地农民(女50周岁、男60周岁)发放失地农民养老金410元/月,70周岁以上440元/月,并允许补交基金转入城镇职工养老保险,进一步提高农民的养老金水平。

政府对失地农民的政策和措施,确保了失地农民的合法权益,解除了他们养老的后顾之忧,化解了农民失地后带来的诸多社会问题。

五、弱势群体生活保障

扶贫帮困、敬老助残,是镇政府民政工作的一贯宗旨。2000年以后,随着镇级财力的增强,镇民政工作进一步加大了对社会老弱病残弱势群体人民生活的保障力度,开展"爱心助学""扶贫帮困""敬老助残"活动,以保障他们的基本生活、维护他们的合法权益,提高他们的生活质量。2012年杨湘泾村享受低保的村民有12户。

改革开放后,因土地批租、工业用地、道路建设、多种经营、农村建房用地等需要,杨湘泾村有部分土地被移作他用。至1999年,杨湘泾村域内,原永勤村批租土地5.33公顷,工业用地3.91公顷,道路建设10.07公顷,多种经营用地7.94公顷,农村建房用地6.86公顷;原杨湘村批租土地5.74公顷,工业用地18.99公顷,道路建设8.59公顷,多种经营用地20.01公顷,农村建房用地9.15公顷,公墓0.99公顷,其他20.23公顷。根据有关政策,对移作他用的土地都做了相应的补偿。

第五节 动迁安置

因镇规划建设用地、民营经济开发区建设等需要,杨湘泾村动迁涉及自然村较多,历时较长,动迁户数、人口、失地面积较多。在动迁过程中,广大农民积极配合镇"拆迁办",按时间要求搬迁至过渡房,在拿新房钥匙的过程中,也能互谅互让,做到文明动迁、和谐动迁。动迁安置的意义不单单是让城镇变得整洁,也促进了经济发展,更重要的是提高了老百姓的生活质量,改善了老百姓的生活环境。

2003年,三家村因镇规划开发等建设需要用地而搬迁。至2012年,杨湘泾村有3个自然村全部动迁和3个自然村部分动迁。全部动迁的自然村有港东、三家村、王泥泾。部分动迁的有东溇、周家泾、王土泾。动迁涉及15个村民小组,127户469人。动迁农民迁至淀辉锦园、东湖佳苑、中市北路、香馨佳园、淀山湖花园等镇区居民小区。那里基础设施完善,环境优美,交通便捷,深受广大动迁村民的喜爱。

表9-5-1　　　　　　　　　杨湘泾村动迁自然村统计表　　　　　　　　单位:户、人

序号	村名	户数	人数
1	港东	13	57
2	东溇	26	78
3	三家村	22	86
4	周家泾	17	62
5	王土泾	10	39
6	王泥泾	39	147
	合计	127	469

表9-5-2　　　　　　　　　杨湘泾村历年动迁安置统计表　　　　　　　　单位:户、人

自然村名	年份	动迁原因	组别	户数	人数	安置地点
港东	2008	镇规划建设用地	12、13	13	57	东湖佳苑
东溇	2005	镇规划建设用地	10、12、18	26	78	中市北路
三家村	2003	民营经济开发区建设用地	23	22	86	马安小区 淀辉锦园

续表

自然村名	年份	动迁原因	组别	户数	人数	安置地点
周家泾	2008	曙光路拓宽	20、21	17	62	香馨佳园
王土泾	2011	镇规划建设用地	24、25、26、29、31、32	10	39	淀山湖花园
王泥泾	2003 2011	镇规划建设用地	27、28	39	147	淀山湖花园 淀辉锦园

第六节　经济合作社

　　1983年政社分设,原杨湘村、永勤村分别成立杨湘经济合作社和永勤经济合作社。2001年,杨湘经济合作社和永勤经济合作社合并组成杨湘泾村经济合作社(杨湘泾富民置业合作社)。杨湘泾村经济合作社建设两个项目:租赁用的标准厂房和第三产业服务用房。

一、厂房出租

　　2003年4月,杨湘泾村党支部、村民委员会组建成立杨湘富民置业合作社。经全村22个村民小组讨论同意,在淀山湖镇南苑路北侧一次征用土地75.19亩,分三期建造标准厂房对外出租。出租的收入扣除各项费用和提留,进行股金分红。并建章立制"以入股自愿,退股自由,利益共享,风险共担"的原则,做到有章可依,按章办事。按照章程规定,由股民代表直接选举产生、组建富民合作社班子,设董事会人员5名,其中董事长1人,董事4人。监事会人员2名,其中:监事长1人,监事1人。每届任期三年,在2003年5月选举产生第一届董事会、监事会人员。每年召开董事会、监事会会议3~4次,股民代表大会一次,通报当年度合作社经济收入和支出及股金分红情况与时间,杨湘泾富民置业合作社具体做了以下几个方面的工作。

　　(1)召开广播会向全体村民宣传富民置业合作社建造厂房是为村民增加收入的一项措施,为了让大多数村民能入股,确定每股为1 000元,每户不能超过5万元,参股户应是杨湘泾村村民或户口农迁非的人员。召开组长会议,发挥村民组长的作用,每家每户上门宣传,发入股认购通知书,做到家喻户晓,并在入股认购通知书上签名,然后返回到村。考虑到村民的积极性和经济利益,承诺第一年9

个月按银行的活期存款利息支付红利,3个月按年6%支付股金红利。第二年起增股扩股,头9个月同样按银行存款结算,9个月后按出租收入的多少进行结算股金分红。

（2）工程发包,施工单位的选定是委托镇建安公司对外发布信息,按公开、公平、公正的原则进行招投标,投标施工的单位统一到村办理签订招投标合同。召开工程发包听证会,出席会议的有镇级有关单位领导和村内党员、入股股民代表。开标前规定以工程报价,去掉一个最高价和最低价,最后投标者中的第二位成为中标者。整个工程从2003年6月份开始到2006年2月底结束,在确保工程质量的前提下,完成标准厂房、辅房、道路、水电等项目建设。

（3）在淀山湖镇南苑路北侧,建有标准厂房17 647平方米,门卫、配电房、厕所等689平方米,加上道路、水电等项目。总投入资金14 329 772.59元。

（4）2003年起标准厂房经营运作情况如下：

财务实行村有镇管、由镇经济服务中心统一记账,年终进行审计,按标准提留各项费用后进行分配,连续6年股金分红占12%。

入股股民313人,股金921.6万元,村集体入股226.15万元。

厂房全部出租,2012年总收入251.5万元（其中标准厂房208万元、服务用房43.5万元）。扣除纳税、提留、折旧等开支。股金分红总额1 667 960元,其中股民分得1 487 160元（包括服务用房入股户）。每户开设储蓄存折,股金分红全部打入存折。村集体180 800元转入村级账户。

二、配套服务用房出租

标准厂房的良好运作,使股民得到利益,也壮大了村级经济。2006年12月,杨湘泾村开发香石路西侧的原藕塘,填土后占地面积10.62亩。工程在2007年10月18日正式破土动工,2009年6月全面竣工验收。总投入资金3 605 130元。建造办公、住宿、富民置业合作社用房三层楼、43间,2 599.36平方米。入股村民共101人,股金317.7万元。股金分红第一年按银行的活期存款利息支付,第二年在出租收入不足6%时,补到6%,第三年起并入标准厂房同样分配,年股金分红占12%。为管理好村民入股在合作社的1 239.3万元股金,按规范为股民做好股金变动手续,设置好股金转让协议、股金退股协议、股金变更协议,一式三份,变动双方、合作社各执一份,手续齐全使股民放心。

第七节 村民的幸福感

改革开放以后,社会安定,经济繁荣,村民体会到:旧社会,世世代代缴皇粮,共产党领导,农民种田免缴农业税。农民老了也有退休养老金(农保、社保),生活有保障,治病住院有医保。乘公交车免费多,70周岁以上老人乘公交车刷老人卡、60周岁以上老人乘公交车刷优慰卡、残疾人乘公交车刷爱心卡、学生乘公交车刷学生卡,卡卡有免费。农民土地有补偿金,土地入股,到年终有红利。文化娱乐设施多,看戏进场不买票,村里还有百姓讲坛"今日山海经",听故事,受教育,摸摸奖,一举两得真开心。

杨湘泾村村民普遍反映共产党好、社会主义好、改革开放好,生活在当今社会里确实幸福。

第十章 基层组织

1949年,杨湘泾村域内15个自然村由杨湘小乡管辖。20世纪50年代,村域内各自然村的初、高级农业社的党员参加乡党支部活动。行政村设村长、农会主任、社长。以后共青团、妇联、民兵等组织相继建成。1958年人民公社化时期,原杨湘地区的森益、群联、群益、周新等高级社联合成立淀东公社第五大队,并组建五大队党支部。1959年之后,境内的杨湘、周家泾、王土泾等行政村多次并拆,党支部组织也随之更动。杨湘泾村域内,经历了土地改革、农业互助合作化、人民公社和撤社建乡建镇过程。基层行政组织名称由早期的村更名为社,社更名大队,改革开放后大队又更名为村。村组建村民委员会,设村主任、社长、会计等领导成员。共青团设书记,妇联(妇代会)设主任,民兵设营长。20世纪90年代各村成立的残疾人联合会、老年人协会、关心下一代工作小组等基层群众团体组织。

2001年9月杨湘和永勤二村合并,更名为杨湘泾村,组建杨湘泾村党支部及其他基层组织。

2005年杨湘泾村建党总支部。

2012年,杨湘泾村在党总支部的领导下,各基层组织为发展村级经济,维护社会和谐,促进家庭和睦发挥积极作用,为杨湘泾村获得"江苏省文明村""江苏省新农村建设先进村""苏州市文明村""计划生育先进集体"等荣誉称号做出了贡献。

第一节 基层党组织

1949年5月淀东解放,同年11月成立淀东区,建立中共淀东区委员会,下辖杨湘、度潭、双护等9个小乡党支部。

杨湘泾村域内7个自然村由杨湘小乡管辖,当时各自然村的共产党员参加杨湘乡党支部活动。

杨湘泾村域内,20世纪50年代入党的早期共产党员有杨湘东大村陈阿金、朱四根;杨湘双溇村张光祖、蒋小妹、李雪生、张根福;杨湘朝南江村俞品荣;杨湘西横头村蔡占元、顾菊泉;杨湘长大华村沈海根;杨湘东溇村张建新、沈品中;杨湘江北村侯相林、周葆生;周家泾村彭炳生、彭正高、张者定、彭岳清;三家村吴志松;王土泾村盛才堂、沈全生、金福明;王泥泾村黄美蓉。

1958年人民公社化时期,杨湘地区的森益、群联、群益、周新与周边的新华、新民、新农等7个高级农业生产合作社联合成立淀东公社第五大队,组建大队党支部,党支部书记由张惠明担任。

1959年3月,昆山县委召开"三级干部"会议,传达中共中央郑州会议精神,纠正"无偿调拨农民财物的错误"并进行退赔,之后第五大队拆分为森益、群益、群联、周新等大队。杨湘泾村域内分别建立森益、群益、群联、周新四个大队党支部。森益大队党支部书记沈品忠、群益大队党支部书记张惠明、群联大队党支部书记盛才堂、周新大队党支部书记彭炳生。

1960年,域内的大队又合并,合并后的每个大队党支部设书记、副书记和支部委员3~5人。原森益大队党支部与群益大队党支部合并,名为森益大队党支部,书记周葆生,副书记沈品忠,委员朱四根。原群联大队党支部与周新大队党支部合并,名为周新大队党支部,书记张光祖,副书记张者定,委员盛才堂、沈永明。

1961年后,域内原周新大队党支部又分为群联大队党支部和周新大队党支部。群联大队党支部书记由盛才堂担任。周新大队党支部书记由张者定担任。森益大队更名为杨湘大队,党支部书记由沈品中担任。

1965年以后,境内的原杨湘大队党支部书记先后由沈品中、沈海根、沈雪根、朱凤根担任。原周新大队党支部与群联大队党支部在1966年又合并,命名为新联大队党支部,党支部书记先后由下派的许斐和基层的张者定、彭兴根、顾裕元担任。1982年4月新联大队更名为永勤大队。

1983年以后，撤社建乡，人民公社改为乡，淀东公社更名为淀东乡，大队更名为村。原杨湘大队更名为淀东乡杨湘村。村党支部书记先后由沈雪根、陆正林担任。原永勤大队更名为淀东乡永勤村。村党支部书记先后由顾裕元、彭建明担任。

1988年以后，经江苏省人民政府批准淀东撤乡建镇，淀东乡更名为淀东镇。原杨湘村为淀东镇杨湘村，村党支部书记先后由侯进发、沈建明担任。原永勤村为淀东镇永勤村，村党支部书记先后由顾沛林、彭建明、张华妹担任。

1993年以后，经江苏省人民政府批准，淀东镇更名为淀山湖镇。域内的原杨湘村更名为淀山湖镇杨湘村，村党支部书记由沈建明担任。原永勤村更名为淀山湖镇永勤村，村党支部书记由张华妹担任。

表10-1-1　　1966~1995年杨湘村(大队)党支部领导成员任免名单

姓名	任免职务	任免时间	文号
沈海根	任党支部书记	1966.03.11	
俞品荣	任党支部副书记	1966.03.11	
张根福	任党支部组织委员	1966.03.11	
蒋小妹	任党支部宣传委员	1966.03.11	
张福全	任党支部委员	1966.03.11	
朱凤根	任党支部书记	1969.11.15	
沈海根	任党支部委员	1969.11.15	
沈雪根	任党支部委员	1969.11.15	
俞品荣	任党支部委员	1969.11.15	
张根福	任党支部委员	1969.11.15	
杨引娣	任党支部委员	1969.11.15	
沈海根	任党支部书记	1972.05.03	
张世雄	任党支部副书记	1972.05.03	
沈雪根	任党支部委员	1972.05.03	
张根福	任党支部委员	1972.05.03	
杨引娣	任党支部委员	1972.05.03	
蒋小妹	任党支部委员	1970.09.21	
周进法	任党支部委员	1972.05.03	
沈雪根	任党支部副书记	1973.04.11	12

续表

姓名	任免职务	任免时间	文号
沈雪根	任党支部书记	1974.05.05	40
吴友生	任党支部副书记	1974.05.05	40
沈海根	免党支部书记	1974.05.05	40
沈雪根	任党支部副书记	1975.04.13	29
吴友生	任党支部副书记	1975.04.13	29
潘永泰	任党支部副书记	1975.04.13	29
张根福	任党支部委员	1975.04.13	29
张世雄	任党支部委员	1975.04.13	29
蒋小妹	任党支部委员	1975.04.13	29
周进法	任党支部委员	1975.04.13	29
朱凤根	任党支部委员	1976.05.21	47
吴友生	任党支部组织委员	1978.03.28	29
侯进法	任党支部委员	1978.04.20	49
蒋小妹	免党支部委员	1978.09.03	93
侯进法	任党支部副书记	1978.12.28	100
毕祥荣	任党支部委员	1979.01.19	1
张世雄	免党支部委员	1979.01.19	1
张根福	免党支部委员	1979.04.21	24
周进法	免党支部委员	1979.04.21	24
侯进法	任党支部纪律检查委员	1979.10.15	107
毕祥荣	任宣传委员	1979.10.15	107
陆正林	任党支部书记	1984.04.15	10
侯进法	任党支部组织委员	1984.04.15	10
沈雪根	任党支部宣传委员	1984.04.15	10
沈雪根	任党支部书记	1984.11.23	27
侯进法	任党支部纪律检查委员	1985.04.19	6
张世雄	任党支部宣传委员	1985.04.19	6
侯进法	任党支部书记	1987.05.22	9
沈雪根	免党支部书记	1987.05.22	9

续表

姓名	任免职务	任免时间	文号
陈菊生	任党支部组织委员	1987.09.23	24
张世雄	任党支部组织宣传委员	1987.09.23	24
陈菊生	任党支部委员	1987.05.22	9
侯进法	任党支部书记	1990.11.08	37
张世雄	任党支部组织、纪检委员	1990.11.08	37
俞正林	任党支部宣传委员	1990.11.08	37
侯进法	免党支部书记	1991.12.23	62
沈建明	任党支部书记	1991.12.23	62
沈建明	任党支部书记	1992.11.04	40
张世雄	任党支部组织、纪检委员	1992.11.04	40
俞正林	任党支部宣传青年委员	1992.11.04	40
郁亚其	任党支部委员	1995.07.05	12
沈建明	任党支部书记	1995.05.06	11
俞正林	任党支部组织青年委员	1995.05.06	11
张世雄	任党支部宣传、纪检委员	1995.05.06	11

表10-1-2　1966~1995年永勤村(大队)党支部领导成员任免名单

姓名	任免职务	任免时间	文号
张者定	任党支部书记	1966.03.11	
盛才堂	任党支部组织委员	1966.03.11	
金福明	任党支部宣传委员	1966.03.11	
张者定	任党支部书记	1969.11.15	
黄金火	任党支部委员	1969.11.15	
吴志松	任党支部委员	1969.11.15	
张者定	任党支部书记	1972.02.23	
彭兴根	任党支部副书记	1972.02.23	
王金火	任党支部委员	1972.02.23	
吴志松	任党支部委员	1972.02.23	
盛才堂	任党支部委员	1972.02.23	
顾裕元	任党支部委员	1975.03.28	
陆海珍	任党支部委员	1975.03.28	

续表

姓名	任免职务	任免时间	文号
彭兴根	任党支部书记	1975.04.13	
陆海珍	任党支部副书记	1975.04.13	
顾裕元	任党支部副书记	1975.04.13	
张者定	免党支部书记	1975.04.13	
施伟明	任党支部委员	1976.12.02	95
黄美蓉	任党支部委员	1976.12.02	95
施伟明	任党支部副书记	1977.09.05	54
顾裕元	任党支部组织委员	1978.03.28	32
顾裕元	任党支部纪检委员	1979.10.15	95
吴志松	任党支部宣传委员	1979.10.15	95
顾裕元	免党支部副书记	1983.05.05	16
顾裕元	任党支部书记	1984.03.31	3
彭兴根	免党支部书记	1984.03.31	3
顾裕元	任党支部书记	1984.04.15	10
宋岳鸣	任党支部组织、纪检委员	1984.04.15	
吴志松	任党支部宣传委员	1984.04.15	
顾裕元	任党支部书记	1984.04.23	27
顾裕元	任党支部书记	1985.04.19	6
宋岳鸣	任党支部组织委员	1985.04.19	
谢大兴	任党支部纪检委员	1985.04.19	
陆海珍	任党支部宣传委员	1985.04.19	
宋岳鸣	免党支部委员	1987.02.25	4
顾裕元	任党支部书记	1987.09.23	24
顾沛林	任党支部组织、纪检委员	1987.09.23	
陆海珍	任党支部宣传委员	1987.09.23	
顾沛林	任党支部书记	1988.02.24	4
张承川	任党支部委员	1988.02.24	
顾沛林	任党支部书记	1990.11.08	37
陆海珍	任党支部组织委员	1990.11.08	
施伟明	任党支部纪检委员	1990.11.08	

续表

姓名	任免职务	任免时间	文号
张承川	任党支部宣传委员	1990.11.08	
彭建明	任党支部书记	1991.12.23	62
顾沛林	免党支部书记	1991.12.23	62
彭建明	任党支部书记	1992.11.04	40
陆海珍	任党支部组织、青年委员	1992.11.04	
施伟明	任党支部纪检委员	1992.11.04	
张仁川	任党支部宣传委员	1992.11.04	
张华妹	任党支部委员	1994.06.25	3
陆海珍	免党支部委员	1994.06.25	3
张承川	免党支部委员	1994.07.26	6
彭建明	任党支部书记	1995.05.06	11
施伟明	任党支部组织、纪检委员	1995.05.06	
张华妹	任党支部宣传、青年委员	1995.05.06	

2001年9月27日，根据昆山市行政区域合并的要求，杨湘和永勤两村合并，命名为杨湘泾村，组建党支部，村内有共产党员85人。

2001~2005年2月，杨湘泾村党支部书记由沈建明担任，2005年3月，杨湘泾村成立党总支部，书记沈建明，见表10-1-3。

表10-1-3　　2001~2012年杨湘泾村党支部、党总支部领导成员情况表

职务	姓名	任职时间	职务	姓名	任职时间
书记	沈建明	2001.9－2012.12	支部委员	施永明	2007.12－2012.12
副书记	彭瑞良	2001.9－2004.10	支部委员	黄祖琴	2006.12－2012.12
副书记	施永明	2004.12－2007.11	党小组长	陈菊生	2001.9－2012－12
副书记	张雪琴	2007.11－2012.10	党小组长	施永明	2001.9－2012－12
副书记	李尧	2011.1－2012.12	党小组长	郁亚其	2001.9－2012－12
支部委员	张雪琴	2001.9－2012.10	党小组长	张世雄	2001.9－2012－12

第二节 村民委员会

1949年5月13日昆山地区解放。1949年5～10月成立淀东区政府,管辖全区金湖、度潭、杨湘、双护等9个小乡,各小乡主要干部为乡长、农会主席、民兵中队长、信用社主任。长大华、东溇、东大、双溇、金家溇、圆厅、南寿巷、横丹、陆岸、周家泾、三家村、王土泾、王泥泾自然村都由杨湘乡管辖,杨湘乡乡长、农会主席田金荣,民兵中队长朱金元。各自然村分别成立农民协会(简称农会),选举村长、农会主席。组织村民划分阶级成分,斗地主、分田地,开展土改运动。

1949～1950年,杨湘泾村境内的王土泾、王泥泾自然村成立农会,选举金万祥、金福明为农会主席,彭永发为村长。周家泾、三家村成立农会,选举顾召良、顾夫卿为农会主席,彭正高为村长。杨湘东溇、江北埭、横丹为一联村,选举周金泉为农会主席、毕杏林为村长。杨湘长大华、朝南江、圆厅、陆岸为二联村,选举沈海根为农会主席,张俊英、胡良范、张杏福先后为村长。杨湘东大、双溇、下场头为三联村,选举陈阿金为农会主席,徐卫生、朱四根先后为村长。

1951～1952年,王土泾、王泥泾村成立6个互助组,其中王宝田互助组办得较早。三家村、周家泾村包括东泾湾成立3个互助组,组长分别由彭正高、顾夫卿、彭炳生担任。村域内成立大大小小25个互助组,以农忙时互帮互助为主。

1953～1955年,村域内建立初级农业生产合作社(简称初级社)。王土泾、王泥泾自然村建立2个初级社。五星初级社,社长金福明、副社长彭金弟。群联初级社,社长盛才堂。三家村、周家泾自然村建立2个初级社。周新一社,社长彭炳生、会计顾元兴。周新二社,社长彭正高、会计顾启明。杨湘一联村建立2个初级社,森星初级社,社长朱四根;森益初级社,社长沈品中。杨湘二联村建立2个初级社,群益初级社,社长俞品荣;群建初级社,社长顾菊泉。杨湘三联村建立2个初级社,社长由沈小苟、陈阿金担任。

1956～1957年,成立高级农业生产合作社(简称高级社)。王土泾、王泥泾自然村五星、群联2个初级社合并成立群联高级社,社长盛才堂、金福明,会计王葆田。三家村、周家泾自然村周新一社、二社合并成立周新高级社,社长彭正高、会计顾启明。杨湘一联村森星、森益2个初级社合并成立森益高级社,社长顾菊泉、沈品中,监察主任朱四根,会计蒋仲豪。杨湘二联村和三联村4个初级社合并成立群益高级社,社长张光祖、俞品荣,监察主任陈阿金,会计张全根。

1958~1959年,淀东区成立淀东人民公社。杨湘泾村境内的森益、群益、群联、周新与周边的新华、新民、新农7个高级社合并成立淀东公社第五大队(五营),大队长张光祖,大队会计顾启明、沈婉先,统计员章振华。

1959年,昆山县委召开"三级干部"会议(也称"陆家算账会议"),传达中共中央郑州会议精神,纠正"无偿调拨农民财物的错误",进行退赔。之后,淀东公社第五大队分拆成若干大队。境内有森益大队,负责人沈品中;群益大队,负责人张惠明;群联大队,负责人盛才堂;周新大队,负责人彭炳生。

1960年,域内的森益大队与群益大队合并为森益大队,大队长朱四根,会计张全根。群益大队与周新大队合并为周新大队,大队长盛才堂,会计沈永明。

1961~1965年,周新大队又分为群联大队和周新大队。群联大队大队长由金福明担任,会计由韩学仁担任。周新大队大队长由彭炳生担任,会计由顾启明担任。森益大队更名为杨湘大队,大队长由朱四根担任,会计由张全根担任。

1966年以后,村域内的群联大队和周新大队又合并为新联大队。新联大队1982年4月更名为永勤大队,大队长盛才堂,大队会计先后由顾启明、顾裕元、彭瑞良担任。杨湘大队大队长先后由朱四根、朱凤根、沈海根、沈雪根担任,大队会计先后由张根福、陆巧林、沈建明担任。

1969~1980年,村域内各大队成立革命委员会(简称革委会),设立革委会主任、副主任、委员等。杨湘大队革委会主任朱凤根,副主任沈雪根、蔡采明。

1984~2000年,永勤村村主任先后由顾裕元、彭建明、顾沛林、陆海珍、张胤、张华妹、彭立成担任。社长先后由顾沛林、彭瑞良、施伟明担任。会计先后由顾裕元、彭瑞良担任。杨湘村村主任先后由沈雪根、侯进发、张世雄、俞正林、郁亚其担任,社长先后由侯进发、郁亚其担任,会计先后由张根福、陆巧林、蔡占元、沈建明、张雪琴担任。

表10-2-1　　1969~1995年杨湘村(大队)领导成员任免名单

姓名	任免职务	任免时间	文号
朱凤根	任杨湘大队革命委员会主任	1969.02.10	
沈雪根	任杨湘大队革命委员会副主任	1969.02.10	
蔡采明	任杨湘大队革命委员会副主任	1969.02.10	
张根福	任杨湘大队革命委员会委员	1969.02.10	
沈海根	任杨湘大队革命委员会委员	1969.02.10	

续表

姓名	任免职务	任免时间	文号
郁正邦	任杨湘大队革命委员会委员	1969.02.10	
张士明	任杨湘大队革命委员会委员	1969.02.10	
俞品荣	任杨湘大队革命委员会委员	1969.02.10	
杨引娣	任杨湘大队革命委员会委员	1969.02.10	
沈海根	任杨湘大队革命委员会主任	1972.05.03	
张世荣	任杨湘大队革命委员会副主任	1972.05.03	
侯进法	任杨湘大队革命委员会委员	1972.05.03	
吴友生	任杨湘大队革命委员会委员	1972.05.03	
李雪生	任杨湘大队革命委员会委员	1972.05.03	
朱凤根	免杨湘大队革命委员会主任	1972.05.03	
俞品荣	免杨湘大队革命委员会委员	1972.05.03	
张士明	免杨湘大队革命委员会委员	1972.05.03	
张光祖	任杨湘大队革命委员会委员	1975.05.10	80
张福泉	任杨湘大队革命委员会委员	1975.05.10	80
潘永泰	任杨湘大队革命委员会副主任	1975.05.10	80
杨引娣	免杨湘大队革命委员会委员	1975.05.10	80
李雪生	免杨湘大队革命委员会委员	1975.05.10	80
张根福	免杨湘大队会计	1976.05.02	29
蔡占元	任杨湘大队会计	1976.05.02	29
潘永泰	免杨湘大队革命委员会委员	1976.07.11	71
蔡占元	任杨湘大队革命委员会委员	1976.07.11	71
张根福	免杨湘大队协调主任	1977.04.06	23
吴友生	任杨湘大队协调主任	1978.05.06	68
俞品荣	任杨湘大队协调副主任	1978.05.06	68
张光祖	任杨湘大队协调副主任	1978.05.06	68
陆巧林	任杨湘大队会计	1979.01.19	93
蔡占元	免杨湘大队会计	1979.01.19	93
侯进法	任杨湘大队大队长	1983.01.18	8
沈雪根	任杨湘村委会主任	1983.08.14	50
周月琴	任杨湘村委会委员	1983.08.14	50
俞正林	任杨湘村委会委员	1983.08.14	50

续表

姓名	任免职务	任免时间	文号
侯进法	任杨湘村委会社长	1983.08.14	50
陈玉林	任杨湘村委会副社长	1983.08.14	50
沈建明	任杨湘村委会会计	1983.08.14	50
侯进法	任杨湘村委会主任	1984.11.23	27
沈建明	任杨湘村委会会计	1984.11.23	27
侯进法	任杨湘村委会社长	1986.05.19	29
侯进法	免杨湘村委会主任	1986.05.19	29
张世雄	任杨湘村委会代主任	1986.05.19	29
郁亚其	任杨湘村委会社长	1987.05.22	9
郁亚其	任杨湘村委会社长	1988.05.05	45
沈建明	免杨湘村委会会计	1991.12.24	24
程松青	任杨湘村委会治保主任	1992.03.05	3
张世雄	免杨湘村委会主任	1995.03.27	5
俞正林	任杨湘村委会代主任兼会计	1995.03.27	5

表10-2-2　　　　　1975~1995年永勤村(大队)领导成员任免名单

姓名	任免职务	任免时间	文号
彭兴根	任革委会主任	1975.04.13	50
张者定	免村主任	1983.08.14	50
顾裕元	任村主任	1983.08.14	50
盛四娟	任委员	1983.08.14	
谢阿兴	任委员	1983.08.14	
彭建明	任代村主任	1984.03.31	4
顾沛林	任村主任	1984.04.23	
陆海珍	任代村主任	1988.03.18	26
顾沛林	免代主任	1988.03.18	
张 胤	任代村主任	1992.12.08	47
陆海珍	免村主任	1992.12.08	
张 胤	免村主任	1995.03.27	
张华妹	任代村主任	1995.03.27	5

2001年9月27日杨湘村与永勤村合并,成立杨湘泾村(村、居合一)。并村后的村主任先后由孙惠贤、施永明、张雪琴、李尧担任,社长先后由彭瑞良、施永明担

任,村会计先后由张雪琴、李尧、许雪清担任。杨湘泾居委会主任先后由郁亚其、施永明担任,会计由张雪琴、彭瑞良担任。

第三节 民兵组织

民兵是村级的重要组织,是生产建设和人民武装等项工作中的一支重要力量,在抵御自然灾害中发挥了重要作用。杨湘泾村民兵营传承先辈优良传统和精神,2010年、2012年先后荣获昆山市人民武装部颁发的民兵工作先进单位和基层建设先进单位等荣誉称号。

1961~1981年,杨湘大队民兵营长先后由张福泉、李雪生、张炳荣、周伟良、张世雄、郁振邦担任;新联大队民兵营长先后由彭小荣、曹士德担任。

1982~1993年,杨湘大队(村)民兵营长先后由周伟良、俞正林、程松青担任;永勤大队(村)民兵营长先后由谢大兴、彭立成、顾坚斌、盛祥元担任。

1994~2000年,杨湘村民兵营长先后由程松青、施永明担任;永勤村民兵营长由盛祥元担任。

2001~2012年,杨湘泾村民兵营长由施永明担任。

表10-3-1　　　　　1979~1995年原杨湘村(大队)民兵干部任免名单

姓名	任免职务	任免时间	文号
张炳荣	免民兵营长	1979.01.19	93
周惠良	任民兵营长	1979.01.19	93
周春元	任民兵副营长	1982.01.10	14
田雪荣	任杨湘基干民兵副排长	1982.01.10	14
俞正林	任民兵营长	1984.11.23	27
侯进法	任民兵教导员	1989.10.06	18
俞正林	任民兵营长	1989.10.06	18
程松青	任民兵营长	1992.03.05	3
俞正林	免民兵营长	1992.03.05	3
沈建明	任民兵教导员	1993.07.27	6
程松青	任民兵营长	1993.07.27	6

续表

姓名	任免职务	任免时间	文号
沈建明	任民兵教导员	1994.07.26	5
张世雄	任民兵营长	1994.07.26	5
程松青	免民兵营长	1994.07.26	5
施永明	任民兵营长	1995.03.25	6
张世雄	免民兵营长	1995.03.25	6
沈建明	任民兵教导员	1995.08.04	15
施永明	任民兵营长	1995.08.04	15

表10-3-2　1975~1995年原永勤村(大队)民兵干部任免名单

姓名	任免职务	任免时间	文号
彭小荣	免民兵营长	1975.03.28	17
曹士德	任民兵营长	1975.03.28	
曹士德	任民兵营长	1977.10.03	54
黄承访	任民兵副营长	1977.10.03	
张国英	任民兵副营长	1977.10.03	
彭兴根	任民兵教导员	1977.10.03	
彭瑞良	任民兵副教导员	1977.10.03	
彭兴根	任民兵教导员	1982.01.10	33
曹士德	任民兵营长	1982.01.10	
彭瑞良	任民兵副教导员	1982.01.10	
彭品中	任民兵副营长	1982.01.10	
谢大兴	任民兵营长	1984.11.23	27
顾沛林	任民兵教导员	1989.10.06	18
谢阿兴	任民兵营长	1989.10.06	18
谢阿兴	任民兵营长	1993.07.27	6
彭建明	任民兵教导员	1993.07.27	
彭建明	任民兵教导员	1995.08.04	15
谢阿兴	任民兵营长	1995.08.04	15

第四节 群众团体

杨湘泾村群众团体有共青团、妇联、老协委等组织,为维护社会和谐、促进家庭和睦做出了贡献。

一、共青团

杨湘泾村域内的共青团组织,成立于20世纪50年代中期,森益高级社团支部书记是沈雪夫。群益高级社团支部书记是沈海根。群联高级社团支部书记是彭金弟。周家泾、三家村的周新高级社团支部书记是顾元兴。

1958~1961年,淀东公社第五大队共青团总支书记是沈品中。

1962~1982年,村域内的群联大队共青团支部书记先后由彭小荣、黄阿四、陆海珍、郭小弟、彭瑞良担任;周新大队共青团支部书记为顾裕元。

1966年,群联、周新大队合并为新联大队,共青团支部书记先后由顾裕元、陆海珍担任。

1974~1976年,杨湘大队(村)共青团支部书记先后由郁振邦、张海林、沈建国担任。

1982年4月,新联大队更名为永勤大队(村),共青团支部书记先后由彭立成、彭瑞良、张煊尘担任;杨湘大队(村)共青团支部书记先后由顾关生、郁正邦、张海林担任。

1989~1993年,杨湘村共青团支部书记是李伟新;永勤村共青团支部书记由顾坚斌、张煊尘、彭立成先后担任。

1994~2000年,杨湘村共青团支部书记先后由李伟新、施永明担任;永勤村共青团支部书记先后由顾坚斌、黄祖琴担任。

表10-4-1　　　　1974~1995年杨湘村(大队)共青团干部任免名单

姓名	任免职务	任免时间	文号
张海林	任杨湘大队团书记	1974.05.14	62
郁振邦	免杨湘大队团书记	1974.05.14	62
沈建国	任杨湘大队团书记	1976.05.22	57

续表

姓名	任免职务	任免时间	文号
张海林	免杨湘大队团书记	1976.05.22	57
俞正林	任杨湘村团书记	1984.11.23	27
沈建国	免杨湘村团书记	1984.11.23	27
李伟新	任杨湘村团书记	1992.03.05	3
俞正林	免杨湘村团书记	1992.03.05	3
陈松青	任杨湘村团书记	1993	
李伟新	免杨湘村团书记	1993	
施永明	任杨湘村团书记	1995.08.25	16
陈松青	免杨湘村团书记	1995.08.25	16

2001年9月,杨湘泾村成立村共青团总支,书记先后由黄祖琴、孙倩、吴亮担任。杨湘泾村先后荣获淀山湖镇先进团总支等荣誉称号。

二、妇代会

1957年成立妇代会。妇代会组织随着区乡机构的撤并而撤并。农业合作化期间,初、高级社管委会中设妇女委员。1958年起,大队(村)设妇代会主任。

1962~1983年,杨引娣、蒋小妹、顾福珍先后任杨湘大队妇代会主任;黄美蓉任群联大队妇代会主任;王海英任周新大队妇代会主任;群联大队与周新大队合并后建立新联大队,陆海珍、黄美蓉任新联大队妇代会主任。

1984~1988年,顾福珍任杨湘大队(村)妇代会主任;新联大队更名为永勤大队,永勤大队(村)由盛四娟、张华妹先后任妇代会主任。

1989~1993年,由顾福珍、周玉珍、张祥妹先后任杨湘村妇代会主任;张华妹任永勤村妇代会主任。

表10-4-2　　　　1972~1994年杨湘村(大队)妇代会干部任免名单

姓名	任免职务	任免时间	文号
杨引娣	任杨湘大队妇女主任	1972.09.17	
蒋小妹	任杨湘大队妇女副主任	1972.09.17	
杨引娣	免杨湘大队妇女主任	1975.05.10	80
蒋小妹	任杨湘大队妇女主任	1975.05.10	80
蒋小妹	免杨湘大队妇女主任	1978.12.18	99

续表

姓名	任免职务	任免时间	文号
顾福珍	任杨湘大队妇女主任	1978.12.18	99
顾福珍	任杨湘大队妇女主任	1979.01.19	93
张祥妹	任杨湘村妇女主任	1984.11.23	27
顾福珍	免杨湘村妇女主任	1984.11.23	27
周玉珍	任杨湘村妇女主任	1991.02.28	19
张祥妹	免杨湘村妇女主任	1991.02.28	19
周玉珍	免杨湘村妇女主任	1993.04.12	4
张祥妹	任杨湘村妇女主任	1993.04.12	4
张祥妹	任杨湘村妇女主任	1994.04.13	15

表10-4-3　　　　　1992~1994年永勤村(大队)妇代会干部任免名单

姓名	任免职务	任免时间	文号
黄美蓉	任永勤大队妇女主任	1972.09.17	
陆海珍	任永勤大队妇女主任	1972.09.17	
盛四娟	任永勤村妇女主任	1984.11.23	27
张华妹	任永勤村妇女主任	1991.02.28	19
张华妹	任永勤村妇女主任	1994.04.13	15

1994~2001年,张祥妹、沈萍先后任杨湘村妇代会主任。张华妹、黄祖琴先后任永勤村妇代会主任。

2001年9月起,黄祖琴担任杨湘泾村妇代会主任,2015起负责主持杨湘泾村百姓讲坛台"今日山海经"。黄祖琴工作认真,任期内取得了一定成绩。杨湘泾村妇联先后荣获淀山湖镇妇女工作先进集体、昆山市"十五"期间人口与计划生育工作先进集体等荣誉称号。

黄祖琴个人曾荣获昆山市人口和计划生育先进个人、昆山市人口和计划生育便民维权标

黄祖琴近影

兵、淀山湖镇计划生育工作先进个人、计划生育工作"进步奖"和镇优秀共产党员、镇实践"三个代表"、实现"两个率先"党员先锋岗等荣誉称号。

三、老协会

1983年改革开放以后,村民生活质量全面提高,人的寿命延长,老年人口数量逐渐增多,老龄工作成为党总支、村委会的一项重要工作。20世纪90年代,村域内各村的老年人协会(老协委)全面组建。杨湘村老年人协会会长先后为朱凤根、张世雄。永勤村老年人协会会长为张者定。

2001年9月,杨湘泾村成立,担任村老年人协会会长的人员有:郁亚其、彭瑞良(2008~2012年)。

1. 老协会主要工作

(1) 桥梁作用

调查了解老年人的要求以及他们的意见和建议,将其及时反映给村党支部和村民委员会,成为党和政府密切联系老年群众的桥梁。

(2) 参谋作用

通过调查研究,为党支部和村民委员会提供老有所为、老有所乐等方面的建议。

(3) 组织作用

把老年人组织起来,为两个文明建设发挥余热,多做贡献。

(4) 为老年人办实事

每年老年节、春节,对老年人进行慰问,组织老年人进行免费体检,使广大老年人有病早发现、早治疗。办好老年人活动室,杨湘泾村共有老年活动室2个,活动场地2片,老年人活动设施不断完善,活动内容不断充实。如活动室内配置电视、VCD播放机、各种棋类、麻将桌等,通有线电视,定期更新光碟,开展各种有益于老年人身心健康的活动。老年活动室有专人负责卫生管理,免费供应茶水。

(5) 为高龄老人办理敬老胸卡

杨湘泾村老协会,为80岁老人办理"敬老胸卡"。胸卡上有姓名、住址、联系电话,一旦走失,民警和热心人凭卡就能及时与村里和老人子女联系,让高龄老人及时回归家中。

杨湘泾村老协会,获昆山市敬老爱老助老先进集体荣誉称号,在淀山湖镇老年节健身活动比赛中有多个项目多次获得好成绩。

2. 村老协会会长彭瑞良

彭瑞良,男,1954生,汉族,杨湘泾村24组村民。1974年7月,担任新联大队团支部书记。1983年9月,体制改革,撤社建乡,担任永勤村会计,后兼社长。

1989年加入中国共产党。2001年起,先后担任杨湘泾村会计、社长、村党总支副书记、村富民合作社第一任董事长、富民合作社会计、杨湘居委报账员、杨湘泾村(居)老年人协会会长。彭瑞良工作认真,任老协会会长期间,为全村100多位80周岁以上老人办理高龄老人联系"敬老胸卡",及时发放到人,为高龄老人病痛救助、走失寻找起了很大作用。

彭瑞良多次当选为镇党代表。1991年,被中共昆山市委、昆山市乡镇工业局授予"昆山市农村集体经济好管家"、镇优秀共产党员称号。1996年,当选为淀山湖镇第十四届人民代表,担任过全国第三次、第四次、第五次人口普查指导员,2次被评为优秀指导员。

四、残疾人联合会

2006年,成立杨湘泾村残疾人联合会(简称残联),先后由村主任孙惠贤、施永明、张雪琴、李尧担任村残联主任,残联专职委员先后由黄祖琴、顾骏担任。

村残联坚持每年5月19日开展"全国助残日"活动。残联领导走访慰问生活贫困的残疾人家庭,召开残疾人代表座谈会。利用宣传画廊、黑板报等宣传阵地广泛宣传帮扶残疾人的有关政策,以及扶残、助残的好人好事。帮助残疾人就业,发放残疾人使用的轮椅、助听器、拐杖等用具,组织残疾人参加力所能及的活动。拍摄残疾人活动照片,每年编纂残疾人活动计划、总结残联工作,真正让残疾人共享改革开放带来的幸福生活。

杨湘泾村残联共有残疾人53人,其中重度残疾人(持有一、二级残疾证)24人。

杨湘泾村残联工作多次受到镇残联表扬,成为淀山湖镇先进残联。

五、关心下一代工作委员会小组

2000年,杨湘泾村成立关心下一代工作委员会小组,组长由村老协会主任兼任。组长先后由孙惠贤、施永明、张雪琴、李尧、许雪清担任。副组长由大学生村官孙倩、顾骏等人担任。杨湘泾村关工委小组成立未成年人活动中心、校外教育辅导站。2005年、2012年村关工委小组先后荣获"五有五好"先进单位、零犯罪社区(村)等称号。

第十一章 人 物

杨湘泾村处于淀山湖镇中心,历史悠久,人文荟萃。当代有防护工程和地下工程专家、中国工程院院士钱七虎,中医专家顾奎兴,更多的是乡镇、村基层干部、文艺教育工作者、生产能手和生活能手等。《杨湘泾村志》共收录9人。

杨湘泾村内先后参军的青年有90人,考取大学的有191人,插队知识青年84人,全家落户14户。

2012年,杨湘泾村党总支部有共产党员84人,已故党员26人。他们是杨湘泾村各条战线上的带头人,为杨湘泾村生产建设、经济发展、环境保护等做出了贡献。

《杨湘泾村志》收录的9人,是杨湘泾人的杰出代表,他们为后辈树立了榜样。学习他们的先进事迹,弘扬他们的精神,有利于传承文明,激励后人奋发向上。

第一节 人物传

本节收录了村域内已故人物张芝龙、王志民、黄伟、张觉耿4人,概述了他们的业绩。

一、张芝龙

张芝龙,男,汉族,1924年生,杨湘泾村人。在杨湘泾正基小学读五年级时,淞沪抗战爆发,日军入侵江南。1938年8月辍学后由姑父钱继金介绍在关纪良小百货店当学徒,直到抗战胜利。1950年,张志龙担任淀东乡保卫干部、乡长等职务。后调往昆山公安局担任保卫科科长、侦查科长,直至退休,2010年病故。

二、王志民

王志民,男,汉族,1926生,杨湘泾村14组人。1949年11月,考入中国人民解放军三野特科学校,先后任学员、战士、班长、文书等职。1951年参加抗美援朝,1952年2月在朝鲜仁川战斗时负伤,被认定为三级甲等残废。在抗美援朝中先后荣获三等功臣荣誉称号1次、三等功4次、集体二等功2次。1954年加入中国共产党。1957年11月转业到昆山民政局,在安老院任会计。1962年响应国家号召回乡参加农业生产,任杨湘大队民兵营长。他在"文化大革命"中受到冲击,1978年病故,1979年落实政策给予平反。

三、黄伟

黄伟,男,汉族,1964年2月生,大学本科学历,杨湘泾村32组人(原永勤村王土泾13组人),中共党员。1981~1986年,黄伟在北京外国语学院法语系学习。1986年5月加入中国共产党。大学毕业后在中国石化总公司外事局工作,先后在中国成套设备进出口(集团)公司进口处、中国驻几内亚(比绍)大使馆商务处、中国驻卢旺达大使馆商务处、中国驻阿尔及利亚大使馆、中成集团公司国际贸易公司、中成贝宁糖业股份公司等处工作。

2000年后,连续被评为中成集团公司优秀共产党员,并获中成集团总公司特别贡献奖。2004年被国务院人事部、国资委联合授予"中央企业劳动模范"称号。2006年被国务院国资委党委授予"中央企业优秀共产党员"称号。2008年6月被评为国务院国资党委"中央企业优秀党务工作者"。2008年8月,被国务院国有资产监督委员会党委授予"中央企业优秀思想政治工作者"称号。黄伟以优异的工作成绩得到了公司和上级领导的充分肯定和表扬。他生前的最后职务是中国成套设备进出口(集团)公司贝宁(非洲)糖业股份公司总经理,2011年11月病故。

四、张觉耿

张觉耿,男,汉族,1950年9月生,大专文化,中共党员,杨湘泾村21组(原永勤村2组周家泾)人。1968年担任民办教师,1974年9月进入江苏省洛社师范学校学习。1977年8月以后,先后任淀山湖中心小学校党支部书记、副校长。2003

年借调镇文化宣传部门工作。

他先后荣获昆山市优秀教育工作者、昆山市优秀德育工作者称号。担任镇党校专职教员期间,曾被昆山市社科联授予"昆山市十佳讲师"称号。2010年退休以后,担任过淀山湖镇退休教职工协会理事长、理事职务,2016年1月病故。

第二节 人物简介

人物简介,以出生年月为序,收录钱七虎、顾奎兴等5人。

一、钱七虎

钱七虎,男,汉族,杨湘泾人,1937年10月生。中国工程院院士,著名防护工程专家、教授。

钱七虎于杨湘小学毕业后到昆山中学求学,在校学习勤奋,成绩优异。后考入哈尔滨工程学院,毕业后,留学苏联,在古比雪夫军事工程学院研究生毕业后,获副博士学位。

1960年,哈尔滨军事工程学院毕业后去苏联深造。1965年,在古比雪夫军事工程学院研究生毕业,获副博士学位。回国后任西安工程兵工程学院教授。1969年10月,调南京中国人民解放军工程兵工程学院,历任副教授、教授、院长、中国工程院院士。是国务院学位委员会学科评议组成员、中国岩土力学与土木工程学会常务理事。1988年,被授予少将军衔。1990年,获全国高校先进科技工作者、国家级有突出贡献的中青年专家称号。1993年,当选为第八届全国政协委员。钱七虎一直致力于防护工程及军事系统工程、岩土工程的教学与科研工作,取得多项开拓性的成就。在防护工程的研究中,他解决了孔口防护等多项难点的计算与设计问题,形成了我国自己的理论体系和计算方法;他率先将运筹学和系统工程方法运用于防护工程领域。以他为主建立了我国第一套《全军工程兵发展趋势动态模型》和我国确定人防工程领域的软科学研究;在完成我国一系列防护工程科技攻关中,他成功地研制出柔性帆布工事大挠度大变形的抗爆设计计算方法,解决了地下飞机库大跨度钢和钢筋混凝土防护门有限无理论分析。他带领的课题组设计了我国跨度最大、抗力最强的地下飞机库防护门;他主持了上海人民广场地下车库等多项全国大型人防工程的专家顾问组工作,主持了世界最大当量的珠

海炮台山大爆破等具有国际影响的工程实践。为了研究现代核战争中的防护问题,他曾身着防护服冒着危险几次冲进核弹试验区从事科学测试。2015年9月7日跟随"一带一路"建设高层次专家,帮助解决兰州地铁建设中的难题。在防护工程及有关领域里,钱七虎有7项成果获国家及军队科技进步奖和优秀科技成果奖,1项获全国科学大会重大科技成果奖。钱七虎主要专著有《民防学》《有限单位法在工程结构计算中的应用》和《防护结构计算原理》4部,发表论文《核爆炸条件下浅埋结构荷载理论与试验结果的对比研究》等40余篇。

二、顾奎兴

顾奎兴,男,汉族,杨湘泾村周家泾人,1944年生。20世纪60年代末毕业于南京中医学院医疗系六年制本科。江苏省名中医、江苏省肿瘤医院高级会诊中心专家、研究员、主任医师,兼任中华中医药学会肿瘤专业委员会常委、全国痛症研究会理事、江苏省抗癌协会理事、江苏省抗癌协会传统医学与肿瘤康复专业委员会主任委员等。先后担任国家中医药管理局、江苏省科技厅、江苏省卫生厅等多项重点课题负责人,江苏省卫生厅办公室副主任等职。

顾奎兴长期从事医学科研和临床工作,培养了南京中医药大学多名中医硕士、博士研究生。实践中创立了防止消化系统癌症转移的"癌症阻断疗法""治土护木法""整体平衡治癌法"等。他擅长中西医结合、内外兼治来治疗消化系统肿瘤,如食管、胃、肠、肝、胰腺癌以及乳腺、前列腺、肺、脑等部位的良、恶性肿瘤。对放射性治疗肺炎、肠炎及化疗毒副反应、老年退行性病变的中医药治疗有独到之处。

20世纪70年代初,提出了"中医脏腑通藏兼用学说",创新了中医基础理论。20世纪80年代又提出了"环境致癌与环境治癌"新学说。先后主编出版了《中医肿瘤学》《肿瘤康复与药膳》《肿瘤药物治疗手册》等专著8本,参编医学著作810本。发表医学论文、论著50余篇,医学科普文章70余篇。曾荣获江苏省政府科技进步三等奖。

三、郭小弟

郭小弟,男,汉族,大专文化,中共党员,杨湘泾村王泥泾人,1952年6月生。1973年11月考取江苏省扬州水利学校。1976年8月毕业后分配至江苏省水利厅水利工程总队。

1976年9月至1984年3月任技术员、副队长。1984年4月至2012年6月先后担任江苏省水利建设工程有限公司副主任、副经理、总工程师。

1984年,在湖北省宜昌市葛洲坝工程局党校通过了"全国经理(厂长)统考"。1987年,多次参加了全国性的学术研讨会议。1988年撰写的论文《疏浚与吹填控制泥浆流失的探讨》发表于中国《疏浚与吹填》杂志。1995年,在南京通过了国家一级项目经理统考。1998年,函授于南京河海大学。2007年7月,毕业于武汉理工大学。

2012年6月退休,受聘为江苏省水利厅重点工程泰州引江河第二期工程建设局副总工程师,继续发挥自己的专长,从事水利建设的技术管理工作。在江苏省水利建设工程有限公司(原江苏省水利工程总队)工作的36年期间,多次获总公司和江苏省水利厅先进生产工作者称号。

四、沈建国

沈建国,男,汉族,杨湘泾村10组东溇人,1957年8月生,南京大学毕业,中共党员。1980~1984年在南京大学哲学系读书,历任班长、团总支书记、学生会主席。先后被评为校优秀团员、三好学生、三好学生标兵。

1985年9月至2003年1月,在中共江苏省委宣传部工作,任理论处副处长、处长。2003年1月,在江苏省新闻出版局工作,任省新闻出版局党组成员、副局长、省期刊协会会长、省记者协会副主席。他先后在《哲学研究》《光明日报》《求是》《群众》等国家级、省级学术期刊上发表了60多篇学术论文,有20余篇被《新华文摘》《文摘报》《报刊文摘》《人大复印资料》转载。他还出版个人专著《人的个性论》,与他人合作的论文获中宣部全国精神文明建设"五个一工程"奖,是中共中央宣传部《江泽民同志在纪念党的十一届三中全会二十周年会上的讲话学习读本》《干部群众关心的几个理论问题》和《"三个代表"重要思想学习纲要》的作者之一。

五、周雪峰

周雪峰,男,汉族,淀山湖镇杨湘泾村东溇自然村人,1978年2月生。是江苏省苏州昆剧院优秀小生演员、国家一级演员。中国戏剧最高奖项——第27届戏剧梅花奖得主。师从蔡正仁、汪世瑜、岳美缇、凌继勤、徐玮等。2003年,拜著名昆剧表演艺术家蔡正仁为师,塑造了各种古代小生形象。主演过《长生殿》《狮吼记》《荆钗记》《西厢记》《杨贵妃》等大戏。2000年,荣获中国首届昆剧艺术节表

演奖;2007年,在全国昆曲优秀青年演员展演中荣获"十佳演员"称号;2008年,荣获"江苏省优秀青年戏剧人才"和苏州市舞台艺术"新星奖"称号;2009年,荣获首届"长江流域十二省市青年演员大赛——长江之星"称号、荣获第四届"中国戏曲红梅荟萃"活动——"红梅金奖";2010年,荣获浙江省第11届戏剧节优秀表演奖、苏州市舞台艺术"新星奖"称号;2011年,荣获江苏省戏剧节红梅奖大赛金奖等。

第三节 人物表

本节收集了插队知识青年、全家落户、大学生、高龄老人、五匠、当代军人等名录。

一、插队知识青年

表11-3-1　　　　　杨湘泾村(原永勤、杨湘大队)插队知识青年名录

姓名	性别	家庭所在城镇	落户地	插队时间	返城时间	备注
陆串法	男	苏州	永勤大队	1968	1979	永勤1队
秦忠良	男	苏州	永勤大队	1968	1979	永勤1队
朱福良	男	苏州	永勤大队	1968	1979	永勤1队
蔡祥珍	女	苏州	永勤大队	1968	1979	永勤2队
海惠华	女	苏州	永勤大队	1968	1979	永勤2队
赵宜华	女	苏州	永勤大队	1968	1979	永勤2队
夏建英	女	杨湘	永勤大队	1968	1979	永勤2队
蒋菊珍	女	杨湘	永勤大队	1968	1979	永勤2队
汪贤玲	女	杨湘	永勤大队	1968	1979	永勤2队
田巧葵	女	杨湘	永勤大队	1968	1979	永勤2队
王惠娟	女	杨湘	永勤大队	1968	1979	永勤2队
唐阿毛	男	苏州	永勤大队	1963	1979	永勤3队
刘志兰	女	苏州	永勤大队	1968	1979	永勤3队
徐爱萍	女	苏州	永勤大队	1968	1979	永勤3队

续表

姓名	性别	家庭所在城镇	落户地	插队时间	返城时间	备注
薛春兰	女	苏州	永勤大队	1968	1979	永勤3队
曹雪荣	男	昆山	永勤大队	1968	1979	永勤3队
王新凤	女	杨湘	永勤大队	1968	1979	永勤3队
葛苏英	女	苏州	永勤大队	1968	1979	永勤4队
张林娣	女	苏州	永勤大队	1968	1979	永勤4队
方纯安	男	苏州	永勤大队	1964	1979	永勤5队
金绮华	女	苏州	永勤大队	1964	1979	永勤5队
黄春华	女	苏州	永勤大队	1964	1979	永勤5队
蒋金虎	男	苏州	永勤大队	1968	1979	永勤5队
严小五	男	苏州	永勤大队	1968	1979	永勤5队
常素芬	女	苏州	永勤大队	1968	1979	永勤5队
徐巧关	女	苏州	永勤大队	1968	1979	永勤5队
沈曼丽	女	苏州	永勤大队	1968	1979	永勤5队
陆美娟	女	苏州	永勤大队	1964	1979	永勤6队
李华	女	苏州	永勤大队	1964	1979	永勤6队
顾天益	男	苏州	永勤大队	1964	1979	永勤6队
吴铁兰	男	苏州	永勤大队	1968	199	永勤6队
郝长海	男	苏州	永勤大队	1964	1979	永勤7队
尤静芳	女	苏州	永勤大队	1968	1979	永勤7队
张冬雷	男	苏州	永勤大队	1968	1979	永勤7队
陆继俊	男	苏州	永勤大队	1968	1979	永勤7队
陈淑华	女	苏州	永勤大队	1968	1979	永勤7队
陈经雄	男	苏州	永勤大队	1968	1979	永勤7队
周美英	女	杨湘	永勤大队	1968	1979	永勤7队
黄大弟	男	杨湘	永勤大队	1968	1979	永勤7队
焦建一	女	杨湘	永勤大队	1968	1979	永勤7队
周美芳	女	杨湘	永勤大队	1968	1979	永勤7队
徐炳新	男	苏州	永勤大队	1968	1979	永勤7队
金凤季	男	苏州	永勤大队	1968	1979	永勤8队
茅玉林	男	苏州	永勤大队	1968	1979	永勤8队

续表

姓名	性别	家庭所在城镇	落户地	插队时间	返城时间	备注
毕瑞林	男	苏州	永勤大队	1968	1979	永勤8队
马济龙	男	苏州	永勤大队	1968	1979	永勤8队
杨阿八	男	苏州	永勤大队	1968	1979	永勤8队
陈孝华	男	上海	永勤大队	1968	1979	永勤8队
朱 静	女	杨湘	杨湘大队	1968	1979	杨湘1队
龚惠芳	女	苏州	杨湘大队	1968	1979	杨湘2队
吴雪珍	女	苏州	杨湘大队	1968	1979	杨湘2队
王海萍	女	杨湘	杨湘大队	1975	1979	杨湘2队
王为青	男	杨湘	杨湘大队	1975	1979	杨湘2队
顾小伟	男	杨湘	杨湘大队	1975	1979	杨湘2队
张 敏	女	杨湘	杨湘大队	1975	1979	杨湘2队
朱 倩	女	杨湘	杨湘大队	1975	1979	杨湘2队
程瑞军	男	杨湘	杨湘大队	1975	1979	杨湘2队
陆 平	男	杨湘	杨湘大队	1976	1979	杨湘2队
俞小平	女	苏州	杨湘大队	1964	1979	杨湘3队
陶 怡	女	苏州	杨湘大队	1964	1979	杨湘3队
潘永泰	男	苏州	杨湘大队	1969	1979	杨湘3队
许洪发	男	苏州	杨湘大队	1968	1979	杨湘3队
张 梅	女	杨湘	杨湘大队	1976	1979	杨湘3队
陈兴东	男	杨湘	杨湘大队	1976	1979	杨湘4队
顾见号	男	杨湘	杨湘大队	1976	1978	杨湘4队
王 正	男	杨湘	杨湘大队	1975	1979	杨湘5队
姚小明	男	杨湘	杨湘大队	1975	1979	杨湘5队
沈道军	男	杨湘	杨湘大队	1976	1979	杨湘5队
陆鸣(小)	男	杨湘	杨湘大队	1975	1979	杨湘6队
钟惠芬	女	苏州	杨湘大队	1968	1979	杨湘7队
黄森琴	女	杨湘	杨湘大队	1975	1979	杨湘7队
张小健	男	杨湘	杨湘大队	1976	1979	杨湘7队
狄云翔	男	杨湘	杨湘大队	1975	1979	杨湘7队
朱华英	女	苏州	杨湘大队	1968	1979	杨湘10队

续表

姓名	性别	家庭所在城镇	落户地	插队时间	返城时间	备注
田云仙	女	苏州	杨湘大队	1968	1979	杨湘10队
陆鸣(大)	男	杨湘	杨湘大队	1975	1979	杨湘10队
倪剑林	男	杨湘	杨湘大队	1975	1979	杨湘10队
彭卫杨	男	杨湘	杨湘大队	1976	1979	杨湘10队
周建池	女	杨湘	杨湘大队	1975	1979	杨湘10队
吴卫新	女	杨湘	杨湘大队	1975	1979	杨湘11队
徐孟珍	女	杨湘	杨湘大队	1975	1979	杨湘11队
吕其明	男	杨湘	杨湘大队	1975	1979	杨湘11队
汪贤强	男	杨湘	杨湘大队	1976	1979	杨湘11队
朱小妹	女	上海	杨湘大队	1968	1979	杨湘12队

二、全家落户

表11-3-2　　　　杨湘泾村(原杨湘、新联大队)全家落户名录

户主姓名	人口	老家所在地	落户地	落户时间	备注
沈宝财	3	上海	杨湘大队	1964	
王顺年	5	上海	杨湘大队	1964	
郭林生	1	上海	杨湘大队	1964	
朱正华	5	上海	杨湘大队	1964	
王志民	4	昆山	杨湘大队	1964	
朱阿虎	2	上海	杨湘大队	1964	
张毓泉	1	上海	杨湘大队	1964	
江思勃	1	苏州	杨湘大队	1964	下放干部
顾士森	3	苏州	杨湘大队	1966	下放干部
刘国宝	6	苏州	新联大队	1963	
郭　宝	6	苏州	新联大队	1963	
赵乃康	3	昆山	新联大队	1967	
金兴成	5	昆山	新联大队	1967	
陆祖根	5	昆山	新联大队	1967	

三、高龄老人

表11-3-3　　　　　　　　2012年杨湘泾村高龄老人名录

组别	姓名	性别	出生年月日	周岁	组别	姓名	性别	出生年月日	周岁
1	朱火云	男	1931.09.05	81	13	张福泉	男	1932.06.24	80
2	李仁泉	男	1928.01.25	84	14	戴小妹	女	1929.02.15	83
2	李阿秀	女	1928.05.04	84	14	朱四根	男	1929.06.09	83
2	陈大妹	女	1932.09.03	80	15	朱雅仙	女	1928.02.12	84
3	张阿大	女	1921.11.09	91	15	周巧英	女	1929.05.24	83
3	沈金发	男	1932.12.27	80	15	周其伦	男	1930.11.20	82
4	陈彩娥	女	1921.10.16	91	15	周阿大	男	1931.05.15	81
4	周根娣	女	1929.08.13	83	15	吴宝山	男	1932.01.29	80
4	周林泉	男	1930.02.10	82	16	张杏福	男	1929.02.20	83
4	蒋小妹	女	1932.09.09	80	16	张松元（居）	男	1929.12.28	83
5	王福泉	男	1929.10.20	83	16	邵文琴	女	1930.12.26	82
5	吴士荣	男	1930.06.04	82	16	李子英	女	1932.05.20	80
5	俞大根	男	1930.07.29	82	16	黄珍宝	女	1932.12.26	80
5	陈秀英	女	1932.03.05	80	18	张毓泉	男	1931.03.17	81
14	薛凤珍	女	1932.08.11	80	19	李雪生	男	1928.09.25	84
6	殷大妹	女	1919.12.06	93	19	周巧英	女	1928.10.10	84
6	王福生	男	1922.09.07	90	19	李云大	女	1932.12.26	80
6	张云芳	女	1923.12.13	89	20	顾召坤	男	1922.07.02	90
6	赵阿七	女	1932.01.15	80	20	顾召飞	男	1924.08.05	88
6	郁小妹	女	1932.12.26	80	20	彭炳生	男	1931.02.05	81
7	陆金昌	男	1922.01.12	90	20	王阿小	女	1931.12.14	81
7	王林珍	女	1930.09.09	82	21	孙光明	男	1929.11.07	83
7	陆云娥	女	1930.10.10	82	22	张林珍	女	1924.04.17	88
7	陆寿根	男	1932.07.11	80	22	顾文明	男	1928.06.15	84
7	陆大妹	女	1932.12.07	80	22	顾泉宝	女	1930.05.27	82
8	茹小妹	女	1920.10.05	92	22	张者定	男	1931.03.18	81
8	张云林	男	1926.04.10	86	22	彭岳清	男	1932.03.10	80
8	沈元康	男	1927.07.21	85	22	顾士明	男	1932.12.15	80

续表

组别	姓名	性别	出生年月日	周岁	组别	姓名	性别	出生年月日	周岁
9	吴云宝	女	1921.08.18	91	22	顾爱妹	女	1932.12.15	80
9	郁阿妹	女	1923.11.14	89	22	顾阿宝	女	1932.12.17	80
9	张俊英	男	1927.03.29	85	23	陈全寿	男	1932.01.01	80
9	张阿妹	女	1927.07.30	85	23	朱桃英	女	1932.06.20	80
9	张福根	男	1928.12.22	84	24	彭阿巧	女	1927.07.20	85
9	沈采英	女	1930.05.30	82	24	彭小芪	男	1929.07.15	83
9	沈海根	男	1930.09.11	82	24	郭四宝	女	1932.11.10	80
9	张小妹	女	1931.10.24	81	26	郁召奎	男	1926.06.16	86
10	郁雪妹	女	1922.05.10	90	26	姚林英	女	1928.04.01	84
10	杨云珍	女	1928.07.07	84	26	郁召周	男	1929.09.10	83
10	顾观泉	男	1931.12.12	81	26	郁兰英	女	1930.11.01	82
10	张彩娟	女	1932.07.28	80	27	唐世英	女	1919.02.22	93
11	周二大	女	1921.03.13	91	27	顾星宝	女	1922.02.27	90
11	张云根	男	1931.05.05	81	28	邱根福	男	1932.09.10	80
11	孙雪英	女	1931.10.29	81	29	彭杏林	男	1922.12.20	90
12	田金宝	女	1924.01.22	88	31	汤银宝	女	1931.01.19	81
12	侯相林	男	1930.12.06	82	31	盛云林	男	1932.04.17	80
12	陈全宝	女	1930.12.27	82	32	沈金妹	女	1926.06.22	86
12	汪雪英	女	1931.12.14	81	32	黄菊琴	女	1928.01.12	84
12	田红宝	女	1932.01.20	80	32	唐凤珍	女	1930.11.20	82
12	朱小娥	女	1932.02.05	80	32	唐景清	男	1931.12.30	81
13	钱金和	男	1929.04.06	83	32	彭福根	男	1932.02.24	80

四、大学生

表11-3-4　　　　　　杨湘泾村大学、高中专学生名录

序号	姓名	性别	家庭地址	录取大学校名	入学时间	毕业时间
1	沈建国	男	杨湘10组	南京大学	1980	
2	田雪刚	男	杨湘12组	苏州地区师专	1980	
3	彭建林	男	新联1组	江苏省句容农校	1980	
4	李伟忠	男	杨湘14组	南京师范学院	1980	

续表

序号	姓名	性别	家庭地址	录取大学校名	入学时间	毕业时间
5	黄伟	男	新联13组	北京国际关系学院	1980	
6	彭国荣	男	新联10组	南京航务专科学校	1981	
7	俞培菊	女	杨湘5组	新苏师范学校	1982	
8	陆永华	男	王泥泾9组	成都电信工程学院	1983	
9	童宪明	男	杨湘3组	苏州大学	1983	
10	彭建华	男	新联3组	中国刑事警察学院	1983	
11	黄群	女	杨湘11组	苏州卫生学校	1983	
12	童美娟	女	杨湘3组	苏州卫生学校	1983	
13	田祥明	男	杨湘12组	苏州师范专科学校	1984	1989
14	季美芳	女	杨湘12组	苏州师范专科学校	1984	1989
15	李玉明	男	杨湘2组	西北工业大学	1985	
16	毕雪华	男	杨湘13组	苏州地区师专	1985	
17	陆敏	女	杨湘8组	厦门大学	1985	
18	季永明	男	杨湘12组	北京商业学院	1985	1989
19	侯建芳	女	杨湘12组	郑州机械专科学校	1986	
20	周燕	女	杨湘6组	苏州大学	1986	
21	程静怡	女	杨湘6组	新苏师范学校	1986	
22	吴玲玲	女	杨湘11组	新苏师范学校	1986	
23	盛小峰	男	杨湘12组	南京工学院	1987	
24	俞培生	男	杨湘5组	西安邮电学院	1988	
25	姚小红	女	杨湘19组	苏州师专	1988	
26	陈强	男	杨湘4组	新苏师范学校	1988	
27	钱文元	男	杨湘13组	扬州大学	1989	
28	邵志英	女	杨湘10组	苏州师专	1990	
29	彭彩军	男	新联5组	苏州师专	1990	
30	彭永兴	男	新联5组	苏州师专	1990	
31	彭国兴	男	新联10组	广州外国语学院	1990	
32	彭雪元	男	新联3组	徐州医学院	1990	
33	彭屹峰	女	杨湘10组	常熟高等专科学校	1990	
34	谈志强	男	杨湘4组	苏州师专	1990	
35	李晨	男	杨湘6组	常州戏校	1991	

续表

序号	姓名	性别	家庭地址	录取大学校名	入学时间	毕业时间
36	钱川明	男	杨湘泾村	徐州化工学校	1991	
37	彭海明	男	新联10组	南京航务专科学校	1992	
38	周 强	男	杨湘9组	常熟高等专科学校	1992	
39	邵志坚	男	杨湘10组	苏州大学	1992	
40	张毓英	女	新联9组	常熟高等专科学校	1993	
41	金敏华	女	杨湘6组	新苏师范学校	1993	1996
42	周庆明	男	杨湘13组	华东师范大学	1994	
43	毕卫东	男	杨湘12组	扬州商学院	1994	
44	蒋玲玲	女	杨湘13组	扬州商学院	1994	
45	张 芳	女	杨湘17组	常州工业技术学院	1994	
46	毕兴华	男	杨湘13组	苏州市职业大学	1994	
47	钱伟元	男	杨湘13组	苏州广播电视大学	1994	
48	朱竞芳	女	杨湘7组	苏州广播电视大学	1994	
49	周 民	男	杨湘6组	南京经济学院	1995	
50	周庆峰	男	杨湘13组	常熟高等专科学校	1995	
51	黄志明	男	永勤12组	上海大学	1995	
52	徐 斌	男	杨湘8组	江苏省高等财经专科学校	1996	
53	周 晶	女	杨湘6组	常熟高等专科学校	1996	
54	丁 育	女	永勤9组	苏州广播电视大学	1996	
55	徐玉兰	女	杨湘	苏州广播电视大学	1996	
56	周拥峰	男	杨湘17组	复旦大学	1996	2000
57	盛晓峰	男	永勤6组	同济大学	1996	2000
58	沈 红	女	杨湘4组	南京中医药大学	1997	2004
59	张 青	女	杨湘1组	北方交通大学	1997	2000
60	周彩萍	女	杨湘19组	常熟高等专科学校	1997	
61	张静芳	女	杨湘18组	常州工业技术学院	1997	
62	张建英	女	杨湘8组	浙江大学	1997	2000
63	沈 易	女	永勤12组	南京师范大学	1997	2000
64	俞 静	女	杨湘5组	苏州大学	1997	2000
65	侯海平	男	杨湘	长沙工业高等专科学校	1998	
66	张 洁	女	永勤2组	长春科技大学	1998	

续表

序号	姓名	性别	家庭地址	录取大学校名	入学时间	毕业时间
67	周 萍	女	杨湘15组	苏州市职业大学	1998	
68	朱 静	女	杨湘1组	苏州市职业大学	1998	
69	吴 亮	男	杨湘泾17组	昆山广播电视大学	1998	2002
70	沈丽英	女	杨湘8组	苏州大学	1999	
71	吴万华	男	杨湘	华北工学院	1999	
72	胡启芳	女	杨湘	北京航空航天大学	1999	
73	张 益	男	杨湘16组	北京航空航天大学	1999	
74	张 峰	男	永勤11组	上海冶金高等专科学校	1999	
75	陆祎华	男	杨湘	华北工学院	1999	
76	殷 英	女	杨湘6组	北京理工大学	1999	
77	彭俊荣	男	永勤10组	浙江高等专科学校	1999	
78	邵 丰	男	杨湘16组	苏州市职业大学	1999	
79	唐秋珍	女	永勤5组	上海师范大学	1999	
80	张 余	男	永勤3组	江苏广播电视大学	2003	
81	张 燕	女	永勤4组1号	南京航空航天大学	2003	
82	詹彩萍	女	永勤1组	常州无线电工业学校	2003	
83	张静宪	男	淀山湖镇杨湘泾村14组	苏州广播电视大学	2003.9	2006.7
84	顾雪萍	女	淀山湖镇永勤村1组12号	无锡商业职业技术学院	2003.9	2006.7
85	陆 培	男	淀山湖镇陆岸村7组	江苏广播电视大学	2003.9	2006.7
86	沈 洁	女	淀山湖镇中市路389号	无锡商业职业技术学院	2003.9	2006.7
87	张 燕	女	淀山湖镇永勤村4组1号	南京航空航天大学	2003.9	2007.7
88	张 晶	女	淀山湖永勤3组	南通供销学校	2003.9	2008.7
89	沈景涛	男	淀山湖永勤4组	江苏广播电视大学	2003.9	2008.7
90	吴 虹	女	淀山湖镇杨湘泾村26组	新苏师范学校	2003.9	2008.7
91	彭静娟	女	淀山湖镇杨湘泾村29组	江苏省丝绸学校	2003.9	2008.7
92	钱 彪	男	淀山湖镇杨湘泾村	常州机械学校	2003.9	2008.7
93	顾 松	男	淀山湖镇杨湘泾村20组	江苏省商业学校	2003.9	2008.7
94	毕燕凤	女	淀山湖镇东大街24-4号	江苏省丝绸学校	2003.9	2008.7
95	张益华	女	杨湘村18组7号	南京建筑工程学校	2004	
96	周玲菲	女	杨湘双溇2号	常州轻工职业技术学院	2004	
97	张 静	女	杨湘村西大街23号	苏州工艺美术职业技术学院	2004	

续表

序号	姓名	性别	家庭地址	录取大学校名	入学时间	毕业时间
98	陆 剑	男	淀山湖镇西大街64-2	淮海工学院东港学院	2004.9	2007.7
99	张益华	女	杨湘泾村18组7号	南京建筑工程学院	2004.9	2007.7
100	王军枫	男	淀山湖镇圆厅9号	苏州市职业大学	2004.9	2007.7
101	张 骁	男	淀山湖镇东大29号	江苏大学	2004.9	2008.7
102	张 俭	男	淀山湖镇杨湘泾村10组	石家庄经济学院	2004.9	2008.7
103	曹婷妍	女	淀山湖镇南寿巷29-1号	金陵科技学院	2004.9	2008.7
104	王 彬	男	杨湘泾村26王土泾63号	徐州建筑职业技术学院	2004.9	2008.7
105	沈 红	女	淀山湖镇上洪路31号	常州轻工业技术学院	2004.9	2009.7
106	孙 婷	女	淀山湖镇杨湘泾村28组	江苏贸易职业技术学院	2004.9	2009.7
107	顾孙丽	女	淀山湖镇杨湘泾村6组	南京铁道职业技术学院	2004.9	2009.7
108	周玲菲	女	杨湘泾村双溇2号	常州轻工业技术学院	2004.9	2009.7
109	沈云霞	女	杨湘泾村双溇32号	苏州幼儿师范学校	2004.9	2009.7
110	彭志军	男	淀山湖镇永勤村2组	常州信息职业技术学院	2004.9	2009.7
111	彭 珍	女	淀山湖镇永勤村5组	襄樊职业技术学院	2004.9	2009.7
112	王淼磊	女	淀山湖镇南寿巷33-1	南京财经大学	2004.9	2009.7
113	彭 丽	女	杨湘泾村(20)周家泾15号	南京化工业技术学院	2004.9	2009.7
114	李震岳	男	淀山湖镇双溇12号	江苏省丝绸学校	2005.9	2008.7
115	詹超群	女	杨湘泾村(23)三家村9号	盐城师范学校	2005.9	2008.7
116	吴菊锋	男	杨湘泾村(23)三家村99号	南京工程学院	2005.9	2009.7
117	张申洁	女	淀山湖镇南寿巷26-2号	南通大学	2005.9	2009.7
118	彭 成	男	杨湘泾村18号	健雄职业技术学院	2006	
119	彭 成	男	杨湘泾村王土泾18号	九州职业技术学院	2006.9	2009.7
120	唐秋娟	女	杨湘泾村王土泾19号	健雄职业技术学院	2006.9	2009.7
121	殷 瑜	女	淀山湖镇杨湘泾村6组	应天职业技术学院	2006.9	2009.7
122	顾 骏	男	淀山湖镇永勤村3组	昆山登云科技职业学院	2006.9	2009.7
123	陆俐妍	女	杨湘泾村(7)陆岸8号	应天职业技术学院	2006.9	2009.7
124	顾亚红	女	杨湘泾村周家泾43号	江苏工业学院怀德学院	2006.9	2010.7
125	陆 鹰	女	杨湘泾村7组陆岸25号	南京信息工程大学滨江学院	2006.9	2010.7
126	程歆祈	男	杨湘泾村6组5号	盐城工学院	2006.9	2010.7
127	顾 敏	男	杨湘泾村6组圆厅999	南京工程学院	2006.9	2010.7
128	顾 超	男	淀山湖镇杨湘泾村20周家泾62号	南京信息工程大学滨江学院	2006.9	2010.7

续表

序号	姓名	性别	家庭地址	录取大学校名	入学时间	毕业时间
129	朱晨吉	男	淀山湖镇上洪路25号	江苏大学	2006.9	2010.7
130	田鹰超	男	淀山湖镇上洪路31-1号	扬州大学	2006.9	2010.7
131	程晨	男	杨湘泾村6组	东南大学	2007	2011
132	施文静	女	淀山湖镇杨湘泾村23组	南通商贸职业学院	2007.9	2012.7
133	彭亚清	女	淀山湖镇杨湘泾村29组	句容市中等专业学校	2007.9	2012.7
134	陆益	男	淀山湖镇杨湘泾村28号	南京铁道职业技术学院	2007.9	2010.7
135	张庆	男	杨湘泾村17组	淮安军星科技学院	2007.9	2010.7
136	黄丽晶	女	淀山湖镇杨湘泾村59号	昆山市第一职业高级中学	2007.9	2010.7
137	沈洁	女	杨湘泾村东溇3号	紫琅职业技术学院	2007.9	2010.7
138	朱晓怡	女	杨湘泾村(7)陆岸22号	健雄职业技术学院	2007.9	2010.7
139	张立新	男	杨湘泾村东溇29号	苏州建设交通高等职业学校	2007.9	2010.7
140	张尤	女	淀山湖镇南寿巷36-6号	苏州卫生职业技术学院	2007.9	2010.7
141	张玉亭	女	杨湘泾村(27)王泥泾9号	南京师范大学泰州学院	2007.9	2011.7
142	高珠鹃	女	杨湘泾村(28)王泥泾20号	南京师范大学泰州学院	2007.9	2011.7
143	汪玉凤	女	杨湘泾村东溇30号	江南大学太湖学院	2007.9	2011.7
144	是焰峰	男	淀山湖镇圆厅4号	南京工程学院康尼学院	2007.9	2011.7
145	姚琴	女	淀山湖镇双溇35号	宿迁学院	2007.9	2011.7
146	彭怡	女	杨湘泾村(24)王土泾12号	南京中医大学翰林学院	2007.9	2011.7
147	顾宇峰	男	杨湘泾村双溇50号	滨州医学院	2007.9	2011.7
148	黄欢	女	杨湘泾村(31)王土泾35号	徐州师范大学	2007.9	2011.7
149	朱慧	女	杨湘泾村江东14号	江苏教育学院	2007.9	2011.7
150	张鹭	女	杨湘泾村东溇10号	紫琅职业技术学院	2008.9	2011.7
151	顾晓森	男	杨湘泾村(22)周家泾64号	江海职业技术学院	2008.9	2011.7
152	吴黠	女	杨湘泾村横丹6号	南京工业职业技术学院	2008.9	2011.7
153	戴东	男	淀山湖镇上洪路34-2号	常州轻工业技术学院	2008.9	2011.7
154	侯敏捷	男	淀山湖镇上洪路32-1号	江苏信息职业技术学院	2008.9	2011.7
155	周超	男	杨湘泾村横丹3号	九州职业技术学院	2008.9	2011.7
156	张吉安	男	杨湘泾村(28)王泥泾30号	建东职业技术学院	2008.9	2011.7
157	周文	男	杨湘泾村双溇23号	镇江市高等专科学校	2008.9	2011.7
158	方芳	女	杨湘泾村东大1号	扬州工业职业技术学院	2008.9	2011.7
159	张梦娇	女	杨湘泾村长大华11号	南京航空航天大学金城学院	2008.9	2012.7

续表

序号	姓名	性别	家庭地址	录取大学校名	入学时间	毕业时间
160	沈 芳	女	杨湘泾村双溇6号	常熟理工学院虞山学院	2008.9	2012.7
161	盛凤君	女	杨湘泾村(31)王土泾39号	南京信息工程大学滨江学院	2008.9	2012.7
162	丁 希	女	杨湘泾村东大8号	徐州师范大学科文学院	2008.9	2012.7
163	顾晓晨	女	杨湘泾村(20)周家泾63号	南京财经大学红山学院	2008.9	2012.7
164	邱月玲	女	杨湘泾村(28)王泥泾29号	南京师范大学	2008.9	2012.7
165	彭 兴	男	杨湘泾村(31)王土泾41号	徐州师范大学	2008.9	2012.7
166	奚仁杰	男	杨湘泾村	苏州广播电视大学	2009	
167	孙 超	女	杨湘泾村(30)周家泾35号	常州信息职业技术学院	2009.9	2012.7
168	张 亮	男	杨湘泾村(30)周家泾29号	江苏农林职业技术学院	2009.9	2012.7
169	吴 昀	女	杨湘泾村11组东溇2号	南京财经大学红山学院	2009.9	2013.7
170	盛玉凤	女	杨湘泾村25组	南京大学网络教育学院	2009.7	2012.7
171	朱晓怡	女	杨湘泾村7组	健雄职业技术学院	2010	2013
172	顾亚红	女	杨湘泾村周家泾43号	江苏工业学院怀德学院	2010	2013
173	陈 益	男	杨湘泾村5组28号	南京铁道职业技术学院	2010	2014
174	吴 俭	男	南寿巷22号502室	江苏省淮海工贸学校	2010	2013
175	朱善斌	男	杨湘村3组19号	江苏广播电视大学	2010	2013
176	陆晨怡	女	杨湘泾村横丹8号17组	江苏广播电视大学	2010	2013
177	盛 峰	男	王土泾50号	金陵职业技术学院	2010	2014
178	夏俊炎	男	双溇21号	苏州市职业大学	2010	2013
179	陆赛帅	男	东溇3号	扬州大学广陵学院	2010	2014
180	顾 杰	男	周家泾村65号	南京陆军指挥学院	2011	2015
181	许加飞	男	杨湘泾村长大华11号	昆山职业高级中学	2011	2014
182	沈 培	男	杨湘村东大街22号	昆山职业高级中学	2011	2014
183	花骏峰	男	南寿巷39-201	昆山职业高级中学	2011	2014
184	沈佩雯	女	淀山湖镇杨湘泾村第3组	江苏大学京江学院	2011	2015
185	陆寒斐	女	淀山湖镇西大街64-3号	盐城师范学院	2011	2015
186	诸亮依	女	杨湘泾村第31组36号	江南大学	2011	2015
187	张之远	女	杨湘泾村第32组57号	广西民族师范学院	2011	2015
188	陆 叶	女	杨湘横丹11号	江苏广播电视大学	2011	2014
189	马红娟	女	杨湘双溇8号	苏州市第二技工学校	2011	2014
190	黄 晶	男	永勤12组31号	苏州长风技工学校	2011	2014
191	韦国成	男	杨湘村东大街78号	江苏省淮海工贸学校	2011	2015

五、"五匠"

表 11-3-5　　　　　　2012年杨湘泾村"五匠"名录

序号	组别	姓名	性别	类别	备注	序号	组别	姓名	性别	类别	备注
1	1	朱根荣	男	泥水匠		74	16	张德樵	男	泥水匠	
2	1	朱春荣	男	泥水匠		75	16	张兴秋	男	泥水匠	
3	1	朱秋林	男	泥水匠		76	16	薛国庆	男	泥水匠	
4	1	张伟荣	男	泥水匠		77	16	张祥权	男	木匠	
5	2	钱秋荣	男	木匠		78	16	顾玉明	男	木匠	
6	2	李祥平	男	泥水匠		79	16	邵剑龙	男	木匠	
7	2	张建平	男	木匠		80	16	邵剑荣	男	木匠	
8	3	沈金发	男	泥水匠		81	16	盛文兴	男	木匠	
9	3	周阿大	男	木匠		82	16	张培其	男	木匠	
10	4	项立英	男	泥水匠		83	16	张川其	男	木匠	
11	4	项立成	男	泥水匠		84	16	张杏福	男	木匠	
12	4	谈鸣华	男	木匠		85	16	张根福	男	木匠	
13	4	夏友根	男	木匠	已故	86	16	张祥春	男	木匠	
14	5	尤永庆	男	泥水匠		87	16	张祥元	男	木匠	
15	5	尤瑞华	男	泥水匠		88	16	顾玉林	男	漆匠	
16	5	尤美林	男	泥水匠		89	16	张兴华	男	泥水匠	
17	5	陆志刚	男	泥水匠		90	16	尤耀荣	男	木匠	
18	5	陆志强	男	泥水匠		91	17	张阿三	男	泥水匠	
19	5	许建华	男	泥水匠		92	17	张建华	男	泥水匠	
20	5	俞正和	男	泥水匠		93	17	周小弟	男	漆匠	
21	5	王阿五	男	裁缝		94	18	张福林	男	泥水匠	
22	5	俞正英	女	裁缝		95	18	汪金林	男	泥水匠	
23	6	陆国荣	男	木匠		96	18	张惠元	男	泥水匠	
24	6	顾国栋	男	木匠		97	18	张大鹏	男	木匠	
25	6	顾国良	男	木匠		98	19	周佩芳	女	裁缝	
26	6	程志强	男	木匠		99	20	谢忠义	男	泥水匠	
27	6	蒋小明	男	木匠		100	20	顾品华	男	泥水匠	
28	6	周福庆	男	泥水匠	已故	101	20	沈惠荣	男	泥水匠	

续表

序号	组别	姓名	性别	类别	备注	序号	组别	姓名	性别	类别	备注
29	6	于忠发	男	竹匠		102	20	彭菊明	男	泥水匠	
30	6	王玉珍	女	裁缝		103	20	陆明根	男	泥水匠	
31	7	蒋阿生	男	木匠	已故	104	20	彭小伟	男	木匠	
32	7	曹阿同	男	木匠	已故	105	20	顾建根	男	木匠	
33	7	陆品中	男	木匠		106	20	宋元生	男	木匠	
34	7	朱坚	男	泥水匠		107	21	彭正高	男	木匠	已故
35	7	曹虎	男	木匠		108	21	彭家俊	男	木匠	
36	8	张佰荣	男	泥水匠		109	21	彭家平	男	木匠	
37	8	张秉荣	男	泥水匠		110	21	张卫星	男	泥水匠	
38	8	张三荣	男	泥水匠		111	21	顾文兴	男	竹匠	
39	8	张阿五	男	泥水匠		112	22	顾永仁	男	木匠	
40	8	周祥荣	男	泥水匠		113	22	吴剑峰	男	木匠	
41	8	周斌	男	泥水匠		114	22	陈文明	男	木匠	
42	8	周军	男	泥水匠		115	22	张凤兴	男	木匠	
43	8	蔡欧	男	木匠		116	22	彭建国	男	木匠	
44	8	周小林	男	木匠		117	22	顾惠其	男	泥水匠	
45	8	夏菊妹	女	裁缝		118	22	张建明	男	泥水匠	已故
46	9	吴阿大	男	泥水匠	已故	119	22	张建林	男	泥水匠	
47	9	吴海荣	男	泥水匠		120	22	张凤飞	男	裁缝	已故
48	9	吴海华	男	泥水匠		121	22	张祥忠	男	裁缝	
49	9	张小平	男	木匠		122	22	张振邦	男	裁缝	
50	9	陆旭初	男	木匠		123	23	施德明	男	木匠	
51	9	沈建新	男	木匠		124	23	施清	男	木匠	
52	10	顾小明	男	泥水匠		125	23	施军	男	木匠	
53	10	顾雪明	男	木匠		126	23	沈玉林	男	木匠	
54	10	邵介林	男	木匠	已故	127	23	吴祥龙	男	木匠	
55	10	成建国	男	木匠		128	24	刘志荣	男	木匠	已故
56	10	彭建华	男	泥水匠	已故	129	24	彭耀兴	男	木匠	
57	11	吴根泉	男	木匠		130	25	盛雪弟	男	木匠	
58	11	吴阿末	男	木匠		131	25	褚玉兴	男	木匠	
59	11	吴德荣	男	木匠		132	25	彭鸣	男	木匠	
60	11	沈卫东	男	木匠		133	28	张金荣	男	泥水匠	

续表

序号	组别	姓名	性别	类别	备注	序号	组别	姓名	性别	类别	备注
61	11	张培华	男	木匠		134	28	张三荣	男	泥水匠	
62	18	徐建华	男	木匠		135	28	张惠清	男	泥水匠	
63	11	沈建东	男	泥水匠		136	28	张祖明	男	泥水匠	已故
64	12	沈小秋	男	木匠		137	29	彭耀林	男	木匠	
65	12	沈永平	男	木匠		138	30	彭家法	男	木匠	
66	12	田志荣	男	泥水匠		139	30	张建根	男	泥水匠	
67	12	田雪元	男	泥水匠		140	30	孙惠生	男	泥水匠	
68	13	周伟良	男	木匠		141	30	张建荣	男	泥水匠	
69	13	周伟其	男	木匠		142	30	张建明	男	漆匠	
70	13	侯建华	男	木匠		143	31	黄承荣	男	木匠	
71	13	邵剑英	女	漆匠		144	31	盛德强	男	木匠	
72	14	郭桂荣	男	泥水匠		145	32	唐建玉	男	木匠	
73	14	张志耕	男	泥水匠							

六、当代军人

表11-3-6　　　　　2012年淀山湖镇杨湘村当代军人名录

序号	姓名	性别	出生年月	文化程度	政治面貌	入伍时间	退伍时间	在部队职务	家庭住址	备注
1	王志民	男	1926	初中	党员	1949.11	1957.11	文书	杨湘泾村	已故
2	彭进高	男	1923.01	高小		1951.01	1953.12	战士	杨湘泾村	已故
3	彭小荣	男	1940.01	高小		1959.03	1961.08	战士	杨湘泾村	
4	张土根	男	1942.01	小学		1965.03	1969.02	战士	杨湘泾村	
5	彭雪林	男	1943.02	高小		1965.03	1968.02	战士	杨湘泾村	
6	黄承芳	男	1946.12	初中		1965.03	1969.02	战士	杨湘泾村	
7	周春林	男	1953.02	本科	党员	1969.01	1982.05	特侦参谋	杨湘泾村	
8	曹士德	男	1948.08	小学	党员	1969.04	1973.01	战士	杨湘泾村	
9	彭阿五	男	1951.09	小学		1969.04	1973.02	战士	杨湘泾村	
10	彭海林	男	1947.01	小学	党员	1969.04	1973.02	战士	杨湘泾村	
11	彭家俊	男	1952.01	高中	党员	1970.12	1976.03	战士	杨湘泾村	
12	谢大兴	男	1955.02	初小	党员	1975.01	1980.01	战士	杨湘泾村	

续表

序号	姓名	性别	出生年月	文化程度	政治面貌	入伍时间	退伍时间	在部队职务	家庭住址	备注
13	彭品忠	男	1955.01	小学	党员	1975.12	1982.01	班长	杨湘泾村	
14	郭进元	男	1958.08	小学		1976.03	1979.12	战士	杨湘泾村	
15	谢小兴	男	1958.01	初中	党员	1978.04	1984.01	副班长	杨湘泾村	
16	顾志刚	男	1958.08	初中		1979.01	1983.01	战士	杨湘泾村	
17	盛建新	男	1958.12	初中		1979.01	1982.01	战士	杨湘泾村	
18	彭建明	男	1962.07	高中	党员	1980.11	1984.01	战士	杨湘泾村	
19	金海生	男	1963.12	初中	党员	1981.01	1983.01	战士	杨湘泾村	
20	沈建华	男	1964.09	初中		1982.11	1986.01	副班长	杨湘泾村	
21	邱学	男	1964.12	初中	党员	1984.01	1988.01	战士	杨湘泾村	
22	丁小弟	男	1950.11	初中	党员	1984.01	1988.01	班长	杨湘泾村	
23	朱庆华	男	1969.05	初中		1988.12	1992.12	战士	杨湘泾村	
24	施云元	男	1971.06	初中	党员	1990.12	1993.12	战士	杨湘泾村	
25	吴剑平	男	1972.07	初中		1990.03	1993.12	副班长	杨湘泾村	
26	顾建斌	男	1973.08	初中	党员	1992.12	1995.12	中士	杨湘泾村	
27	吴勇	男	1975.12	初中		1993.12	1997.12	战士	杨湘泾村	
28	顾剑荣	男	1977.12	高中	党员	1996.12	1999.12	班长	杨湘泾村	
29	田志法	男	1931.09	小学		1950.01	1952.11	战士	杨湘泾村	已故
30	张阿苟	男	1926.04	文盲		1951	1952	战士	杨湘泾村	已故
31	周仁德	男	1928.01	初小		1951.02	1952.05	战士	杨湘泾村	已故
32	申寿根	男	1922.07	文盲		1951.01	1954.11	战士	杨湘泾村	已故
33	薛阿金	男	1926.01	文盲		1952.01	1952.04	战士	杨湘泾村	已故
34	汪仁华	男	1935.03	小学		1955.03	1958.03	战士	杨湘泾村	
35	吴道生	男	1935.06	文盲		1955.03	1958.01	战士	杨湘泾村	
36	张福泉	男	1932.06	文盲		1955.03	1958.02	战士	杨湘泾村	
37	张祥荣	男	1942.08	初中	党员	1965.03	1969.03	副排长	杨湘泾村	利民居委
38	沈逸群	男	1945.03	初中	党员	1965.03	1969.03	战士	杨湘泾村	淀山湖居委
39	张德荣	男	1946.07	小学		1965.03	1982.01	战士	杨湘泾村	转业昆山
40	高建国	男	1952.01	初中	党员	1970.12	1976.03	班长	杨湘泾村	
41	张卫荣	男	1952.07	高小	党员	1970.12	1976.03	副班长	杨湘泾村	
42	张炳荣	男	1952.02	初中	党员	1972.12	1976.03	战士	杨湘泾村	利民居委

续表

序号	姓名	性别	出生年月	文化程度	政治面貌	入伍时间	退伍时间	在部队职务	家庭住址	备注
43	张建国	男	1954.12	高中		1972.12	1976.03	战士	杨湘泾村	
44	李关兴	男	1954.09	初中	党员	1974.12	1980.12	副班长	杨湘泾村	
45	陆正林	男	1956.01	高中	党员	1976.02	1980.01	战士	杨湘泾村	
46	周惠明	男	1956.01	小学		1976.12	1983.01	战士	杨湘泾村	
47	吴海华	男	1958.02	初中		1976.02	1980.01	战士	杨湘泾村	
48	周春元	男	1958.02	高中	党员	1976.02	1980.12	班长	杨湘泾村	
49	张林元	男	1956.03	初中	党员	1976.02	1980.12	战士	杨湘泾村	
50	沈　锋	男	1960.03	高中		1978.03	1981.11	副班长	杨湘泾村	
51	吴建中	男	1959.04	高中	党员	1978.03	1982.11	班长	杨湘泾村	
52	钱巧生	男	1959.07	高中		1978.12	1981.11	战士	杨湘泾村	
53	田志友	男	1960.03	初中		1979.10	1982.11	战士	杨湘泾村	
54	周志坚	男	1961.01	初中		1979.12	1982.01	班长	杨湘泾村	
55	沈卫良	男	1960.07	初中		1979.12	1982.01	战士	杨湘泾村	
56	沈志华	男	1962.06	初中		1979.12	1981.01	战士	杨湘泾村	
57	沈虎明	男	1962.11	初中		1981.11	1984.01	战士	杨湘泾村	
58	严爱国	男	1966.06	初中	党员	1984.01	1987.12	战士	杨湘泾村	
59	周志强	男	1964.11	初中		1984.1	1986.11	副班长	杨湘泾村	
60	陶福元	男	1965.02	初中	党员	1984.10	1989.03	战士	杨湘泾村	
61	张海元	男	1965.12	初中	党员	1985.01	1990.12	班长	杨湘泾村	
62	陈民强	男	1966.11	初中		1985.01	1989.03	战士	杨湘泾村	
63	汪卫强	男	1969.09	初中	党员	1987.12	1984.01	班长	杨湘泾村	
64	朱建国	男	1970.04	初中		1989.03	1993.02	战士	杨湘泾村	
65	周惠国	男	1970.01	初中		1989.03	1993.02	战士	杨湘泾村	
66	钱　军	男	1972.07	初中		1991.11	1994.12	战士	杨湘泾村	
67	李　尧	男	1975.11	初中	党员	1994.12	1997.12	班长	杨湘泾村	
68	许雪清	男	1975.01	大专	党员	1994.12	1997.12	班长	杨湘泾村	
69	程惠清	男	1978.01	初中		1996.12	1999.12	战士	杨湘泾村	
70	冯　丹	男	1982.06	中专		2000.12	2002.12	战士	杨湘泾村	
71	郭卫星	男	1983.04	初中		2001.12	2002.12	战士	杨湘泾村	
72	郁雪明	男	1981.11	高中		2001.12	2003.12	副班长	杨湘泾村	

续表

序号	姓名	性别	出生年月	文化程度	政治面貌	入伍时间	退伍时间	在部队职务	家庭住址	备注
73	高渊	男	1981.09	中专		2002.12	2004.12	战士	杨湘泾村	
74	张益	男	1980.03	大专	党员	2002.12	2004.12	战士	杨湘泾村	
75	陆挺	男	1983.11	中专		2003.12	2005.12	战士	杨湘泾村	
76	周东辉	男	1982.01	大专		2003.12	2005.12	战士	杨湘泾村	
77	吴亮	男	1982.03	大专	党员	2003.12	2005.12	战士	杨湘泾村	
78	顾欢	男	1986.01	中专		2004.12	2006.12	战士	杨湘泾村	
79	张余	男	1982.11	大专		2004.12	2006.12	战士	杨湘泾村	
80	郭钱军	男	1986.11	中技	团员	2005.12	2007.12	战士	杨湘泾村	
81	张荣	男	1987.02	中专	团员	2006.12	2008.12	战士	杨湘泾村	
82	王健	男	1988.07	中专	党员	2007.12	2009.12	战士	杨湘泾村	
83	申晔	男	1990.11	高中		2008.12		战士	杨湘泾村	现役
84	曹杰士	男	1991.11	高中	党员	2010.12	2012.12	战士	杨湘泾村	
85	张庆	男	1992.01	大专	团员	2010.12	2012.12	战士	杨湘泾村	
86	盛峰	男	1988.09	大专	党员	2010.12	2012.12	战士	杨湘泾村	
87	黄华	男	1981.09	职高	党员	2011.12	2003.12	战士	杨湘泾村	
88	周宇超	男	1992.12	中专		2012.12		战士	杨湘泾村	现役
89	高斐	男	1994.01	大专		2012.12		战士	杨湘泾村	现役
90	王旬	女	1985.07	大专	党员	2003.03		战士	杨湘泾村	现役

七、在外工作人员

1. 在外工作人员名录

表11-3-7　　　　　　2012年年底杨湘泾村在外工作人员名录

姓名	性别	家庭住址	主要工作单位、职务
钱七虎	男	杨湘泾村老街	中国工程院院士、著名防护工程专家
顾奎兴	男	杨湘泾村20组	江苏省肿瘤医院高级会诊中心专家
沈建国	男	杨湘泾村10组	江苏省委宣传部理论处处长
郭小弟	男	杨湘泾村28组	江苏省水利建设工程有限公司总工程师
沈红	女	杨湘泾村4组	南京中医学研究员
姚阿二	男	杨湘泾村9组	南京体育局

续表

姓名	性别	家庭住址	主要工作单位、职务
彭慰祖	男	杨湘泾村29组	武汉造船厂工程师
李淑文	男	杨湘泾村19组	昆山电信局
彭大新	男	杨湘泾村29组	昆山地税局
彭建林	男	杨湘泾村29组	昆山畜牧场
沈　婉	女	杨湘泾村6组	昆山泰其工艺艺术注册会计师
俞遍娟	女	杨湘泾村5组	昆山实验小学副校长
俞遍生	男	杨湘泾村5组	昆山邮政局局长
张建中	男	杨湘泾村2组	昆山国税局陆家分局局长
彭海明	男	杨湘泾村29组	千灯公路管理所
毕雪华	男	杨湘泾村13组	淀山湖镇组织办
陈文虎	男	杨湘泾村22组	淀山湖镇多服公司会计
丁小弟	男	杨湘泾村28组	淀山湖镇信息港
高志强	男	杨湘泾村28组	淀山湖镇统计站
顾海根	男	杨湘泾村21组	淀山湖镇人大秘书
顾启明	男	杨湘泾村22组	淀山湖镇经济服务中心主任
顾永仁	男	杨湘泾村22组	淀山湖镇水利站
顾宇峰	男	杨湘泾村4组	淀山湖镇党政办
顾裕元	男	杨湘泾村30组	淀山湖镇副镇长
金国荣	男	杨湘泾村6组	淀山湖镇文化站站长
凌军芳	女	杨湘泾村6组	淀山湖镇招商办
陆旭初	男	杨湘泾村9组	淀山湖镇土地管理所
彭建明	男	杨湘泾村25组	淀山湖镇党委
彭兴根	男	杨湘泾村24组	淀山湖镇多服公司副经理
孙觉林	男	杨湘泾村27组	淀山湖镇农业公司技术员
杨云娣	女	杨湘泾村4组	淀山湖镇敬老院院长
俞振武	男	杨湘泾村5组	淀山湖镇水泥厂厂长
俞正林	男	杨湘泾村5组	淀山湖镇工会主席
张炳荣	男	杨湘泾村8组	淀山湖镇建管所
张　俭	男	杨湘泾村10组	淀山湖镇党委秘书
张觉耿	男	杨湘泾村21组	淀山湖镇成人教育中心校书记

续表

姓名	性别	家庭住址	主要工作单位、职务
张 荣	男	杨湘泾村5组	淀山湖镇民政办
张伟荣	男	杨湘泾村10组	淀山湖镇环卫所所长
张祥荣	男	杨湘泾村3组	淀山湖镇交管所书记
张 胤	男	杨湘泾村27组	淀山湖镇经济服务中心
张永娟	女	杨湘泾村5组	淀山湖镇经济服务中心主任

2.部分在外工作人员简介

（1）顾裕元

顾裕元，男，1945年1月生，汉族，中共党员，大专文化程度，淀山湖镇杨湘泾村30组周家泾人。1987年担任镇多服公司总经理、镇农工商总公司副总经理，1992年任淀山湖镇副镇长。在副镇长岗位上退休后，担任镇关工委主任10多年，创办校外辅导站，组织"五老"做好网吧义务监督工作，完成市关工委布置的每年主题宣讲工作。

顾裕元工作踏实，多次受奖。1987年、1989年2次被评为昆山县（市）优秀党员。在任镇关工委主任期间，由于成绩突出，7次被评为昆山市关心下一代先进个人。

（2）彭建明

彭建明，男，1961年生，汉族，大学本科，杨湘泾村25组王土泾人，中共党员。1980年11月至1983年12月，在部队服役。退伍后，1983年12月至1984年11月，担任淀东乡永勤村主任。1984年11月至1988年6月，任共青团淀东乡团委副书记、书记。1988年6月至1990年8月，任淀东乡党委秘书。1990年8月至1991年12月，任文卫助理、镇勤工俭学办公室主任。1996年3月至1998年2月任镇文卫助理兼三产办主任、旅游总公司经理。1999年2月至2001年11月淀山湖镇党委委员、副镇长。2001年12月至2004年2月，任淀山湖镇党委副书记、副镇长。2004年2月至2006年3月，任淀山湖镇党委副书记、纪委书记、昆山市旅游度假区管委会副主任（正科职）、主任科员。2006年3月至2011年3月，任淀山湖镇党委委员、副书记、人大代表、政法委书记。2011年3月，任淀山湖镇人大主席、党委委员、政法委书记。

1986年获"苏州市优秀团干部"荣誉称号，2004年获昆山市"三有工程"先进工作者荣誉称号，2008年荣获"昆山市十佳优秀基层纪检干部"称号。

第十二章

村民忆事

杨湘泾人对工商繁华的杨湘泾老街、周家泾玉池潭、日军侵占杨湘泾烧杀抢掠、新中国成立后土地二分二合等事情记忆犹新。另外，村民还对杨湘泾的手摇航船、商业街名店、大礼堂、周家泾农场、淀东营造厂、淀山湖公墓等留有深刻的记忆。

本章村民忆事分公共记忆和村民记忆两部分。公共记忆写了村民土地的分、合四次变革，日军侵占杨湘泾，"文革趣事"等。村民记忆则叙述了沈寿良"智救"谢巧福、王福生手摇航船等内容。

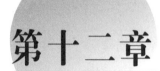

第一节　公共记忆

一、土地制度变革

土地是农民安身立命之本，新中国成立后，杨湘泾村同淀山湖镇其他兄弟村一样，经历了"二分二合"的四次变革。

第一次是"分"。新中国成立后1950年冬，没收和征收地主、半地主、富农、工商资本家的土地，分给无地少地的农民。通过土改废除了封建土地制度，实行耕者有其田，巩固人民政权，推动农村工作全面展开。

第二次是"合"。坚持自愿原则，将土地入社，走农业合作化道路，成立人民公社。但"一平二调""吃大锅饭"严重挫伤了农民的生产积极性，导致农村经济社会发展20多年徘徊不前。

第三次又是"分"。1978年党的十一届三中全会后,全面实行家庭联产承包责任制,土地承包到户,农民自主经营,效率效能显著提高。剩余劳动力进入乡镇企业,尔后,又发展规模经营,出现"大农户"这种新的经营模式。

第四次又是"合"。进入21世纪,随着工业化、城镇化、国际化的推进,"三资"、民营企业的发展,实现土地有偿使用、土地有序流转,催生了土地合作社。土地由村发包给农业大户经营,大部分农民变为城镇居民或合作社股民,加快了城乡由二元结构向一体化发展的进程。

二、日军侵占杨湘泾

据《中国太湖史》记载:"八一三"淞沪抗战从1937年8月13日交战至11月12日结束,11月15日,日军占领昆山。昆山沦陷后,日军派1个中队驻扎在杨湘泾老街东城隍庙(老机电站)。日军驻地四周筑有围墙,南北约60米,东西45米左右,靠北围墙建一排5间平房,东北角三间平房,驻地竖一杆6米高的旗杆,挂太阳旗。庙内东厢房住汪伪警备队,日军住在居中的大厅,有2名日本军妓,其中一名叫爱花。日军还利用扫荡机会,下乡烧、杀、抢、掠,奸淫妇女。歇马桥2名妇女被日军硬拉到杨湘泾东城隍庙充当慰安妇。驻地大门外有两座木岗亭,岗亭东、西两面均设有铁丝网"滚地龙",铁丝网中间仅留一小口子让人通过,来往行人过岗亭时须对日军哨兵行90度鞠躬礼,稍有不周,挨耳光是家常便饭。驻地附近百姓经常要为日军清洗"啪啪船"上的机油污垢,拔除驻地天井里的杂草。

沦陷期间,日伪军怀疑朱毛倌与抗日武装有联系,一个腊月里的下雪天,日伪军纵火烧毁驻地西侧朱毛倌七路头房屋5间(3间瓦房、2间草房),50多岁的朱毛倌和大女儿腿部都中弹受伤,朱毛倌中弹后逃不出去,被坍塌的梁瓦压住活活烧死。

沦陷期间的又一个冬天,日军驻地附近农民毕杏林的妻子和几个女邻居在街沿上"孵日旺",日军伙夫苏北阿四到附近农民家里搜砻糠,毕杏林的妻子咕一声:"你们捐日本人牌头到处搜刮,我家不给。"阿四到驻地汇报,立即来了两个日本兵进毕家盘问谁是屋主,毕杏林从里间走出来指指自己。日兵二话没说,一下子把毕杏林摔倒在地,摔得大胯(髋关节)粉碎性骨折。后来,毕杏林虽到昆山伤科名医石小三处诊治多次,但还是留下了终身残疾。毕杏林昆山看伤回家后,亲戚邻居来探望,日本兵前来监视,毕杏林亲戚沈品泉见到日本人笑一笑,日本兵认为他对"皇军"不恭,被抽耳光,敲掉3颗牙。毕杏林亲戚张阿云见到日军不点头哈腰,

日本兵又要用铲刀铲掉张阿云的头,日军伙夫(会说日本话)中国人大宝见状,夺下日本兵手里的铲刀,说了不少好话,日本兵才没有继续加害张阿云。

日本兵到老街西横头的糖果茶食店吃麻糕,老板周四林要钱,被日本兵拖进宪兵队,一嘴牙齿被打得颗颗活络。

三、"文革"拾趣

1. "文化大革命"初期

"文化大革命"(简称"文革")初期,掀起了人人学毛泽东选集活动,简称学"毛选"。当时发放"毛选",要召开社员大会,称为"请宝书"。青年参军入伍前,要在社员大会上双手举着"红宝书",面向社员群众表态,要忠于共产党的领导、忠于毛泽东思想、忠于毛主席的无产阶级革命路线,简称"三忠于",对毛主席要无限热爱、无限崇拜、无限信仰、无限忠诚,简称"四无限"。如王土泾自然村的彭海林在新兵入伍前,身穿军装,手捧"红宝书"站在大会场主席台上发言表态,赢得阵阵掌声。

2. 毛主席语录本

毛主席语录分红色塑料封面和红色纸张封面两种,每个社员人手一本。人人做一只小红布包,把语录本放在里面,劳动时也背在身上。当生产队社员集体劳动时,必须在田埂上插红旗,竖毛主席图像,一般为两边红旗,中间图像,并由专人负责出工带出去,收工带回来。

3. 学"毛选"做到"活学活用"

在农忙季节,做好事是常有的事。如杨湘泾村域内的 24 组(小队)、14 组(小队),那时,生产队长讲:大华浦圩头几块田里的油菜成熟了,可以拔了,社员群众听到后,就会有人悄悄地组织几个社员,夜晚趁着月光去把油菜拔倒。杨湘泾村域内的 9 组(小队),长条圩头几块田里的水稻成熟后,不知道谁去割倒的。杨湘泾村域内的 25 组(小队)、26 组(小队),在三官溇田圩处的几块田的干稻,又不知谁在什么时候给捆好了。陆泥浦田圩处的 7 组(小队)、8 组(小队)几块田的成熟麦子不知谁割倒的……这样的好事每个生产队里都有,他们不计报酬不留名。这种"活学活用"做好事,一度蔚然成风,一般身强力壮的成年人,每年都要做两至三件好事,假如不做或少做,会自觉不光彩。

4. "文化大革命"前期

"文化大革命"前期每个生产队都建有一座"忠字"台,台中央置放毛泽东石膏像,组织社员群众一天活动三次,面对"忠字"台,讲自己学"毛选"的体会。一般早上出工前的活动称作"早请示",中午吃饭前的活动称作"中对照",傍晚收工后的活动称作"夜汇报"。

5. 建"忠字室"

"文革"时提倡背诵毛主席语录。当时要求人人先吃精神饭,后吃白米饭。每个生产队都要建造"忠字室"。生产队里设政治队长和生产队长。政治队长负责政治学习,生产队长负责农业生产。生产队里的"忠字室"是生产队每晚政治学习、讨论和记工评分的地方。每家每户也建有小"忠字"台,张贴毛泽东图像和"三忠于""四无限"的剪纸。称呼毛泽东主席为伟大导师、伟大领袖、伟大统帅、伟大舵手。人人学唱《东方红》《大海航行靠舵手》等革命歌曲。

6. 农闲季节

农闲季节,分批分期组织社员群众集中办"葵花朵朵向太阳"学习班。学习内容为"毛选"中的三篇文章:《为人民服务》《纪念白求恩》《愚公移山》,简称"老三篇"。通过学习,人人要表态,丢掉私心换红心,一心为公做好事,听毛主席话,跟共产党走,争做五好社员。

7. "文化大革命"中期

"文化大革命"中期,昆山电影放映队每月一次进村(新联大队)巡回播放露天电影。放映前都要放映一些爱国主义、集体主义宣传教育片。当时有几部电影在群众中引起强烈反响,一部是《青苗》,是讲农村缺医少药,培养农村"赤脚医生"。另外三部是京剧影片《龙江颂》《杜鹃山》《海港》,放映时观众人山人海。

8. "文化大革命"期间

"文化大革命"期间,社员群众经济收入无渠道,基本上每家每户有摇绳机,将自己的稻柴摇成草绳后由供销社收购,增加经济收入。妇女纺纱织布,自制衣衫。那时把摇绳、纺纱织布叫作小生产,要取缔。社员家庭养鸡养鸭也要按户按人规定饲养,凡是超出规定的,必须从家禽棚里捉出来杀掉,这称为"割资本主义尾巴"。

第二节　村民记忆

在漫长的历史岁月里,以下诸事在村民中口碑相传。

一、沈寿良"智救"谢巧福

谢巧福,千灯吴家桥人,中共地下党员,抗日情报员。

一日,他把手枪藏在上面放有杂物的竹篮底部,到杨湘泾沈寿良家"走亲戚"。饭后,谢巧福准备提着竹篮从日军驻地门口通过,意在打探日军驻地大门兵力守卫情况。沈寿良得知后,马上劝谢巧福"使不得"。因为从岗哨面前通过,一定要放下竹篮脱帽鞠躬。万一日伪军检查竹篮,谢巧福就性命难保。驻地门口有几个哨兵,完全可以从侧面了解到,用不着亲自去冒这个险。听了沈寿亮的劝告,谢巧福就走小弄堂里"避"开岗哨,安全撤离杨湘泾。

谢巧福回千灯后继续参加抗日斗争,后来牺牲在千灯白堰头自然村,成为革命烈士。

二、张顺良、席祖岐义救新四军伤员

1945年7月,新四军苏浙军区淞沪支队黄山部队进行整编,一个班编入华山大队,其余三个班分别组建了杨湘泾、茜墩、菉葭三个区中队,配合抗日民主政府开展活动。一天,杨湘泾区中队在彭安泾村一带活动时,与下乡抢劫的日军小分队遭遇,发生战斗。战斗中,区中队冷文龙等3名战士受伤,撤离途中,因流血过多昏倒在周家泾村的路旁。

当地农民张顺良发现后,把3名伤员接到自己家中,为其擦洗伤口,包扎止血。之后,又赶紧去杨湘泾镇上,请外科医生(私人诊所)席祖岐出诊。当席医生知道诊治的对象是新四军战士,二话没说,立即拿起急救药品和医用器械,跟着张顺良就走。

杨湘泾到周家泾近在咫尺,但沿途设有两道日伪军的岗哨。为防意外,席医生机智地把治疗刀枪伤口的药品挂在裤裆里,绑在大腿上。

经过紧急救治,伤员脱离了危险。此后,席医生几乎天天亲自去为伤员换药,为了避免日伪军岗哨的怀疑,他把出诊的时间错开。在张顺良精心护理和席祖岐的医治下,3名伤员恢复了健康,回到了区中队。

三、往返于杨湘泾至朱家角的手摇航船

1938~1958年,每天有一班载重量约5吨的木船往返于昆山县杨湘泾与青浦县朱家角之间。航船以人力摇橹为动力,顺风扯篷,逆风拉纤。

1938年，由王福生的父亲王德中出船、陈德飞记账、朱阿联投入资金，3人合开一班由杨湘泾至朱家角的航船，3人既是股东老板，又兼摇船水手。王福生16岁那年到航船上干活。不久，父亲患伤寒症不治去世，17岁的王福生（1922年9月出生在杨湘泾村6组，小学文化程度）就代替父亲，当上了航船的老板兼水手。后来朱阿联离船后，由金德祥、周四龙等人上船当水手。航船以搭客、巢粮、运货为主要业务。搭客从杨湘泾至朱家角一个单程，收4～5枚铜板。帮农民巢价为8元的1石大米，则收取佣金2枚铜板。货运主要是为杨湘泾镇各个店铺进货，依据货物的重量、价值收取佣金。航船一天有1石至1石半米的利润，在当年，如此收入已算不错的了。杨湘泾至朱家角的航船一般上午8时开船，10时左右到朱家角镇，下午2时或3时开船，4时或5时回到杨湘泾。王福生每天第一件事是到杨湘泾镇上各商铺统计要进的商品种类和数量。航船沿途招客，10时左右到达朱家角，待客人上岸后，他们即摇船到各商行进货。一般情况进水果到东来生、吴恒行；进什货到恒泰祥、宏泰；进酒酱则到函大、丁义成。进货地点大多是前店后坊，较为方便。航船下午2点返航，回到杨湘泾，待乘客上岸后，还要把代进的货物送往各家店铺，一天劳碌下来，异常辛苦。

开航船要与风浪做斗争，航道上的西洋淀和大淀湖，水面宽阔，大风大浪很容易颠覆航船。一次在西洋淀遇险，王福生等水手努力采取救险措施才避免事故发生。他们除了与风浪斗，还饱受湖匪强盗和地痞流氓的欺压。抗日战争期间，如遇见日军不鞠躬要吃耳光。一年里的端午、中秋、年关都要给湖匪送礼，变相缴纳保护费。

王福生近影

新中国成立初，航船继续开航。1956年，进行个体工商业社会主义改造，王福生航船加入青浦县朱家角航班联营小组。联营小组有20多艘船，负责人是秦雪甫。

1958年，昆山至朱家角轮船通航，王福生航船停航。王福生等人创造了杨湘地区人力水运的全盛时期，对发展当年杨湘地区的经济、文化，做出了一定的贡献。

四、周家泾农场

20世纪五六十年代,在杨湘泾村周家泾自然村东1公里处建有一个165亩国营农场,因场址在淀东区小泾乡内,所以场名为国营小泾农场。

小泾农场场长殷云泉,会计陈兴泉,两人均为国家干部。全场职工10余人,绝大部分是本乡本土有经验的农民。三家村人陆云泉为当家大师傅、耕牛饲养员,农场职工享受全民职工工资福利待遇。农场生产资料除土地外,耕牛、农船、水车、抽水机、场地、仓库样样俱全。小泾农场种水稻、三麦,由于技术先进、施肥合理、积极防治病虫害,农作物产量一般比当地农民种的地高二至三成,在当地起到了示范作用。小泾农场20世纪60年代初停办,耕地移交当地公社,其余生产资料移交县内其他农场,有些职工如周云泉转到吴家桥农场。

五、淀东营造厂

淀东营造厂始建于1957年年初,主要从事土木建筑,社办企业性质。吕土根、叶木生先后担任厂长,营造厂有木工20人左右,泥工60人左右,常年小工10多人。营造厂厂址在杨湘泾长大华翁云志家,10间房屋,分别是办公室、工具堆放室、工人休息室。

淀东营造厂先后建造了淀东粮管所无梁粮仓、杨湘大礼堂等公用建筑,1960年年初解散。

据村民回忆,淀东粮管所无梁粮仓共有两幢,每幢8间相通,南北间距60米,东西间距30米。杨湘大礼堂建造时间为1958年11月至1959年10月,动用木工20人左右、泥瓦工60人左右、小工近百人。

六、开挖粮管所南河道

为了便于农民卖粮,1958年5～10月,杨湘乡组织民工在粮管所南开挖人工河道,从陆泥浦起,往东挖60米。1976年3月,又继续向东挖,使之与金家溇相通,并在两河相连处建造水闸、桥梁各一座,方便粜粮船通航和车运。

七、杨湘大礼堂

1958年11月至1959年10月,当年的淀东人民公社在杨湘泾村中市桥南农田里建造大礼堂一座。大礼堂东西长90米,南北宽18米,廊高4.5米,建筑面积

1 620平方米。大礼堂东有供做报告人就座、演员登台演出的木平台（戏台）和休息的泥平台。大礼堂的主要功用是开"三干会"和举办大型群众集会，同时也是群众观看革命样板戏、放电影等开展文化娱乐活动的重要场所。象棋大师胡荣华，也曾到大礼堂做过"盲棋"表演，对此，江苏省电台"江苏快讯"做过报道。20世纪80年代，因市政建设需要，杨湘大礼堂被拆除。

参加杨湘大礼堂建造的能工巧匠有吴阿大、尤永庆、张林卿、吕土根、夏友根、朱土根、朱小虎、余银龙、庄连奎、朱胜阳、郭锦良等。建造砖头主要从金家庄窑厂运送来，材料（砖、木）运输负责人陆志刚（杨湘泾村人），工地负责人毛巧生（南榭麓人）。

八、淀山湖公墓

新中国成立前后相当长的时间，杨湘泾村一直沿用棺木土葬的旧俗。殓葬入土有一套仪式，依家境贫富不同，分简繁薄厚。富裕人家办丧事极为隆重，长者死后子女要披麻戴孝，装棺入殓后，要设灵堂，亲友都要吊孝，子女要轮番守灵、哭灵。办丧事时，四邻亲友鼎力相帮，置办丧葬酒宴，俗称吃"豆腐羹饭"，往往要摆上十几桌。贫苦人家则一切从简，除守灵、哭灵表示对死者的悲恸和孝义外，一切仪式较为简易、节俭。

20世纪50~60年代，杨湘泾村在平整土地的同时，拆除土坟包。从20世纪70年代起，积极实行殡葬改革，改土葬为火葬，改棺木入土垒坟为骨灰存放深埋，破除了千年旧俗。

1992年11月24日，经昆山市人民政府批准，在原杨湘泾村2组的土地上，建立淀山湖公墓（公益性）。墓址位于北苑路北侧、长安路西侧，依路傍水，环境幽雅。配套工程随即上马，长安路拓宽，贤泾江桥拓宽重建，方便车辆、行人。

公墓占地总面积22.34亩，与上海福象园林工程有限公司签订合同，由对方采购大理石、水泥等材料，负责建造墓穴。墓穴分高档、中档、普通型不同层次，可供逝者家属选择。

2002年3月至2012年3月，淀山湖公墓由复明村姜昆元承包，每年上交5万元，5年后每年上交10万元。2012年3月，公墓由淀山湖镇政府接管，委派人员管理。

该公墓有工作人员5人。负责人沈林荣，业务办理顾建平，食堂炊事员和日常卫生管理员各1人，临时工1人。公墓的日常管理有条不紊地进行，工作人员定期清扫墓区，清除废旧的塑料花、祭品并修剪绿化，每年清明节前进行大规模整修，方便家属进园扫墓。工作人员向广大家属倡导健康文明的祭扫活动，提倡一束鲜花、一个鞠躬、一场家庭追思会的文明祭扫形式，树立厚养薄葬的孝德观念，爱护环境，倡导新风。

淀山湖公墓

淀山湖公墓已建成五大区：福字区、寿字区、如意区、吉祥区、禄字区，其中禄字区都为普通墓穴，提供给五保户、困难户、动迁户。截至2012年年底，公墓已入葬墓穴5 619个，其中高档261个，中档1 418个，普通墓3 940个。

淀山湖镇党委、政府本着服务社会、为民办事的宗旨，积极推进殡葬改革，把建设殡葬设施列入政府实事工程，投资1 000多万元，建设殡仪服务中心和安息堂。殡仪服务中心占地3 274平方米，建筑面积2 984平方米，其中就餐大厅建筑面积1 944平方米，分上下两层，可容纳50桌人员就餐，内设厨房、餐桌、空调等设施；守灵堂两套，每套260平方米，同时可容纳两家办丧事，每套有记账室、活动室、休息室，并配备空调等设施。

安息堂占地1 600平方米，建筑面积740平方米，设置9 000个箱架，预计年入葬骨灰匣250个左右，该安息堂可使用30多年。

第十三章 荣 誉

荣誉,是各级政府对在社会主义物质文明建设、精神文明建设中做出重大贡献的集体或个人的褒奖。

杨湘泾村先后取得的集体荣誉,有省级 4 次、苏州市级 7 次、昆山市级 31 次、镇级 35 次。个人荣誉方面,据不完全统计有 8 人荣膺 53 项。

荣誉体现了社会主义核心价值观的正能量,值得珍惜。

第一节 集体荣誉

表 13-1-1　　　　　　　　　杨湘泾村(居)历年集体荣誉录

年度	获奖单位	荣誉称号	授予单位	级别
1997	杨湘村	江苏省卫生村	江苏省爱国卫生运动委员会	省级
2007~2009	杨湘泾村	江苏省创建文明村工作先进村	江苏省精神文明建设指导委员会	省级
2012	杨湘泾村	江苏省民主法治示范村	江苏省依法治省领导小组	省级
2012	杨湘泾村	江苏省新农村建设先进村	中共江苏省委农村工作领导小组	省级
2002	杨湘泾村	苏州市先进村	苏州市"行动"领导小组	地市级
2006~2008	杨湘泾村	文明村	苏州市精神文明建设指导委员会	地市级
2009	杨湘泾村	苏州市建设社会主义新农村示范村	中共苏州市委、苏州市人民政府	地市级
2009	杨湘泾村	民主法治村	苏州市依法治市领导小组办公室、苏州市司法局、苏州市民政局	地市级
2009	杨湘泾村	《江苏省机关团体企业事业单位档案工作规范》二星级标准	苏州市档案局	地市级

续表

年度	获奖单位	荣誉称号	授予单位	级别
2011	杨湘泾村	民主法治社区	苏州市依法治市领导小组办公室、苏州市司法局、苏州市民政局	地市级
2011	杨湘泾村	绿色社区	苏州市人民政府	地市级
1996~1997	杨湘村	爱国卫生先进村	昆山市爱国卫生运动委员会	县市级
1997	杨湘村	双文明建设先进村	中共昆山市委、昆山市人民政府	县市级
1998	杨湘村	昆山市社会治安综合治理先进单位	中共昆山市委、昆山市人民政府	县市级
1998~2000	杨湘村	爱国卫生先进村	昆山市爱国卫生运动委员会	县市级
1997~1999	杨湘村	计划生育先进集体	中共昆山市委、昆山市人民政府	县市级
1999	杨湘村	双文明建设先进村	中共昆山市委、昆山市人民政府	县市级
2000	杨湘泾村	昆山市村民自治模范村	昆山市民政局	县市级
2001	杨湘泾村	双文明建设先进村	中共昆山市委、昆山市人民政府	县市级
2003~2004	杨湘泾村	基层规范化建设先进民兵营	昆山市人民政府、昆山市人民武装部	县市级
2005	杨湘泾村	全市关心下一代工作"五有五好"先进单位	昆山市关心下一代工作委员会	县市级
2006	杨湘泾村	昆山市首届文明村特色文艺展演活动"最佳表演奖"	昆山市人民政府	县市级
2005	杨湘泾村	农村经济发展先进单位	中共昆山市委、昆山市人民政府	县市级
2003~2005	杨湘泾村	先进人民调解委	昆山市司法所	县市级
2006	杨湘泾村	先进基层党组织	中共昆山市委	县市级
2007	杨湘泾村	昆山市"民主法治示范村"	昆山市依法治市领导小组	县市级
2006	杨湘泾村	富民强村先进单位	中共昆山市委、昆山市人民政府	县市级
2007	杨湘泾村	"实践三个代表,实现两个率先"先锋村	中共昆山市委	县市级
2008	杨湘泾村	昆山市党员干部现代远程教育示范站点	昆山市农村党员干部现代远程教育领导小组办公室	县市级
2008	杨湘泾村	昆山市"民主法治示范社区"	昆山市依法治市领导小组	县市级
2008	杨湘泾村	健身球操第十名	昆山市老龄工作委员会	县市级
2008~2010	杨湘泾村	昆山市零犯罪社区(村)	昆山市社会治安综合治理委员会办公室、昆山市综治委预防青少年违法犯罪工作领导小组办公室、昆山市关心下一代工作委员会	县市级
2008~2009	杨湘泾村	老龄工作先进集体	昆山市老龄委员会	县市级
2009	杨湘泾村	导引保健功操团体二等奖	昆山市老龄委员会	县市级
2010	杨湘泾村	昆山市人民调解工作先进集体	昆山市司法局	县市级

续表

年度	获奖单位	荣誉称号	授予单位	级别
2010	杨湘泾村	基层建设先进单位	昆山市人民武装部	县市级
2010	杨湘泾村	第八套健身球操竞赛团体三等奖	昆山市第二届老年人体育运动会	县市级
2011	杨湘泾村	双文明建设先进村	中共昆山市委、昆山市人民政府	县市级
2011	杨湘泾村	昆山市级学习型社区	昆山市社区教育办公室	县市级
2012	杨湘泾村	昆山市"便民维权标兵"	昆山市人口和计划生育委员会	县市级
2012	杨湘泾村	昆山市文明村	中共昆山市委、昆山市人民政府	县市级
2012	杨湘泾村	"五有五好"示范单位	昆山市关心下一代工作委员会	县市级
2010～2012	杨湘泾村	创先争优活动先进基层党组织	中共昆山市委	县市级
2012	杨湘泾村	民兵工作先进单位	中共昆山市委、昆山市人民政府、昆山市人民武装部	县市级
1996	杨湘村	社会治安综合治理先进单位	中共淀山湖镇委员会、淀山湖镇人民政府	镇级
1997	杨湘村	先进集体	中共淀山湖镇委员会、淀山湖镇人民政府	镇级
1996	杨湘村	先进党支部	中共淀山湖镇委员会	镇级
1997	杨湘村	淀山湖镇第六届运动会团体总得分第六名	淀山湖镇人民政府	镇级
1997	杨湘村	妇女工作先进集体	淀山湖镇妇女联合会	镇级
1997	杨湘村	安全文明村	中共淀山湖镇委员会、淀山湖镇人民政府	镇级
1998	杨湘村	平坟还田先进村	淀山湖镇人民政府	镇级
1998	杨湘村	镇级综治先进集体	中共淀山湖镇委员会、淀山湖镇人民政府	镇级
1998	杨湘村	先进支部	中共淀山湖镇委员会	镇级
2000	杨湘泾村	社会治安综合治理先进单位	中共淀山湖镇委员会、淀山湖镇人民政府	镇级
2000	杨湘泾村	先进支部	中共淀山湖镇委员会	镇级
2000～2001	杨湘泾村	敬老先进集体	淀山湖镇老龄工作委员会	镇级
2001	杨湘泾村	先进党支部	中共淀山湖镇委员会	镇级
2003	杨湘泾村	淀山湖镇第六届演唱赛优秀表演奖	淀山湖镇文化广电站、淀山湖镇精神文明办公室	镇级
2004	杨湘泾村	妇女工作先进集体	淀山湖镇妇女联合会	镇级
2004	杨湘泾村	"富民工程"先进集体	中共淀山湖镇委员会、淀山湖镇人民政府	镇级
2005	杨湘泾村	先进党支部	中共淀山湖镇委员会	镇级

续表

年度	获奖单位	荣誉称号	授予单位	级别
2005	杨湘泾老年活动室	文明活动室	淀山湖镇人民政府	镇级
2004~2005	杨湘泾村	老龄工作先进集体	淀山湖镇人民政府	镇级
2006	杨湘泾村	"十五"期间人口和计划生育工作先进集体	中共淀山湖镇委员会、淀山湖镇人民政府	镇级
2006~2007	杨湘泾村	敬老先进集体	淀山湖镇人民政府	镇级
2007	杨湘泾村	社会治安综合治理先进单位	中共淀山湖镇委员会、淀山湖镇人民政府	镇级
2008	杨湘泾村	先进党组织	中共淀山湖镇委员会	镇级
2009	杨湘泾村	先进党组织	中共淀山湖镇委员会	镇级
2008~2009	杨湘泾村	老年文明活动室	淀山湖镇人民政府	镇级
2010	杨湘泾村	先进党组织	中共淀山湖镇委员会	镇级
2010	杨湘泾村	淀山湖镇"一村一品"第八套健身操团体赛银杏杯	淀山湖镇人民政府	镇级
2010	杨湘泾村	综治(平安)建设先进集体	中共淀山湖镇委员会	镇级
2011	杨湘泾村	淀山湖镇"庆三八"系列活动之婆媳拔河比赛第四名	淀山湖镇妇女联合会	镇级
2011	杨湘泾村	先进党组织	中共淀山湖镇委员会	镇级
2010~2011	杨湘泾村	老龄工作先进集体	淀山湖镇人民政府	镇级
2011	杨湘泾村	"一村一品"太极拳桂花奖	淀山湖镇人民政府	镇级
2011	杨湘泾村	村级优秀业余文艺团队三等奖	淀山湖镇人民政府	镇级
2012	杨湘泾村	淀山湖镇第九届男子乒乓球团体赛第三名	淀山湖镇人民政府	镇级
2012	杨湘泾村	淀山湖镇第九届体育运动会团体总分农村组第三名	淀山湖镇人民政府	镇级

第二节 个人荣誉

表13-2-1　　　　　　　　杨湘泾村个人荣誉录

姓名	颁奖时间	荣誉称号	授予单位
盛和生	1986	1985年度昆山县农业先进生产者	昆山县人民政府
	1995	1985年度先进集体、先进个人	中共淀山湖镇委员会、淀山湖镇人民政府
	1996	1995年度副业生产先进个人	中共淀山湖镇委员会、淀山湖镇人民政府
	2001	2000年度两个文明建设优秀共产党员	中共淀山湖镇委员会

续表

姓名	颁奖时间	荣誉称号	授予单位
	2001	2001年度"特色家庭"	淀山湖镇文明办、妇联
	2002	2001年度致富带头人	中共昆山市委、昆山市人民政府
	2002	百家科技兴农示范户	昆山市科学技术局、昆山市科学技术协会
	2003	苏州农民专家	苏州市农林局、苏州市人事局、苏州市科学技术局
	2003	2002年度两个文明建设优秀共产党员	中共淀山湖镇委员会
	2006	2004—2005年度"老有所为"先进个人	淀山湖镇老龄会
彭瑞良	1990	第四次人口普查先进个人	昆山市人口普查领导小组
	1991	1991年财务管理昆山市农村集体经济"好管家"	中共昆山市委、昆山市乡镇工业局
	1998	第一次全国农业普查先进个人	昆山市统计局、昆山市农业普查办公室
	2002	2002年度两个文明建设优秀共产党员	中共淀山湖镇委员会
	2009	2008—2009年度淀山湖镇老龄工作先进个人	淀山湖镇人民政府
李尧	2011	2010年度优秀共产党员	中共淀山湖镇委员会
	2011	第六次全国人口普查先进个人	江苏省统计局、江苏省人口普查领导小组办公室
	2012	2012年度社会管理综合治理、信访工作先进个人	中共淀山湖镇委员会、淀山湖镇人民政府
黄祖琴	2002	昆山市家庭文化艺术节"亭林杯文明治家格言"一等奖	昆山市精神文明建设委员会办公室、昆山市妇女联合会、昆山市文学艺术界联合会
	2003	2002年度优秀妇女工作者	淀山湖镇妇女联合会
	2007	党员先锋岗	中共淀山湖镇委员会
	2011	2010年度人口和计划生育工作先进个人	淀山湖镇人口计生办
	2011	2010年度优秀共产党员	中共淀山湖镇委员会
	2012	2011年度计划生育工作"进步奖"	淀山湖镇计生办
	2012	第十届体育运动会群众体育先进个人	昆山市体育局、昆山市人力资源和社会保障局
彭建明	1986	苏州市优秀团干部	中共苏州市团委
	2004	昆山市"三有工程"先进工作者	中共昆山市委
	2008	昆山市十佳优秀基层纪检干部	中共昆山市委
顾裕元	1987	优秀共产党员	中共昆山县委
	1989	优秀共产党员	中共昆山县委
	1993	植树造林美化城乡先进个人	昆山市绿化委
	1995	创建卫生镇先进个人	昆山市爱国卫生运动委员会、昆山市人事局
	1996	"八五"期间"爱我中华,绿化江苏"先进工作者	江苏省人民政府
	1996	多种经营生产先进个人	苏州市多种经营管理委员会、苏州市人事局

续表

姓名	颁奖时间	荣誉称号	授予单位
	1996	创建江苏科技城镇先进个人	江苏省科学技术委员会
	1997	1995—1996年度爱国卫生先进个人	苏州市爱国卫生运动委员会
	1998	信访先进个人	昆山市人民政府
	1999	1998年城乡绿化先进个人	昆山市绿化委员会
	2000	地方志撰写先进个人	苏州市地方志编纂委员会、苏州市人事局
	2000	八县血防先进工作者	苏浙沪八县市区防治血吸虫30周年总结会
	2005	关心下一代先进个人	昆山市精神文明建设委员会、昆山市关工委
	2007	2005—2006年度未成年人思想品德建设先进个人	昆山市精神文明建设委员会、昆山市人事局
	2009	老有所为先进个人	昆山市老干部局、昆山市人事局
	2009	关心下一代先进个人	昆山市精神文明建设委员会、昆山市关工委
	2010	关心下一代先进个人	昆山市精神文明建设委员会、昆山市关工委
	2011	关心下一代先进工作者	江苏省精神文明建设委员会
	2011	网吧治理整顿先进个人	昆山市网吧治理整顿和规范领导小组
王志民	1951	贰等模范	中国人民解放军第三炮校队
	1951	叁等功臣	中国人民解放军华东军区炮兵司令部政治部
	1953	反击作战三等功	中国人民志愿军司令部、政治部
	1955	三等功	中国人民解放军华东军区、第三野战军司令部政治部
王旬	2003	女子个人皮划艇1 000米个人第5名	国家体育总局
	2005	女子四人皮划艇1 000米第2名	国家体育总局
	2006	女子四人皮划艇200米第4名	国家体育总局
	2007	女子个人皮划艇5 000米个人第5名	国家体育总局
	2007	第五届全国"挑战杯"创业大奖、全国铜奖	国家体育总局
	2015	全国乡村好青年	团中央农村青年工作部
	2016	全国最美家庭、五好文明家庭	全国妇女联合会
	2007	第五届全国"挑战杯"创业计划大赛河北省特等奖	国家体育总局
	2015	江苏最美家庭	江苏省妇联
	2015	苏州市十大杰出青年	苏州市委宣传部、共青团苏州市委
	2015	苏州最美家庭	苏州市妇联

第十四章 杂 记

在杨湘泾村发展的漫长历程中,涌现出许许多多令人敬佩、值得赞誉的人与事。本章收录了养鸭致富的"鸭司令"、健康达人张祖乙等媒体报道以及文存辑录。

第一节 媒体报道

一、养鸭致富的"鸭司令"

淀山湖镇杨湘泾村 57 岁的盛和生养了 30 年鸭,是淀山湖镇出名的"鸭司令"。

在养鸭效益滑坡、不少养鸭户"下马"的情况下,盛和生依然痴情不改,坚持养鸭。由于鸭子成活率、产蛋率较高,种蛋价格稳定且销售渠道畅通,近几年,盛和生饲养的"樱桃谷"种蛋鸭年存蛋量仍保持在 1 000 羽左右。每隔 3 天,盛和生就要到青浦新城孵坊交一趟种蛋。老夫妻辛劳一年,出售种蛋加上卖掉淘汰鸭子的净收入为 1.5 万~2 万元。

讲到养鸭经验,"鸭司令"盛和生如数家珍,鸭棚要经常消毒,饲料得新鲜多样……老盛还掌握了通过观察鸭子粪便了解鸭子健康情况的诀窍。老盛夫妻俩养鸭不怕苦、不怕累,由于孵坊对种蛋清洁度要求特别高,为了保持种蛋清洁,老夫妻两每天凌晨两点就起床拾取鸭蛋。

盛和生还是全镇养鸭户的"领头羊",每年他都要负责为镇里数家鸭棚联系价廉质优的饲料,并协助推销种蛋。去年,热心的老盛还把7名养鸭专业户介绍到青浦青东农场等单位养鸭,为有一技之长的农民解决就业问题。盛和生表示,今后还准备带徒弟,把宝贵的养鸭经验毫无保留地传授给年轻一代。

(作者:倪才孚,原载《昆山日报》2002年1月11日)

二、77岁老人练就传奇般的健身绝技

淀山湖镇杨湘泾村27组(原王泥泾自然村)有一位健康达人名叫张祖乙,小名称为"阿二头",今年77岁。

2013年7月6日晚上6点30分,昆山电视台播放了张祖乙体育锻炼的场景,他坚持十多年体育锻炼,练就一身硬朗体魄和运动绝技。在电视台播映后,观众深感这位77岁老人能有这样健壮的体魄、超人的运动绝技,让人瞠目结舌。特别是张祖乙的人体倒立,头转动而身体不动,这个姿态优美高雅的动作镜头,给人一种富有美感的享受,人们从内心敬仰他太不容易了。再一个镜头,张祖乙在头顶上敲断两块八五砖头的动作,又给人心驰神往、惊心动魄的感觉,钦佩他太不简单了。张祖乙在运动器材上的整套锻炼动作,每一个镜头都会使人感到这位老人真牛!确实是一位健康达人。

有人问张祖乙:"在运动场上锻炼有否秘诀?"他高兴地说:"运动无秘诀,锻炼身体是我的一大爱好,贵在坚持,定会有成效。"这不难看出这些运动都是他坚持数十年锻炼的结果。

张祖乙每天清晨4点钟起床后,整理房间,洗漱完毕就骑着自行车去镇上的利民新村公园里锻炼身体,天天如此,风雨无阻。锻炼从单杠、双杠、俯卧撑、平行梯、倒立、甩臂膊、拗手劲和头顶功等运动项目,一个不落,整套动作所需时间为2个小时左右。张祖乙在利民新村公园里锻炼强身,时间一长,周围群众都认识他,也有很多粉丝向他学习,锻炼强身。

但真正能坚持锻炼的人少之又少。与一般的老年人坚持锻炼不同的是,张祖乙不仅满足于常规项目,而且喜欢打破常规,挑战自我,有一股不服输的劲头。自从有一次在电视上看到一位75岁的老人倒立的新闻后,张祖乙就萌发了锻炼此绝技的想法,希望日后自己也能因为此绝技进入电视屏幕中。如今,老人的梦想早已成真,而且也因为练就这一绝技身高还长了2厘米(注:头顶磨出了厚厚一道茧)。

有人问张祖乙:"你为啥这样寻苦锻炼,汗水一身,图个啥?"张祖乙爽朗地说:

"因为现在的人生活条件好了,但生病的人却多了,有些人酒肉天天不断,身体天天不动,出行就坐车,微热、微寒就开空调,还迷信补品好药,不活动、不锻炼、不出汗,患上了肥胖症、糖尿病、高血压、高血脂、心脏病等,结果很多中年郎,未到白头亡。我锻炼,图的是强身保健康,因为健康是人生最宝贵的财富。所谓'最宝贵'的东西,是要靠吃苦耐劳、出大力流大汗才能得到的。"张祖乙说到做到。

据张祖乙老人讲,十多年前,他有过胃出血,得过喉咙声带息肉,两腿坐骨神经疼,天气有变,就腰酸背疼,常被病魔折磨得苦不堪言。老人用他的切身体会讲述了生病的痛苦、健康的幸福,若要身体好,坚持运动锻炼很重要。老人又说,自己现在全身都好,身强力壮,不吃药、不打针、不伤风、不感冒,冬天不用穿羽绒服,全身肌肉都是练出来的。

张祖乙开玩笑地说:他的身体是一部空调,冬暖夏凉。除了坚持健身锻炼外,张祖乙在生活的各个环节上都比较注意。吃饭七分饱,穿衣三分寒;早睡早起,每天至少保证6个小时睡眠;出汗过多后,及时补充盐水,保持体液的健康平衡;深感吸烟有害健康,22年前成功戒烟;不喝酒;心情好、生活上知足……这些都是老人无意间谈到的生活细节,却也是影响健康方方面面的因素。

张祖乙还有另一个爱好,就是无私帮助他人按摩、推拿,防治关节痛、颈椎、腰椎病等伤筋伤骨之类的疾病。张祖乙把自己学习到的技术又能结合人体穴位,进行按摩、推拿,为他人祛缓或消除病疼,有时他会随叫随到。据不完全统计,至今为止,为他人按摩、推拿十多年,受益者达六七十人,这不难看出这位健康达人是一位助人为乐者。

张祖乙在运动锻炼之余,笑着对人说:"我的第一个梦想上电视台终于实现了;我的第二个梦想,仍将坚持锻炼不差劲,运动场上不落伍,强身保健活到85岁,争取再上电视台;我的第三个梦想,坚持不懈天天运动,增强体质,多做益事、善事,开开心心活到100岁,快快乐乐享受新生活。"

张祖乙的三个梦想中洋溢着他对生命的珍爱,对他人的关爱,对社会的热爱,这就是一个普通老人知足常乐、无欲则刚,对现实生活感悟的真谛。他以超人的毅力坚韧不拔,运动锻炼,为追求梦想的实现持之以恒、锲而不舍。

(作者:王忠林,原载《现代昆山》2013年第3期"中国梦·我的梦"专栏)

三、乡村小学支教张俭的独白:爱不能只是一瞬间

"如果我懂得更多的医学急救技能,也许当时那个女学生说不定就有救了。"回忆起一年的支教生活,亲历一名女学生的意外病故成了张俭心上永远的痛。

张俭,一个出生在淀山湖畔的平凡"80后",曾是一名支教志愿者,将第二课堂活动推向乡村;成功地策划了"鹏城学子助飞"活动,筹集资金助学16名困难大学生;"乡村图书馆计划"项目发起人,不断征集儿童读物,"马不停蹄"地送往广西、湖南、云南、四川等地的希望小学。

2008年8月,在苏州国美电器担任采购专员的大学生张俭放弃工作,带着1万多元的积蓄,走进偏远大山,成为当地一名志愿者教师。"当时就想趁着年轻,干一些稳定后不会干的事儿。人能年轻几回?"张俭憨憨地说。

张俭支教的民治完小位于广西的大山里,是1997年国家贫困援建项目,距离逻西乡大约1小时山路。全校有7个年级,178人,仅4位老师。在经历汽车、摩托车、步行的辗转,遭遇泥石流后,三幢砖瓦房和一个简易球场呈现在眼前。"因为之前心理做了准备,所以觉得学校环境还不错,但随后与蟑螂、百虫共枕眠的日子真有些吃不消。"张俭笑着回忆道。

张俭负责教授四年级数学和高年级体育,每天6点准时起床,除了日常教学任务外,他还需要照顾住宿生,帮忙打扫学校卫生,或是去食堂帮助做饭。23点休息后,他还要夜巡3次,防止孩子们受凉,以及大型牲畜闯入学校。

在这里还需要特别注意两件"大事",一件是遭遇台风,断水断电;另一件是绵绵细雨而引发泥石流、山体滑坡。因为生怕使用电热水壶跳闸,不舍得烧水,张俭每次洗澡就是拿一桶冷水往身上淋。冬天时,几乎不洗澡,只能用一点点热水擦身。支教的生活条件与他之前的生活大相径庭。

但很快,张俭被孩子们充满期盼的眼神征服了。"大多数学生是周围屯的孩子,离学校最远的孩子要步行3~4小时路程。每天孩子们只吃两顿饭,一碗白饭加上看不见菜叶的菜汤。虽然最终他们为了生计,大多要到很远的地方去打工。"

随着"80后"支教们的到来,"第二课堂"也走进了这座乡村小学,"写生画画""我爱英语""我爱讲故事""第一届六一儿童节""元旦晚会""篮球赛",以及"微笑面对生活""学会说,对不起"等一系列心灵课堂给孩子们带来了更多的欢乐。

其中"你的梦想是什么"给张俭留下了深刻的印象,"有的孩子希望自己变成大海,有的希望变成小鸟。他们单纯地表达着对美好和自由的向往",张俭当时暗暗下定决心,对这些孩子一个都不放弃!

于是,周末成了张俭的家访时间,他翻山越岭4小时,来到大山深处的村落——唐色、那拉等屯,家访了60余名孩子,了解他们的家境、辍学以及留守的问题,并整理成册交给提供助学服务的公益组织。

一年的时间里,他先后教授4个年级,80多名学生。"我觉得志愿者们不要带着'改变'的想法来支教,更多地应该让孩子们学会思考,为他们种下强大的希望种子,不因放弃而放弃明天"。

除了收获孩子们的笑脸,张俭也收获了最美的爱情。他与同为支教志愿者的妻子从相识、相恋到婚后生活的点点滴滴,构成了这对携手相伴公益之路的"80后"夫妻的最美爱情。"长期做公益让我们彼此拥有更加包容的心,让两个不同地区的生活方式形成互补,令生活更加美好。"

他们共同倡导"随手公益"的理念,他们认为"在公交车上让座和去偏远地区支教,在本质上都是一样的。因为爱是不分大小的,任何点滴的爱,都会让人感到无比的幸福,让社会变得更和谐。公益,也是生活的一部分"。

即便离开了大山,他们也竭尽所能,帮助辍学的孩子一个个得到社会的捐助,重返课堂。"因为爱,不能只是一瞬间。"在社会各界人士的支援下,一些广西的贫困孩子有了自己的篮球场,一些湖南的学生洗上了热水澡,一些云南的小朋友用上了可以上网的计算机,一些四川凉山的孩子走进了新的校舍。

为了照顾年迈的父母,2010年,张俭和妻子回到昆山,从支教一线转向幕后工作。由于此前的经历,他在审核支教志愿者资格时,尤其会多看一眼志愿者在急救能力、自救能力方面的表现。

多年来,对乡村孩子们的牵挂始终如一。于是他发起建立乡村图书馆,让孩子们获得了更多的知识。他说:"世界很大,不单只有他们看到的那片天,他们的心一旦活了,他们的未来一定很绚丽。"

如今,在张俭家乡昆山淀山湖镇也设立了一个爱心图书站,已经陆续收到社会各界捐赠的2 000余册图书。去年12月,第一批图书已经寄给湖南省怀化市通道县孟冲小学,给孩子们建起了乡村图书馆。

仔细翻阅着一沓沓张俭的"公益日记本",这里珍藏着孩子们的作业、奔跑的相片,记录着张俭一路走来的甜蜜与反省,其中一页上用坚定的笔触写着:"哪天我老了或死了,我的子女也会继续接棒,公益的梦想会一直延续下去。"

(中新网南京2012年3月4日)

第二节 媒体报道过的人

一、盛和生

盛和生，男，1944年5月生，汉族，杨湘泾村25组村民（原永勤村6组王土泾人），中共党员。

盛和生18岁时跟随岳父杨金福养鸭。岳父病故后，他回到王土泾养鸭，养殖规模逐步扩大，蛋鸭规模扩展到3 000多只。1986年，盛和生饲养的鸭子种类多，有蛋鸭、种鸭、肉鸭。

在养鸭效益滑坡、不少养鸭户"下马"的情况下，盛和生依然坚持，练成了一手养鸭的好技术。他养殖的苗鸭存活率高、蛋鸭产蛋率高。20世纪70年代，与上海禽蛋五厂签订了合同，拓宽了禽蛋销售渠道。盛和生老夫妻俩辛苦一年，净收入1.5万元到2万元，成为致富的带头人。

盛和生在养鸭过程中获得了诸多荣誉，享有"苏州市农民专家"的光荣称号。

二、张祖乙

张祖乙，1937年2月生，男，汉族，小名"阿二头"，杨湘泾村27组（原王泥泾自然村）人，是一位健康达人。

2013年7月6日，昆山电视台播放了张祖乙体育锻炼的镜头，其中有人体倒立、头顶敲砖等，让人惊讶。

张祖乙每天清晨4点钟起床，洗漱完毕就骑着自行车去镇上的利民新村公园锻炼身体，天天如此，风雨无阻。锻炼项目有单杠、双杠、俯卧撑、平行梯、倒立、甩臂膊、拗手劲和头顶功等，整套动作所需时间为2个小时左右。

张祖乙另一个爱好是为他人按摩、推拿。十多年来，受益者达六七十人之多。

三、张俭

张俭，男，1984年11月生，杨湘泾村10组人，本科学历，毕业于石家庄经济学院公共管理学院行政管理专业。2008年，到广西百色乐业县逻西民治完小支教。

支教期间,开设"微笑面对面生活""你的梦想是什么"等一系列心灵课堂;辍学孩子得到捐助后重返课堂;建立乡村图书馆。支教结束后,从事支教志愿者招募审核,向广西、云南、四川、湖南等地选送50多名支教老师。在淀山湖镇成立爱心图书站,向湖南等地输送爱心图书。

2012年,担任淀山湖镇招商中心二部副主任,后任淀山湖镇党委秘书、党政办主任、副镇长。

2007年,获第五届全国"挑战杯"创业计划大赛河北省特等奖、全国铜奖荣誉称号。2016年,张俭又获"全国乡村好青年""苏州市十大杰出青年"等荣誉称号。

第三节 文存辑录

1. 杨枪泾镇

镇在陆虞浦之东泾,上承浦水,南达淀湖,地卑田瘠,遇水涝辄淹,俗亦淳厚,为苏松往来舟航要路。《淞南志》卷一第750页。

2. 咏风桥

杨湘泾东,旧名大鸦桥。国朝嘉庆十七年里人建,二十五年重建。

光绪《昆新两县续修合志》桥梁第十九页总第611页。

3. 道褐浦

北通吴淞江。宋嘉祐中邑丞沈泸政和中提举赵霖复泸。明永乐中复泸,俗讹大夏浦。少司马里人顾章志有道褐浦记,勒诸石。《淞南志》卷二第756页。

4. 栅桥

在王土泾。康熙四一十年,里士汪启竹建。《淞南志》卷二第764页。

5. 杨枪泾

杨枪泾南,夏大雷电,有神降于田,形如鸟喙,腋下有两翼。识者曰:此雷公也,因感不洁暂止于此。剪茅以覆之,与之食不食,饲以豆腐及浆日啖数桶。观者云集,数日忽不见。《淞南志》卷五第791页。

第四节　丁小妹山歌 20 首

丁小妹,杨湘泾村 27 组王泥泾自然村人,1942 年三月初一生。丁小妹母亲顾杏宝生于兴复村杨村里,是当地有名的民歌手。在母亲的熏陶和传授下,丁小妹 9 岁就能唱山歌多首。数十年的岁月里,在田头、场头,丁小妹常应一起干活村民的要求引吭高歌,博得阵阵掌声和喝彩。

丁小妹吴歌以吴语快板和"吴江调""五更调"为基调,藉以反映淀山湖地区千百年来的民间习俗和农民群众的喜怒哀乐,既有歌颂男女恋爱的情歌,也有反映寡妇哀怨、无奈改嫁的凄苦、十二月气候变化和农事的转换等。

丁小妹近影

本书选录丁小妹的山歌 20 首。

1. 地主娘娘

地主娘娘住楼房,金漆踏板象牙床,一觉困到大天光,阿婆婶婶出面汤。电烫头发曲曲叫,头上眉毛弯弯叫,头上绾仔七八趟。胭脂花粉嘴唇膏。手上戴起金手表,香烟要吃白锡包。长旗袍,短外套,长筒洋袜脚上套,短统洋袜学时髦,高跟皮鞋脚上着,拿伲穷人来压迫。穷人身上两把刀,租米重来利息高,穷人想想吃勿消。咯种地主刁勿刁？刁。

2. 同志们

同志们,听我来唱,血吸虫毛病真猖狂。我伲昆山县,各地有人生。生子咯种血吸虫毛病妨碍人健康。身体勿好,生产影响。毛病勿好,困啦床上,妨碍发育少精神,结果弄得家破人亡。血吸虫肚皮里蹲,虫子在大便里厢,河里倒马桶,就到河里厢,落到河里几个钟头身上有毛生,也会游来也会行,钉螺蛳就是老窝场。

3. 我是个青年团员

我是个青年团员,我要做个好社员,不怕风吹日头晒,光荣劳动在田园。样样庄稼都会种,样样活儿都能干,耕田锄地我带头,割麦打场我领先。农业社是我的家,爱社就是爱国家,评分记账讲公道,爱护工具和牛马,学习文化和技术,创造革新想办法。今天我跟牛扶犁耙,明天就把拖拉机来驾。

4. 十二月农事

一月里,扎筝扳乌鸡。二月里,搓搓绳来扎枪篱。三月里,挑脚板,修车基。四月里,红漆扁担挑河泥。五月里,黄梅到,落早起。六月里,耘稻山歌唱得哆哩哩。七月里,拉田阿毛修船器。八月里,纺纱织布看布机。九月里,望望田道里。十月里,场角上稻罗罗得一律齐。十一月里,牵砻掼稻做饭米。十二月里,赤脚爬捣兑白米。

5. 正月正

正月正,看红灯。二月二,瓜茄绿苏全下泥。三月三,野菜开花结牡丹。四月四,一个铜钿四个字。五月五,买条黄鱼过端午。六月六,买把扇子劈哩扑。七月七,买个西瓜切一切。八月八,八个婆婆来拜佛。九月九,九个小姐来吃酒。十月十,十个小姐全嫁出。

6. 起九

一九二九不出手,三九四九冰上走。五九和六九,河边看杨柳。七九河冻开,八九燕子来,九九加一九,耕牛遍地走。

7. 一只狗

一只狗,两个头,四川带来咯,五颜六色咯,七仔八搭咯。究竟哪能咯?实在呒不咯。

8. 一粒豆

一粒豆,两包糖,三连津,水晶糖,五茄皮,绿豆汤,七仙女,八仙桌,九连环,十样锦,做出来,铲刀柄,摆勿平。

9. 一条黄瓜

一条黄瓜着地生,黄瓜炒肉实在香。娘舅搛给外甥吃,舅妈动气掼家生。"你只笃,啥咯生,有仔娘舅有外甥,同胞父母看娘面,千朵桃花一树生。"

10. 四方路上

四方路上一条沟,两个鲫鱼对面游。吃素人走过看我游,吃荤人走过一海兜,海啦兜兜里蹦蹦跳。挖我鳞片周身痛,挖我肚肠肚里痛,挖我夹鳃头里痛。浑水里趟,清水里过,滴圆镬子川川鱼,盛啦碗里两头翘。四面长凳摆拢来,四面婆婆坐拢来。鱼骨头吃啦台脚下,黄狗衔去狗相咬,蚂蚁衔去搭仙桥。

11. 十婶婶

大婶婶,一字一笃婚;二婶婶,耳朵上金环碧波清;三婶婶,三厢烟筒翘嘴唇;

四婶婶,四日四夜不带咬绸巾;五婶婶,五字要着五罗裙;六婶婶,眉毛弯弯像伊人;七婶婶,聪明变仔会做人;八婶婶,泥来落家采来勤;九婶婶,蓝花扁担撑园门;十婶婶,跳出龙门交好运。

12. 新做媳妇

新做媳妇十三朝,厢房里屎布跃跃叫。朝朝梳头朝朝哭。姑娘问嫂嫂:"嫂嫂啥老哭?阿是厌伲穷老哭?""也不是。""阿是厌伲哥哥年纪大老哭?""也不是。厌你哥哥割稻带生来老哭。"

13. 羊奶奶

羊奶奶,朵朵开。李家娘娘走出来,讲白滩。"你讨媳妇能繁难?大盘小盘担出来,咪哩吗啦讨进来。"滩渡高,难起岸。户槛高,难进门。花花轿子抬大门。阿妈娘,看我头,金叉挖银插满头。阿妈娘,看我手,红红绿绿绕满手。阿妈娘,看我上身,白棉肉仔小紧身。阿妈娘,看我下身,大红裤子百盖裙。阿妈娘,看我脚,一寸三分真小脚,走勒路上额了额。

14. 门不开 户不开

门不开,户不开,小姑娘肚皮哪能大起来?前夜仔,看灯看昏哉,楼上纱窗勿成关,读书公子霍进来。霍进来之霍进来,等你爹爹回转来,拿过一百洋钱买只薄皮(棺)材,拿你女儿钉下来。对过杂角,杂角对过,吴先生夜夜敲门(我)女儿去开,待等爹爹回转来,拿过两百洋钱买两只薄皮(棺)材,娘囡两个钉下来。

15. 东南风吹来暖洋洋

东南风吹来暖洋洋,黄尚鱼肖子草上夯,郎要肖子(你同)姐商量,姐要肖子喊爷娘。

16. 五更调

一更一记白洋洋,一个先生,先生命里有姑娘。单相思,走马同来想。咿呀呀得喂得勒喂,走马同来想。

二更二记泥照墙,姐妹商量到南翔。约私情,怕啥爹勒娘。咿呀呀得喂得勒喂,怕啥爹勒娘。

三更三记月晃晃,肚皮晃荡喝口清汤。咿呀呀得喂得勒喂,喝口清汤。

四更四记月过西,啥格稀奇?黄花闺女大肚皮。问先生,阿有药来医。先生笑嘻嘻,有啥药来医?!咿呀呀得喂得勒喂,有啥药来医?!

五更五记鸡叫过,请个药婆,药婆房里等功夫。上药条,性命介乎。咿呀呀得勒喂得勒喂,性命介乎。

六更六记天明亮,有福不会享,上仔火来等天亮。药婆娘叮嘱舍姆娘,叮嘱两三声,风里不要碰。咿呀呀得勒喂得勒喂,风里不要碰。

17. 天上乌云薄绡绡

天上乌云薄绡绡,地上寡妇哭唠叨,阿大阿二没爷叫,千斤扁担啥人挑?天上乌云薄稀霄,两亲家母说唠叨。我的女儿啥不好?十三条川条也会烧!公五条,婆五条,姑娘小叔合三条,我的女儿只好汤来淘。

18. 梳头经

亲娘替我梳千朝头,我替亲娘梳一朝头。一发梳来一发通,二发梳来二发通,三发梳来根根通。黄杨木梳像月弯,毛竹篦箕玉相嵌,飞红头绳扎把根。头件衣衫是伲亲娘着肉衫,第二件衣衫是伲亲娘凑成双,第三件衣衫是伲亲娘外加衫,第四件衣衫是伲亲娘四时衣,第五件衣衫是伲亲娘五时衣。

东边插起路路通,西边插起雪杖,挑开伲亲娘地狱门。

黄婆三太太留吃伲亲娘茶,伲亲娘不要吃你捻茶,先谢侬茶,嘴里常含三分细牙茶,菱角枕头困千年,石灰枕头压四肩,日里听见百鸟叫,夜里困在茅柴窠里乐逍遥。

19. 哭七七

头七到来哭哀哀,手拿红被盖冷材,风吹红被四角动,好像那奴郎活转来。二七到来借梳妆,梳妆台上好风光。梳妆台上只有这面生铜镜,只照我来不照郎。三七到来做道场,亲眷朋友全来张,廿四个道士厅上转,小奴奴打扮去烧香。四七到来借思量,思思量量哭一场,月亮里提灯空过门,好像空梦做一场。五七到来望乡台,望到家中哭哀哀,大男小女哀哀哭,一心想要活转来。六七到来去关梦,关着丈夫见阎王,牛头马面手持钢叉两边立,当中夹起我情郎。七七到来起白灵,白头白脚白罗裙,有心戴你三年孝,无心七里就嫁人,脱掉白裙换红裙,自有啥人做媒人,做仔媒人自有媒酒吃,好比从前胜三分。一路哭来一路行,交代大人两三声,不要讲媳妇起啥坏良心,只怪你儿子寿勿长。一路哭来一路行,交代婶婶两三声,黄铜钥匙交给侬,阿侄大仔要讨新娘。一路哭来一路行,交代嫂嫂两三声,铜勺铲刀交代你,三盏头茶杯你包长。一路哭来一路行,交代姑娘两三声,针线团匾交代你,鞋头脚面侬包长。一路哭来一路行,交代棺材横头两三声,不要怪小奴奴起啥坏良心,只怪侬自己寿勿长。一路哭来一路行,三岁孩童吊牢侬娘,跟娘哪及跟婆好,不晓得慢爷肚里啥心肠。一路哭来一路行,交代邻舍两三声,阿大阿二勃跤相打拖拖开,好比那杭州城里去烧香。

20. 河阿哥

河阿东的哥哥去呀去炼钢哪,无呼以呼呼。

河阿西的姐姐来送郎喽,杨柳叶子青儿哪。
七答七个奔儿哪,杨柳叶子送儿哪,
送又送呀,奔又奔呀,送什么有情人呀?
哥哥,杨柳叶子青啊哪。

索 引

A

安置补助费 …………… (224)

B

百姓讲坛"今日山海经" … (216)
保存完好的古桥 ………… (148)

C

残疾人联合会 …………… (246)
插队知识青年 …………… (252)
拆迁自然村落情况 ……… (22)
厂房出租 ………………… (226)
成效 ……………………… (71)
畜禽养殖 ………………… (128)
村境四至 ………………… (45)
村落文化 ………………… (146)
村貌 ……………………… (21)
村民的幸福感 …………… (228)
村民记忆 ………………… (275)
村民生活 ………………… (219)
村民体育 ………………… (208)
村民委员会 ……………… (236)
村民文化 ………………… (206)

村民忆事 ………………… (272)
村名由来 ………………… (46)
村庄环境 ………………… (89)
村庄建设 ………………… (74)

D

大事记 …………………… (6)
大学生 …………………… (257)
待人接物、文化娱乐类 …… (191)
当代军人 ………………… (266)
道路 ……………………… (75)
地貌 ……………………… (48)
淀东营造厂 ……………… (278)
淀山湖公墓 ……………… (279)
电话网络 ………………… (88)
丁小妹山歌20首 ………… (294)
动迁安置 ………………… (225)
动植物类 ………………… (190)
队办企业 ………………… (133)

F

方位类 …………………… (188)
方言土语 ………………… (186)
防汛抗旱 ………………… (112)

妇代会 …………………（243）

G

概述 ……………………（ 1 ）
高龄老人 ………………（256）
个人荣誉 ………………（284）
个私商店 ………………（142）
耕作制度 ………………（107）
公共记忆 ………………（272）
工商 ……………………（132）
工业 ……………………（132）
共青团 …………………（242）
供电 ……………………（ 88 ）
供水 ……………………（ 88 ）
供销合作社 ……………（140）
古桥 ……………………（148）
古潭古庙 ………………（146）
顾奎兴 …………………（250）
关心下一代工作委员会小组
　　……………………（246）
规模经营 ………………（106）
郭小弟 …………………（250）
过境河流 ………………（ 50 ）

H

河流 ……………………（ 49 ）
合作总店（包括下伸店）…（142）
后记 ……………………（305）
环境保护 ………………（ 89 ）
环境变化 ………………（ 54 ）
黄伟 ……………………（248）

J

基层党组织 ……………（230）
基层组织 ………………（229）
基础设施建设 …………（ 74 ）
极端气候 ………………（ 52 ）
集体荣誉 ………………（281）
计划生育 ………………（ 68 ）
建房习俗 ………………（184）
建置区域 ………………（ 20 ）
奖惩 ……………………（ 70 ）
交通 ……………………（ 77 ）
节庆习俗 ………………（171）
经济合作社 ……………（226）
境内河流 ………………（ 50 ）

K

开挖河道 ………………（129）
开挖粮管所南河道 ……（278）

L

劳动分配 ………………（110）
劳动力 …………………（ 64 ）
老街名宅 ………………（160）
老街商铺 ………………（151）
老街主要街、弄 ………（151）
老协会 …………………（245）
联产承包 ………………（103）
粮油作物 ………………（113）
林业绿化 ………………（ 90 ）
陆岸村 …………………（ 47 ）

M

庙宇 …………………（147）
媒体报道 ………………（287）
媒体报道过的人 ………（292）
民兵组织 ………………（240）
民国时期的工业 ………（133）
民间民谣 ………………（196）
民间歇后语 ……………（195）
民营企业 ………………（136）
民族、籍贯 ……………（ 61 ）
明清老街 ………………（150）

N

农保 ……………………（221）
农副业 …………………（113）
农具农机 ………………（122）
农民"闹会" ……………（184）
农器具类 ………………（189）
农田水利 ………………（129）
农谚农语 ………………（194）
农业 ……………………（ 98 ）
农业合作化 ……………（ 99 ）
农业科技 ………………（118）

P

配套服务用房出租 ……（227）

Q

77岁老人练就传奇般的健身
　　绝技 ………………（288）
其他 ……………………（192）

气候 ……………………（ 51 ）
气象类 …………………（187）
钱七虎 …………………（249）
桥梁 ……………………（ 80 ）
区划 ……………………（ 46 ）
全家落户 ………………（255）
群众团体 ………………（242）

R

人口 ……………………（ 55 ）
人口变化 ………………（ 57 ）
人口构成 ………………（ 61 ）
人口年龄 ………………（ 63 ）
人口总量 ………………（ 55 ）
人民公社 ………………（100）
人体类 …………………（188）
人物 ……………………（247）
人物表 …………………（252）
人物简介 ………………（249）
人物传 …………………（247）
人为变动 ………………（ 59 ）
日常生活 ………………（219）
日军侵占杨湘泾 ………（273）
荣誉 ……………………（281）
弱势群体生活保障 ……（224）

S

三家村 …………………（ 47 ）
丧葬习俗 ………………（183）
商贸类 …………………（191）
商业 ……………………（140）
社保 ……………………（222）

沈建国 …………………（251）	王土泾 …………………（ 93 ）
沈寿良"智救"谢巧福 ……（276）	王志民 …………………（248）
生产关系变革 …………（ 98 ）	往返于杨湘泾至朱家角的手
生产管理 …………………（107）	摇航船 ………………（276）
生活用品、动作、特定称谓类	圩堤水闸 ………………（131）
…………………………（190）	未拆迁自然村落情况 ……（ 27 ）
生育、攀亲、祝寿习俗 ……（182）	位置 ……………………（ 20 ）
盛和生 …………………（292）	文存辑录 ………………（293）
失地农民待遇 …………（224）	"文革"时的大队宣传队 ……（217）
时间类 …………………（186）	"文革"拾趣 ………………（274）
市河上的桥 ……………（166）	文体卫生 ………………（197）
手工业联社 ……………（141）	文化程度 ………………（ 63 ）
双代店 …………………（142）	文化体育 ………………（206）
水产养殖 ………………（128）	"五匠" ……………………（264）
水利灌溉 ………………（130）	物候 ……………………（ 53 ）
四季气候 ………………（ 52 ）	
四季应时蔬菜和水果 ……（ 54 ）	**X**
"四属户" …………………（ 65 ）	喜庆习俗 ………………（177）

T

乡村小学支教张俭的独白：爱
　不能只是一瞬间 ……（289）
土地补偿 ………………（223）	乡风民俗 ………………（171）
土地补偿金 ……………（223）	小学 ……………………（198）
土地改革 ………………（ 99 ）	新农村建设 ……………（ 92 ）
土地私有制 ……………（ 98 ）	新中国成立初期的私营商店
土地制度变革 …………（272）	…………………………（140）
土壤 ……………………（ 49 ）	新中国成立后拆除的古石桥
退休失地农民养老金 ……（224）	…………………………（149）

W

	性别 ……………………（ 61 ）
外来人口 ………………（ 61 ）	姓氏 ……………………（ 62 ）
汪氏家谱 ………………（169）	学生校外（课外）游戏活动演
汪氏家族史 ……………（167）	变 ……………………（202）
	学校 ……………………（198）

学制与课程 …………… （200）
血吸虫病防治 ………… （204）

Y

沿革 …………………… （ 45 ）
杨湘大礼堂 …………… （278）
杨湘泾村 ……………… （ 46 ）
《杨湘泾村志》修编人员名录
　………………………… （304）
杨湘泾老街汪氏大族 … （167）
杨湘农贸市场 ………… （143）
养老保险 ……………… （220）
养鸭致富的"鸭司令" … （287）
医疗保险 ……………… （222）
医疗、血防 …………… （203）
医疗站 ………………… （203）
幼儿园 ………………… （198）
玉池潭 ………………… （146）
育人、人际交往类 …… （191）

Z

杂记 …………………… （287）

在外工作人员 ………… （269）
张俭 …………………… （292）
张觉耿 ………………… （248）
张顺良、席祖岐义救新四军
　伤员 ………………… （276）
张芝龙 ………………… （247）
张祖乙 ………………… （292）
政策与措施 …………… （ 69 ）
植物、动物生长变化 … （ 53 ）
治家、社会万象类 …… （191）
中学 …………………… （199）
周家泾 ………………… （ 92 ）
周家泾村 ……………… （ 47 ）
周家泾农场 …………… （278）
周雪峰 ………………… （251）
住房 …………………… （ 87 ）
自然村简介 …………… （ 21 ）
自然环境 ……………… （ 48 ）
自然增长 ……………… （ 57 ）
租地入驻企业 ………… （139）
作物栽培 ……………… （107）

《杨湘泾村志》修编人员名录

《杨湘泾村志》编纂委员会

(2013年3月)

主　　任：李　尧
副 主 任：许雪清　黄祖琴　彭瑞良
委　　员：丁　希　吴　亮　邱俊华　顾　骏　吴　昀　王忠林
　　　　　倪才孚　柳根龙　金国荣　杜秀春　张世雄　金国兴
　　　　　张海林　彭进福　毕祥荣　彭兴根　沈六弟　朱家学
　　　　　王定廉　陈菊生

《杨湘泾村志》编纂委员会征编办公室成员

主　　任：彭瑞良
副 主 任：邱俊华
主　　编：倪才孚
副 主 编：王忠林　柳根龙　邱俊华　朱家学
采编成员：彭瑞良　邱俊华　黄祖琴　王福生　王忠林　倪才孚
　　　　　柳根龙　张世雄　金国荣　金国兴　毕祥荣　彭进福
　　　　　彭兴根　张海林　沈六弟　胡菊林　陆国荣　杜秀春
　　　　　汪贤康　汪贤强　沈雪龙　吴士荣

《杨湘泾村志》审稿人员

李　晖　张晓东　吕善新　徐秋明　沈　明　张品荣　夏小棣
王忠林　倪才孚　柳根龙　李　尧　许雪清　丁　希　黄祖琴
吴　亮　邱俊华　顾　骏　吴　昀　张　庆　彭瑞良　金国荣
张世雄　金国兴　毕祥荣　彭进福　彭兴根　张海林　沈六弟

后 记

淀山湖镇《杨湘泾村志》的编写工作于2013年3月启动，几经易稿，至2016年12月定稿。这是杨湘泾村历史上前所未有的大事，是精神文明建设的一项重大成果。

淀山湖镇《杨湘泾村志》的付梓出版，是在淀山湖镇党委、政府的高度重视和正确领导下取得的。杨湘泾村党总支、村民委员会对村志的编写工作十分重视，在人力、物力、财力上给予大力支持，聘请老教师参加编写，老协会长等7人组成了村志信息员队伍，及时为村志撰写提供信息、照片，使村志的编写工作得以顺利开展。

由于村志撰写的时间跨度大，涉及内容广，又缺乏完整的史料和相关的文字记载，这给编写工作带来了许多意想不到的困难。

在资料收集过程中，编写人员采取请进来、走出去的办法，召开了由多名知情人参加的座谈会，征集到许多有价值的资料；还多次外出上门采访，实地踏勘现场，力争记述真实、数据准确、语言规范。

淀山湖镇《杨湘泾村志》共14章60节，加上序、凡例、概述、大事记、杂记、照片、图等组成。在编写过程中，得到了淀山湖镇领导的悉心指导和帮助，得到了杨湘泾村老干部、老党员、普通村民的大力支持，在此一并表示感谢。

由于编写水平有限，难免出现漏失、谬误之处，敬请读者批评指正。

《杨湘泾村志》编写组

2016年12月

图书在版编目(CIP)数据

杨湘泾村志/倪才孚主编;《杨湘泾村志》编委会编. —苏州:苏州大学出版社,2017.7
（淀山湖镇村志）
ISBN 978-7-5672-2157-4

Ⅰ.①杨… Ⅱ.①倪… ②杨… Ⅲ.①村史－昆山 Ⅳ.①K295.35

中国版本图书馆 CIP 数据核字(2017)第 156589 号

书　　名：杨湘泾村志
主　　编：倪才孚
责任编辑：许周鹣
装帧设计：吴　钰

出版发行：苏州大学出版社（Soochow University Press）
社　　址：苏州市十梓街 1 号　邮编：215006
印　　装：南通印刷总厂有限公司
网　　址：www.sudapress.com
邮购热线：0512-67480030
销售热线：0512-65225020
开　　本：889mm×1194mm　1/16　印张：20　插页：12　字数：320 千
版　　次：2017 年 7 月第 1 版
印　　次：2017 年 7 月第 1 次印刷
书　　号：ISBN 978-7-5672-2157-4
定　　价：150.00 元

凡购本社图书发现印装错误,请与本社联系调换。服务热线:0512-65225020